受益一生的
中外名人故事

■史 言 编著

中国书籍出版社
China Book Press

· 本书编委会名单 ·

张吉杰　郑恩东　张　扬
张基苹　张云秀　张基民
林　超　崔浩

前　言

有这样一群人，他们在困苦中艰难地奋斗，用自己的一生来诠释自己的命运；有这样一群人，他们不屈不挠，用灵魂的火焰点燃了人生的激情，在历史的冰冷长河中照亮了无数绝望的人；有这样一群人，他们用自己坚强的意志来捍卫自己的自由，用他们逝去的背影为后来者带来点点希望之光；他们有着辉煌的业绩，他们有着伟大的人格魅力，他们更有着星辰闪耀般的思想。

人类历史中有很多发明创造引领着历史的车轮，加速着历史的演变，为人类带来很大的进步，改造着人们居住的生活环境、生活方式，摆脱野蛮人的穷困潦倒，不管是工业革命还是科技革命都把人类带到了一个新的高度。

历史中的一些帝王领袖改变了国家版图和信仰图腾，打造着一个个传奇的神话和一个个令人向往的历史传说；更有一个个冒险家把一生献给自己热爱的冒险事业，开发着宇宙中属于人类的那片处女地，让人类更好地认识自己所居住的家园；那些思想大师和艺术大师用自己对人类的思考，对自己人生的觉悟和对自己命运和人生的感叹启迪着一代代人的思想，为人类的传承留下了火种；那些体育健儿一步步在挑战着自己，挑战自己所能达到的高度，在使人们惊讶人体的极限时，而欣喜于挑战自我的快感。因此，不管是引领社会潮流的科学巨匠还是运筹帷幄的帝王领袖，或者富甲天下的企业巨头，那些彪炳千秋的世界名人总是通过改变自己的命运改变着人类历史发展的轨迹。

本书通过凝缩的文字，收录了100位影响力巨大、创造性强、发人深思的世界各领域的大师精英的故事。既向中学生展现了他们的成长记录，又告诉了每位中学生一个简单而深刻的真理：天才和名人都不是天生的，正是他们通过自己的努力和奋斗，用自己的热情和艰苦卓绝的斗争通向了事业的顶端和荣誉的高峰。在这里，你可以看见在穷苦中潦倒而不懈奋斗的梵·高、在压迫中带领俄国人民奋起抗击的列宁，还有从来没有上过大学却成为一代文学巨匠的高尔基，还有巴尔扎克、诺贝尔、松下幸之助、全身瘫痪依旧奋斗的霍金……

可以说，伟大的人物是在平凡中孕育的，他们有坚毅的品格、过人的胆略、恒定的信念与执着的勇气，用他们自己的身心和灵魂为土壤，用自己的信念为种子，用不懈的奋斗和努力浇灌着自己的梦想和理想，最终他们成功了……

寻访世界名人的足迹，观看他们的成长经历，体味他们的人生百味，是一次幸运而富有收益的旅行。愿本书中讲述的名人故事，可以成为你学习路上的动力、成长的阶梯和成就事业的良师益友。

目 录

第一章 帝王领袖／1

1. 马其顿统帅——亚历山大大帝 …… 2
2. 千古一帝——秦始皇 …… 5
3. 罗马帝国的奠基者——恺撒 …… 8
4. 草原战神——成吉思汗 …… 11
5. 美国国父——乔治·华盛顿 …… 14
6. 欧洲战神——拿破仑 …… 17
7. 解放黑人的伟大总统——林肯 …… 20
8. 苏联的缔造者——列宁 …… 23
9. 第二次世界大战传奇总统——罗斯福 …… 26
10. 法兰西斗士——戴高乐 …… 30
11. 第二次世界大战的巨人——丘吉尔 …… 34
12. 钢铁巨人——斯大林 …… 36
13. 印度圣雄——甘地 …… 38
14. 新中国的缔造者——毛泽东 …… 42
15. 朝鲜民主主义人民共和国的创建人——金日成 …… 45
16. 南非国父——曼德拉 …… 49
17. 古巴硬汉——卡斯特罗 …… 52

第二章 思想巨擘／55

18. 读书人的始祖——孔子 …… 56
19. 古希腊先哲——苏格拉底 …… 58
20. 古希腊圣贤——柏拉图 …… 61
21. 最博学的人——亚里士多德 …… 64
22. 老庄哲学创始人——庄子 …… 66

23. 极富才华的哲学大师——培根 …………………… 70
24. 唯物主义创始人——卢梭 ………………………… 72
25. 德国古典哲学的创始人——康德 ………………… 75
26. 马克思主义的创始人——卡尔·马克思 ………… 78
27. 精神病学之父——弗洛伊德 ……………………… 82

第三章　科学精英／85

28. 解析几何之父——笛卡尔 ………………………… 86
29. 万有引力定律的发现者——牛顿 ………………… 89
30. 逆境中成长的智者——富兰克林 ………………… 92
31. 化学之父——拉瓦锡 ……………………………… 95
32. 自学成才的科学家——法拉第 …………………… 98
33. 电磁波的发现者——麦克斯韦 …………………… 101
34. 镭元素之母——居里夫人 ………………………… 104
35. 孤独的科学巨人——爱因斯坦 …………………… 107
36. 青霉素的发现者——弗莱明 ……………………… 111
37. 微生物学之父——巴斯德 ………………………… 113
38. 炸药之父——诺贝尔 ……………………………… 116
39. 元素周期律的发现者——门捷列夫 ……………… 119
40. X射线的先行者——伦琴 ………………………… 122
41. 热功能当量的发明者——焦耳 …………………… 124
42. 人体神经学之父——巴甫洛夫 …………………… 126
43. 数学天才——华罗庚 ……………………………… 129
44. 中国航天之父——钱学森 ………………………… 132
45. 宇宙不守恒的发现者——杨振宁 ………………… 135
46. 未知宇宙世界的先行者——霍金 ………………… 138

第四章　文学名宿／141

47. 爱国诗人——屈原 ………………………………… 142
48. 史学鼻祖——司马迁 ……………………………… 145
49. 文艺复兴的先驱——但丁 ………………………… 148

50. 俄国文学之父——普希金 ………………………… 151
51. 法兰西的文学天才——巴尔扎克 ………………… 153
52. 童话大王——安徒生 ……………………………… 156
53. 伟大与渺小并存的天才——歌德 ………………… 159
54. 文学史上的林肯——马克·吐温 ………………… 162
55. 天才文学家——列夫·托尔斯泰 ………………… 165
56. 短篇小说大师——契诃夫 ………………………… 168
57. 伟大的智者——泰戈尔 …………………………… 171
58. 苏联社会主义文学奠基人——高尔基 …………… 174
59. 真正的民族脊梁——鲁迅 ………………………… 177
60. "硬汉"作家——海明威 ………………………… 181
61. 法国浪漫主义文学的领袖——雨果 ……………… 185
62. 钢铁战士——奥斯特洛夫斯基 …………………… 189

第五章　发明创造／193

63. 几何学之父——欧几里得 ………………………… 194
64. 东方世界的探索者——马可·波罗 ……………… 196
65. 探险大师——哥伦布 ……………………………… 199
66. 向封建神学挑战的勇士——哥白尼 ……………… 203
67. 近代科学之父——伽利略 ………………………… 206
68. 蒸汽机之父——瓦特 ……………………………… 209
69. 生物科学的创始人——查·达尔文 ……………… 212
70. 医护鼻祖——南丁格尔 …………………………… 214
71. 发明大王——爱迪生 ……………………………… 218
72. 让人类翱翔天空的发明家——莱特兄弟 ………… 222
73. 无线电之父——伽利尔摩·马可尼 ……………… 225

第六章　艺术大师／229

74. 巨人中的巨人——达·芬奇 ……………………… 230
75. 音乐神童——莫扎特 ……………………………… 232
76. 乐圣——贝多芬 …………………………………… 236

77. 圆舞曲之王——小约翰·施特劳斯 ……………… 239
78. 雕塑大师——罗丹 …………………………………… 241
79. 印象派大师——凡·高 ……………………………… 244
80. 京剧大师——梅兰芳 ………………………………… 247
81. 现代著名画家、美术教育家——徐悲鸿 ………… 253
82. 水墨画大师——齐白石 ……………………………… 258
83. 视觉艺术派大师——毕加索 ………………………… 261
84. 喜剧大师——卓别林 ………………………………… 265
85. 世界歌王——帕瓦罗蒂 ……………………………… 268

第七章　体育影视／271

86. 奥运会之父——顾拜旦 ……………………………… 272
87. 黑色闪电——欧文斯 ………………………………… 276
88. 好莱坞的美丽公主——奥黛丽·赫本 …………… 279
89. 功夫巨星——李小龙 ………………………………… 285
90. 球王——贝利 ………………………………………… 289
91. 好莱坞天才导演——斯皮尔伯格 ………………… 291
92. NBA第一飞人——乔丹 ……………………………… 295

第八章　商界奇才／299

93. 金融巨头——摩根 …………………………………… 300
94. 石油大王——洛克菲勒 ……………………………… 303
95. 汽车大王——福特 …………………………………… 306
96. 经营之神——松下幸之助 …………………………… 310
97. 童话乐园的缔造者——华特·迪斯尼 …………… 313
98. 亚洲首富——李嘉诚 ………………………………… 316
99. 股神——巴菲特 ……………………………………… 319
100. 微软大王——比尔·盖茨 ………………………… 323

第一章　帝王领袖

他们是帝王领袖中的佼佼者,是主宰一个时代的灵魂,他们创造了属于自己的丰功伟业,有的甚至改变了当时世界的格局。

1. 马其顿统帅——亚历山大大帝

【人物导引】

亚历山大（前356—前323），古罗马马其顿国腓力二世的儿子。从小师从亚里士多德，在老师的影响下，亚历山大多才多艺并且对哲学有了浓厚的兴趣。腓力二世被刺去世后，亚历山大坚决地平息了叛乱，同时积极扩军备战，把战争的矛头指向了波斯。埃及不战而降，亚历山大大举侵占了波斯，然后继续向阿富汗、印度等地进军，建立了横跨亚欧非三洲的巨大帝国。由于亚历山大的思想、战略间接地促进了各个文化地区之间的交流与合作，因此而被后人铭记。

【人生经历】

亚历山大在12岁时就是驭马高手，在别人眼里驯服不了的烈马在亚历山大手里就很听话，这也充分展示出来亚历山大的崇武性格。由于奥林匹克运动的兴起使人们对于自身体格的训练更加注重起来，有人劝亚历山大，让他在奥林匹克竞技场上展示一下，亚历山大直接说："我只为战斗展示，如果是国王来挑战的话，我义不容辞。"

腓力二世对亚历山大十分溺爱，在他小的时候就聘请著名学者亚里士多德为宫廷教师，教导亚历山大学习科学、哲学、艺术、政治管理以及治国方略等知识。在亚里士多德的教导下，亚历山大的学识一日千里，少年老成。

亚历山大16岁的时候，跟随父亲腓力二世外出征战，他也习惯

第一章 帝王领袖

了战场上的厮杀和流血，因此从小尚武的血液在亚历山大身上蔓延开来。

公元前336年，腓力二世在女儿的婚礼上被人刺杀，国内几个派系的将领出现了叛乱，20岁的亚历山大被安提帕特派系选为新国王。没过多长时间，国内的分裂就被亚历山大平定，这充分展示了亚历山大的军事、政治才能。由于腓力二世在位的时候安于享乐，国库空虚，没有多少财产。为了充盈国库，亚历山大想到了战争，因为战争具有一定的掠夺性。最终，亚历山大把目标锁定在软弱无力的波斯帝国。因为，波斯与希腊经常发动战争，波斯总想吞并希腊，可是在希腊的反抗下没有成功，最后希腊被罗马吞并，而这时候的波斯国力微弱，这给马其顿吞并波斯提供了良好的机会。

公元前334年，亚历山大决定开始东征，众人都有一定的疑虑，亚历山大直接说："东方有的是黄金，把战火带给他们，把黄金带给希腊。"这时亚历山大把自己的财富，包括黄金、仆人、奴隶等私有财产完全给了自己的部下。部下都很奇怪："陛下把财富给我们，那你留给自己什么呀？"亚历山大两眼炯炯有神："希望，我把希望留给自己！"顿时全军都沸腾了，进军的口号就是："把战争带给东方，财富带回希腊。"公元前334年，亚历山大开始了东方征服之旅，第一站就是小亚细亚。亚历山大在希腊留下了1.5万人，自己带着马其顿本部以及希腊各邦组成的约3万步兵和4000骑兵直奔小亚细亚。没有太多悬念，小亚细亚就投降了，全军休整完毕直奔波斯领土，这时波斯帝王大流士积极进行备战，虽然波斯在人数上大于马其顿，可是由于各方面的原因大流士在伊苏斯会战中几乎全军覆没，大流士于乱军之中仓皇逃窜。

亚历山大知道波斯临近海域，并且大流士的海上军队企图切断亚历山大的后路补给。亚历山大没有海军，他决定给大流士来个釜底抽薪，把波斯沿海港口完全占领，让大流士的舰队靠不了岸。经过七个月的攻击，亚历山大攻克了地中海沿岸港口以及腓尼基的岛屿，这两个地方是大流士的海军命脉。

3

后来在围攻推罗的时候，大流士前来求和，说只要亚历山大撤兵，愿意割让波斯帝国一半的领土给马其顿。

帕曼纽将军认为这个建议不错："如果我是亚历山大，我就采纳这个建议。"亚历山大则说："如果我是帕曼纽，我也许会采纳这个建议。"这完全可以看出当时亚历山大小时候那种尚武的精神，在战争中他要求的是一种征服的快感，而结果则是其次。大流士完全不了解亚历山大，只能自取其辱。

攻克开罗后，亚历山大到了埃及，埃及却自动投降。在埃及，亚历山大稍微休整一下便在尼罗河三角洲建造了亚历山大城，亚历山大本人则是埃及的统治者，是为法老，并称为太阳神阿蒙之子，这时亚历山大年仅24岁。没多久，亚历山大率军北上，与大流士三世决一死战。亚历山大率领4万步兵和7000骑兵面对大流士三世带领的20万步兵4万多骑兵会战于阿贝拉，亚历山大发挥了出色的军事指挥才能。这次会战，波斯军被斩首数万，而亚历山大损失不到2000人，这在西方战争史上是绝无仅有的。后来人们把亚历山大称为古希腊军事的重要开端，并推崇他为西方古典军事战略的创始人。取得阿贝拉会战胜利后，亚历山大进入苏萨和波斯波利斯城。

波斯帝国经此一战，元气大衰，经过三年的战争，亚历山大终于吞并波斯帝国，然后继续挥师东进，最后在印度与印度国王波拉斯进行了海达佩斯会战。波拉斯战败，亚历山大攻克印度全境，然后回到波斯，对军队进行了改编。

公元前323年6月，亚历山大在巴比伦病逝，年仅33岁。

【人物评价】

亚历山大使希腊和中东民族开始相互往来，相互交流。相互之间不同的文化、语言以及其他的知识得到了友好的交流，这极大地丰富了这两个民族的文化。亚历山大在世期间及其死后不久，伊朗、美索不达米亚、叙利亚、埃及、印度和中亚地区都受到了希腊

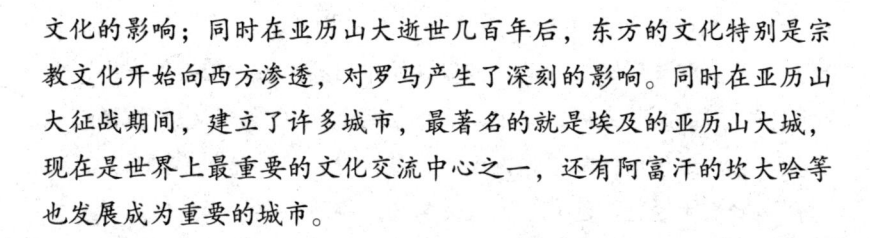

文化的影响；同时在亚历山大逝世几百年后，东方的文化特别是宗教文化开始向西方渗透，对罗马产生了深刻的影响。同时在亚历山大征战期间，建立了许多城市，最著名的就是埃及的亚历山大城，现在是世界上最重要的文化交流中心之一，还有阿富汗的坎大哈等也发展成为重要的城市。

【亚历山大名言】

把世界当作自己的故乡。

狮子率领羊群的战斗力远胜由绵羊率领的狮子。

希望，我把希望留给自己！

2. 千古一帝——秦始皇

【人物导引】

秦始皇（前259—前210），出生于赵国，姓嬴，名政。秦庄襄王之子，后继承王位。嬴政在位时锐意革新，整肃军队，国力强大。公元前221年，嬴政结束了春秋战国诸侯割据的局面，统一六国。称为始皇帝，在位期间统一了法律、文字、货币、度量衡以及车马规格等，同时常年对外使用武力，打下了现在中国的基本版图。他修筑的长城被称为当今世界"第八大奇迹"，他陵墓里的兵马俑更是令世人惊叹。他被后人称为千古一帝。

【人生经历】

前247年，秦庄襄王去世，嬴政即秦王位。由于嬴政年少，因此国事由相国吕不韦主持,嬴政尊吕不韦为仲父。吕不韦既把持朝廷,又与太后(赵姬)偷情。他见秦始皇日渐年长,怕被他发现,便将假宦官嫪毐给了太后,结果太后生了两个私生子。假宦官嫪毐亦以王父自居,封长信侯,领地为山阳、太原等,并且网罗了很多人。嫪毐在雍城长年经营,建立了庞大的势力。嬴政虽然年少,但已经心智成熟,他知道嫪毐随时都可能发生政变,所以暗自作好了准备。

前238年,嬴政在雍城蕲年宫举成人礼,为了防止嫪毐发生叛乱,便在周围埋伏了精兵。嫪毐认为这时一个好机会,动用玉玺发动叛乱,派兵向蕲年宫进攻。嬴政早已布置好,乱军很快被打败。嫪毐见蕲年宫难以攻下,便转打咸阳宫,岂知咸阳宫也早有军队埋伏,乱军被彻底消灭,最后只剩嫪毐一人落荒而逃,但没过多久便被逮捕。嬴政将嫪毐五马分尸,曝尸示众,又把他的母亲赵姬关进雍城的萯阳宫。嬴政随后免去吕不韦的职位,把他放逐到巴蜀。他提拔尉缭子、李斯等文官,重用王翦、王贲、蒙武和蒙恬等武将,重视善于间谍活动的姚贾和顿弱。嬴政迅速扩充自己在宫中的实力,这充分显示了嬴政高明的政治手腕和用人手段。

前230年至前220年,嬴政先后灭掉了齐国以外的其他五国。

一年后,也就是前221年,齐国灭亡,至此,秦王嬴政扫灭六国,统一天下,结束了春秋战国以来各诸侯国长期割据纷争的局面,建立了中国历史上第一个高度中央集权的君主制国家。嬴政的集权主要表现在六个方面:

(1) **建帝制**

统一全国后,秦王嬴政开始了王朝的治理和管理工作,他首先面临的便是称号问题,春秋战国,各国诸侯都被称为"君"或"王"。战国后期,秦国与齐国曾一度称"帝",不过这一称号在当时并不统一。一统天下的秦王嬴政,以为过去的这些称号都不足以显示自己的尊崇,他下令左右大臣们议帝号。经过一番商议,丞相王绾、御史大夫冯劫、廷尉李斯等人认为,秦王嬴政"兴义兵,诛残贼，平定天下"，功绩"自上古以来未尝有，五帝所不及"且"古有天皇，有地皇，有泰皇，泰皇最贵"，建议秦王政采用"泰皇"头衔。然而，嬴政对此并不满意。他只采用一个"皇"字，而在其下加一"帝"字，创造出"皇帝"这个新头衔授予自己。从此以后，"皇帝"就成为中国封建社会最高统治者的称谓。并宣布自己为这个国家的第一个皇帝，即始皇帝，则后世子孙代代相承，递称二世、三世皇帝。

（2）统一文字

自殷商以来，文字逐渐普及。作为官方文字的金文，形式比较一致。但是春秋战国时期的兵器上的铭文、陶文、帛书、简书等民间文字，则存在着一定的差异。这种状况妨碍了各地经济、文化的交流，也影响了中央政府政策法令的有效推行。于是，秦统一全国后，秦始皇下令李斯等人进行文字的整理、统一工作。

（3）统一度量衡

战国时期，各国的度量衡制度和货币制度很不一致。秦统一后，规定货币分金和铜两种：黄金称上币，以镒为单位；铜钱统一为圆形方孔，以半两为单位。金币主要供皇帝赏赐，铜币才是主要的流通货币。

（4）统一车马

战国时期，各国车辆形制不一。秦始皇统一全国后，定车宽以五尺为制，一车可通行全国。

（5）统一道德风俗

在道德风俗这方面，秦王朝相当重视，前219年，秦始皇来到泰山下，这里原是齐国故地，号称"礼仪之邦"。始皇就令人在泰山石上记下："男女礼顺，慎遵职事，昭隔内外，靡不清净，施于后嗣。"这句话的意思是说：男女之间界限分明，以礼相待，女治内，男治外，各尽其责，从而给后代树立好的榜样，予以表彰。

（6）统一郡制

当时全国设36郡。然后南越设南海郡、桂林郡、象郡，北以阴山为界南面设九原郡,后又陆续划分内郡:东海郡、常山郡、济北郡、胶东郡、河内郡、衡山郡等。

前210年10月,秦始皇外出巡游。至平原津得病,行至沙丘(今河北广宗西北),秦始皇病死。赵高勾结始皇少子胡亥及李斯,伪造遗诏立胡亥为太子,是为秦二世。并赐太子扶苏死。

【人物评价】

嬴政是中国第一位皇帝,也是皇帝尊号的创立者,同时也是中国皇帝制度的创立者,使中国进入了多民族、中央集权帝制的统治时代。他使中国第一次完成了政治上的统一,形成了"车同轨,书同文"的局面,为其后各朝谋求统一奠定了基础。后人称之为"千古一帝"。

【秦始皇名言】

朕为始皇帝,后世以计数,二世三世至万世,传之无穷。

朕统六国,天下归一,筑长城以镇九州龙脉,卫我大秦、护我社稷。朕以始皇之名在此立誓!朕在,当守土开疆,扫平四夷,定我大秦万世之基!朕亡,亦将身化龙魂,佑我华夏永世不衰!此誓,日月为证,天地共鉴,仙魔鬼神共听之!

3. 罗马帝国的奠基者——恺撒

【人物导引】

凯撒(前100—前44),古罗马时期杰出的军事家、政治家和作家,共和国末期的独裁者。他出生在一个名声显赫的贵族家庭,他的父亲、姑父、外祖父等是古罗马帝国的大法官、总督以及执政官,这为他进入罗马的政治圈打下了坚实的基础。当时的战争频繁,为恺撒进入军队并成为出色的军事家提供了良好的机遇,在结束内乱之后,他统一了罗马,成了罗马的无冕之王。后世人们仍旧喜欢用恺撒来代替皇帝的称号。

【人生经历】

恺撒小时候最崇拜的就是他的姑父马略。马略是古罗马著名的军事统帅和政治家,马略在罗马战败于日尔曼人的危难之时当选执政官,进行军事改革,实行募兵制,最终击败日耳曼人。恺撒常常缠着姑父给他讲他在外出征打仗的故事。同时,恺撒在母亲的帮助下学业进步很快,文章写得非常好,十几岁就发表了《赫库力斯的功勋》和悲剧《俄狄浦斯》。他酷爱古希腊文化,特别是希腊的古典文学。恺撒还喜欢体育运动。他精通骑马、剑术等,肌肉发达,体魄非常强健。

恺撒虽然出身于罗马一个古老的贵族家族,但是到恺撒少年时家庭开始中落。由于他和老一辈的民主派领袖马略、钦奈有亲谊,因此青年时代就受到贵族共和派的排挤。这迫使他只能自始至终站在民主派一边,慢慢地成为民主派的领袖。虽然受到排挤,恺撒没有灰心,他按部就班地从财务官、工务官升到司法官。与此同时,他对旧的贵族共和体制进行了大刀阔斧的改革,他还把过去几百年的旧制度作了一番整理。但是他除了在街头的游民阶层中拥有巨大的号召力以外,没有别的政治资本,为此他设法跟当时在军队中有极大势力的克耐犹斯·庞培和代表富豪们即所谓骑士阶层的罗马首富马古斯·克拉苏结成"三人同盟"。当然,这三个人代表的是三个不同利益的集团,只是因为同样受到把持元老院的贵族共和派的排挤,才凑合在一起的。

恺撒在前58年前往高卢,并且征服高卢全境。在高卢的9年中,恺撒本人和他部下的将领都发了大财,这使他能在罗马广施贿赂。同时他还在平民中举办各种演出,发放大宗金钱,并在意大利许多城镇兴建大量工程,这样做讨好了获得工作机会的平民,如此一来,他在意大利公民中的声望,渐渐超出"三人同盟"中的其他两人;并且他借高卢作为练兵场所,训练起一支当时共和国最能征惯战的部队,这是一支只知有恺撒、不知有国家的部队。由于恺撒的成功刺激了克拉苏,他决定到东方去发动对安息的战争,也希望在那边取得跟恺撒同样的成功,不料全军覆没而死。这就使得原来鼎足相峙的"三人同盟",只剩下恺撒和庞培两雄并立,彼此日益猜忌,加上元老院中一些人的从中挑拨拉拢,庞培终于和恺撒破裂,正式站到元老院一边去,成为贵族共和派借以对抗恺撒的首领。

前49年恺撒带着军队,以迅雷不及掩耳之势进入意大利,庞培措手不及,带着全部政府人员和元老院仓皇逃出罗马,渡海进入希腊,任凭意大利落入恺撒手中。次年冬天,恺撒也赶到希腊,在法萨勒斯一战击败庞培主力,统一全国。庞培战败后逃往埃及,被埃及人就地杀死。恺撒一个行省一个行省地肃清庞培余党,并且扫除了罗马贵族共和体制的残余影响。

以后几年,恺撒获得无限期的独裁权力,集执政官、独裁官等大权于一身,成为一个名副其实的军事独裁者。共和国名存实亡,元老院权力日渐削减,因而,被恺撒重新打理一遍的罗马,已不再是过去的那个软弱无力、遇事拖拖沓沓旧的罗马共和国,它已经是一个全新的中央集权的军事独裁国家,这保证了最高执政官能灵活地指挥全国,而这对地中海沿岸各地区的经济发展和文化交流肯定是有利的。同时他把执政官、统查官、保民官、大祭司长等重要职务兼于一身,把元老院降为咨询机构,公民大会这时也成了可有可无的装饰品,这为他后来的继承人把罗马变成披了共和制外衣的帝国开创了道路。

统一罗马后,恺撒实行一系列措施,如将行省土地分给8万老兵,减轻负债者的债务,惩治贪污勒索官吏等,却因此触动了元老们的利益,引起了元老贵族的不满。前44年3月15日,在元老院议事厅,被以布鲁图和喀西约为首的反对派刺死。恺撒留下两部有历史价值的著作,即《高卢战记》、《内战札记》。

【人物评价】

恺撒是罗马帝国的奠基者,因此被一些历史学家视为罗马帝国的无冕之皇,有恺撒大帝之称。甚至有历史学家将其视为罗马帝国的第一位皇帝,以其就任终身独裁官的日子为罗马帝国的诞生日。有罗马君主以其名字"恺撒"作为皇帝称号;其后,德意志帝国及俄罗斯帝国君主亦以"恺撒"作为皇帝称号。

【恺撒名言】

最困难之时,就是我们离成功不远之日。

懦夫在未死之前,已身历多次死亡的恐怖了。

4. 草原战神——成吉思汗

【人物导引】

成吉思汗(1162—1227),蒙古帝国奠基者,世界史上杰出的军事统帅之一。幼年时期经过苦难的磨炼,他运用自己的勇气和智慧，消灭蒙古各个部落，最后统一蒙古。他统一蒙古后开始四处征战，先后灭了西辽和花剌子模，在征战西夏的途中病逝，被毛泽东称为"一代天骄"。

【人生经历】

成吉思汗姓孛儿只斤，名铁木真。1162年，他出身于蒙古乞颜部贵族世家。他的家族是草原上赫赫有名的勇士及英雄，其曾祖俺巴孩汗被塔塔儿人串通金国钉死在木驴上。其父亲也速该素有"拔都"（勇士）的称号，在铁木真出生时，他的父亲恰巧俘获塔塔儿部首领铁木真兀格，为纪念这次战役，给他起名为铁木真。而也速该在一次外出中，被塔塔儿人用毒酒毒死，因此铁木真所在的乞颜部与塔塔儿部及大金国有不共戴天之仇。

也速该临终发誓，他的儿子会灭掉塔塔儿人。由于铁木真还小，因此部族多归附泰赤兀部的首领、铁木真的叔叔塔里忽台。也速该死后，铁木真一家在草原上艰难度日。他的母亲诃额仑夫人将希望放在长子铁木真的身上，希望他将来能成为蒙古的首领。铁木真13岁时，几个兄弟偶然闹了点矛盾，铁木真、哈撒儿与异母的兄弟别克帖儿发生冲突，铁木真、哈撒儿不小心射死了别克帖儿。他的母亲诃额仑夫人很愤怒，并且教导他，要他在困难中团结众人才能打败敌人。而这个教育对铁木真以后产生了巨大的影响，就是因为团结，他才创造了横扫亚欧大陆的蒙古铁骑。铁木真16岁时，结识博尔术，博尔术后来与木华黎号称成吉思汗的左膀右臂。

塔里忽台本来以为铁木真全家会饿死，不料诃额仑夫人带领全家熬了过来，塔里忽台怕铁木真以后对付他，借口铁木真射杀了别克帖儿这件事捉拿铁木真。铁木真被俘后，趁守卫防守不严，打伤看守逃走。铁木真的父亲是克烈部部主汪罕的结拜兄弟，克烈部地广人众是蒙古部最强的部落，汪罕是父辈，铁木真要想与汪罕结盟，态度必须诚恳。而现在的铁木真，已经具备了政治家的素质。

第一章 帝王领袖

他经过深思熟虑，恭敬地对汪罕说："你是我父亲的旧安答，像我的亲生父亲一样。我把妻子给姑父的礼物黑貂鼠皮袄，献给你。"汪罕看着眼前的年轻人，不但懂礼还一表人才，十分高兴，便与铁木真结盟。从此，铁木真得以收聚旧部，不久又与札答阑部首领札木合结为兄弟，实力逐步发展，逐渐走上了振兴之路。这时，一件意外的事发生了，蔑儿乞人见铁木真的妻子孛儿帖长得漂亮便把她抢走，铁木真为报复蔑儿乞部，求汪罕、札木合出兵，合本部兵数万人，灭了蔑儿乞部。

金大定末年，铁木真被推为可汗。札木合不服，率13部联军攻打铁木真，铁木真召集手下组织本部兵约3万人迎战，结果以少胜多大败札木合。虽然铁木真有些损失，但由于他深得民心，使札木合部众纷纷叛附，反而壮大了实力。

承安元年（1196年），铁木真与汪罕一起杀塔塔儿部首领以及部下多人，被金朝封授札兀忽里（部族官）。后再与汪罕联兵，大败哈答斤等11部联军。不久又大破札木合组织的松散联盟，大败乃蛮联军，乘胜攻灭塔塔儿四部。这时候的铁木真已经具备了统一蒙古族各部落的实力。由于政见不一，铁木真与汪罕反目，交战的结果是汪罕败逃，被乃蛮人捕杀，克烈部亡。不久，乃蛮首领太阳汗攻杀铁木真，却被铁木真擒杀。

1206年，蒙古塔塔儿部、克烈部、蔑儿乞部、乃蛮部和蒙古部五大部均统一在铁木真的旗帜下。铁木真遂在斡难河举行盛会，建蒙古汗国，他被尊为成吉思汗。这时的铁木真兵强马壮，更有"四杰"博尔忽、博尔术、木华黎、赤老温为辅，一统天下的时机已经成熟。

成吉思汗十三年（1218年），哲别灭西辽，

成吉思汗十四年（1219年），灭西域花剌子模。

成吉思汗二十一年（1226年），率军10万歼灭西夏军主力（次年西夏灭亡）。成吉思汗正欲集中全力攻金，却因病逝世，终年66

岁，临终留下灭金、宋遗嘱。

元朝建立后，"一代天骄"——成吉思汗被追尊为元太祖。

【人物评价】

成吉思汗及其子孙在几十年内纵横十多个国家，毛泽东称成吉思汗为"一代天骄"，也有人称他为"东方战神"。

【成吉思汗名言】

拼杀冲锋的时候，要像雄鹰一样；高兴的时候，要像3岁牛犊一般；在明亮的白昼，要深沉细心；在黑暗的夜里，要有坚强的忍耐力。

我一旦得到贤士和能人，就让他们紧随我，不让远去。

你的心胸有多宽广，你的战马就能驰骋多远。

5. 美国国父——乔治·华盛顿

【人物导引】

乔治·华盛顿（1732—1799），美国开国总统。由于他对争取美国独立、发展美国经济、建设民主法制和巩固联邦基础作出贡献，被美国人尊称为"美国国父"。

乔治·华盛顿出生在弗吉尼亚威克弗尔德庄园，是一个种植园主的孩子，在家中排行第三，上有两个哥哥。

在当时的弗吉尼亚，人们不需要什么知识，只要知道如何管理种植园，如何记账，学点待人接物的知识就可以了，并且弗吉尼亚并没有什么像样的学校。由于当时的美洲是英国的殖民地，种植园的孩子一般都是在长大后送到英国最好的大学读书，但知识还是仅仅局限于社交礼仪。

【人生经历】

乔治·华盛顿幼年还算幸福，可是，在他11岁时，家庭出现了变故，父亲去世了，按照当地的传统，家族的财产大部分应该由长子劳伦斯·华盛顿继承，而乔治·华盛顿几乎没有什么财产，不过几亩地和几个奴隶罢了。

由于年幼，乔治·华盛顿在桥溪与哥哥奥古斯丁住在一起，他的母亲则留在拉帕汉诺克农场。在桥溪的时候，乔治·华盛顿跟随威廉姆斯先生学习，乔治·华盛顿有本《年轻人的成长伴侣》一书，里面有年轻人的行为守则和道德标准，同时有些章节有关于算术和测量的问题以及丈量土地和木材的规则，还有一整套有关票据、契约和其他相关法律文件的格式。乔治·华盛顿把上面的知识钻研得很透彻。就是靠着这些知识，最后他有了一个土地测量员的工作。哥哥劳伦斯的岳父是英国贵族费尔克斯勋爵，他特别看好乔治·华盛顿，因此在乔治·华盛顿16岁的时候，勋爵亲自出面让乔治·华盛顿到西部做了一名土地测量员，在当时由于土地测量需要很多知识，因此土地测量员非常少，乔治·华盛顿总是忙得不可开交。

后来，乔治·华盛顿凭借自己的知识与经验在俄亥俄河旁边做土地买卖。20岁的时候，他便成了富有的大种植园主。

乔治·华盛顿最佩服的就是哥哥劳伦斯，因为劳伦斯有一种军人的气质与政治家的气魄和远见，劳伦斯敏锐地认识到他们所在的地方不久之后将是英法两国争夺殖民地的焦点，英国为了能够打败法国，努力拉拢当地的种植园主，因此，在英国的支持下，劳伦斯和几个朋友成立了俄亥俄公司，不久又成为该公司的董事长。可惜的是，劳伦斯在事业即将开始的时候由于结核病去世了，而乔治·华盛顿由于感染上天花，脸上落下了一脸的麻子。劳伦斯在去世的时候把遗产全部赠送给了乔治·华盛顿。当时弗吉尼亚总共四个军区,由于俄亥俄公司的影响,乔治·华盛顿不久被任命为陆军少校,没过多长时间又成为北军司令官。

1754年,英国弗吉尼亚总督答应谁支持英法战争,就可以在20万英亩土地中分到一份,于是乔治·华盛顿率领北军积极参战。这时,他杰出的军事才能得到了发挥,把法国赶出了北美洲。但是战争结束后,英国政府却背信弃义,把西部土地占为王室财产,顿时惹得所有参战的种植园主强烈不满。同时,当地的百姓对英国的苛刻条件也日益不满,人民要求民族解放的高潮日趋激烈。这时北美人民组成了民族解放的"自由之子社",秘密反抗英国在北美洲的统治。英国人意识到情况不妙,开始对反抗的北美人进行镇压。

1775年4月19日,"自由之子社"的成员在波士顿打听到总督兼英国驻军总司令盖奇即将派军队到康科德搜查秘密反英组织的军火仓库,并逮捕反抗人士。这样,英国与北美洲殖民地的关系彻底激化,在前往康科德路上的莱克星顿,英军遭到强烈的反击,死伤无数。历史上称莱克星顿为"美国自由的摇篮"。就在这个时候,乔治·华盛顿在第一届大陆会议上被选为大陆军总司令。

1776年7月4日,第二届大陆会议在费城通过了著名的《独立宣言》,美国成立了。而英国妄图把刚宣布独立的美国扼杀。由于当时的美国大陆军只有2万余人,而且装备不足,更没有海军。但是乔治·华盛顿征集民船。趁着漫天大雾,奇袭驻扎英军的特伦顿。特伦顿战斗的胜利粉碎了英军不可战胜的神话,同时给美国军民带来了胜利的信心。这时法国为了让美国制约英国,站在北美军民的身边,形势开始渐渐好转。1780年10月,约克顿的胜利标志美国已经取得最后的战争胜利。1789年1月,美国举行了历史上第一次总统选举,乔治·华盛顿当选为总统,他在位期间为美国的发展费尽心思,作出了卓越的贡献。在第二届总统任期期满后,乔治·华盛顿要求引退,这位美国开国总统为后来的美国总统立下规矩——总统的任期不得超过两届，后来，这一惯例被写进宪法。

【人物评价】

由于乔治·华盛顿的卓越贡献，他被美国人民称为"美国国父"。

【乔治·华盛顿名言】

先例是危险的东西。

如果宪法存在什么缺陷，那就加以修正，但不能加以践踏！

如果你珍视自己的名声，就应与贤良交往；因为自处下流还不如离群索居。

6. 欧洲战神——拿破仑

【人物导引】

拿破仑（1769—1821），出生在一个没落的贵族家庭，由于他带有科西嘉岛口音，因此在学校备受歧视，但是他始终以此为动力努力学习，最终成了一名优秀的炮兵军官。经过数次的风波与险浪，他当上了巴黎最高执政官，最后又成为独裁者，虽然他曾经打破了七次反法联盟，但最终难逃滑铁卢一战的失败。他颁布的《拿破仑法典》，是他最大的骄傲也是后人宝贵的财富，因为法典里所说的法律条列，却是很多现代民主国家法律体系的原型。

【人生经历】

由于家境不好，在拿破仑未满10岁时，父亲就把他送进了纪律严明并且等级制度严格的布母埃纳军校。

在校期间，由于拿破仑的成绩特别优秀，因此在众人眼里他十分地清高，再加上拿破仑的父亲爱挥霍，因此他的人缘并不好。这样，拿破仑在同学的眼里成了一个怪癖的人，并且经常受到同学的嘲笑。尽管这样，拿破仑出人头地的决心并没有改变，反而更加坚决。拿破仑把不幸当作自己前进的动力，把困难当作成功的必备要素，因此在别人吃喝玩乐的时候，他用功读书；在别人彻夜狂欢的时候他在挑灯夜战，最终拿破仑以优异的成绩获准进入皇家军事学院深造。在那里，他得到了系统的军事化训练。从那时起，他开始思索自己的未来，要展现自己的抱负。于是，他不像在布母埃纳军校一样沉默寡言，开始有了几个朋友。他暴躁的脾气也改了很多，尽管这样，还是有许多人并不喜欢他，至少说这个学校的校长就非常看不起拿破仑，甚至处处刁难他。因此，在拿破仑到皇家军事学院的第一年就被要求进行毕业考试，通过不了，只能走人。但是拿破仑没有害怕，以优异的成绩全部通过考核，并被授予少尉军衔进入部队。

在部队期间，拿破仑开始改变自己沉默寡言的性格，逐渐地进行一系列的演讲，这对于他锻炼口才来说是少有的机会。尽管拿破仑的社交活动增多，但是他仍旧不忘学习，除了执行公务外，他都会利用剩余的时间潜心学习政治、军事、民主思想著作等，并且每阅读一部作品都要在作品上面做上备注，特别是卢梭的作品更是让拿破仑兴奋不已。这也是为什么《法国民法典》要颁布的原因之一。

1789年法国资产阶级大革命爆发，拿破仑认为这是让家乡科西嘉独立的好机会，因此在科西嘉发表演说，希望大家团结起来让科西嘉独立，同时联合反法集团的领袖人物保利开始策划科西嘉独立。由于拿破仑希望科西嘉独立既不属于法国也不属于英国，而保利则希望科西嘉归于英国版图，而拿破仑十分反感英国，因此二人彻底决裂，最后科西嘉归入英国。拿破仑无奈，选择了法国作为自己的国籍。

由于当时执政的保王党开始围攻雅各宾派，形势很危急，在紧要关头，拿破仑率领炮兵攻下了保王党的堡垒土伦。由于拿破仑杰出的军事指挥才能被破格提升为少将旅长，这时他年仅24岁。但是生活有很多不幸，在1794的热月政变中，热月党人推翻了以罗伯斯比尔为首的雅各宾派的统治，由于拿破仑与雅各宾派的关系受到调查，并被免去所有职务。1795年，拿破仑的机会来了，保王党又开始围攻热月党人所在的巴黎，巴黎岌岌可危。执政官派去的将领都被保王党人打败。这时执政官巴拉斯想到了拿破仑。于是拿破仑被授权去平定保王党人的武装叛乱。当过炮兵的他十分重视大炮的作用，他很快调来上百门大炮在巴黎市中心秘密隐藏起来。保王党人以为巴黎已经攻下，开始狂欢，拿破仑抓住这一时机进行反扑，用大炮把保王党人轰得四散逃窜，几乎全军覆没。这一战充分显示出拿破仑出色的军事指挥才能，因此被任命为陆军中将兼巴黎卫戍司令，顿时拿破仑成为军界和政界的一颗新星。

掌握了军权的拿破仑开始不安分起来，1796年4月初，拿破仑率部进攻意大利，在以后的时间里，他迫使皮蒙特王国、教皇国、那不勒斯王国等国与法国签订和约，并粉碎了第一次反法联盟。

在1799年拿破仑发动"雾月政变"夺取了政权。拿破仑为了减少各方面的压力，他开始进行法国的大改革，包括军事、政治、司法、教育等，同时最有代表性的就是颁布了《法国民法典》。通过法律，拿破仑从执政官到终生执政官又到称帝，在短短几年就完成了。称帝后，拿破仑开始四处侵略，他先后进行了马伦戈、奥斯特利茨、奥尔斯泰特、弗里德兰等战役并粉碎了数次反法联盟，这使得法国成为欧洲的霸主。1811年法俄关系恶化，拿破仑远征俄国，由于天气等原因拿破仑狼狈而归，20万的远征军回来的时候还不到1万人。此战，拿破仑元气大伤。同时国内发生了政变，而奥地利、俄国、英国、西班牙等国又组织了第六次反法联盟，最后拿破仑无条件投降，法兰西第一帝国灭亡，拿破仑被流放到厄尔巴岛。但不久他逃回法国，开始了"百日王朝"，这时闻讯的欧洲各国开始举行第七次反法联盟,在滑铁卢一役,拿破仑战败,被流放到太平洋上的一个叫圣赫勒拿的小岛上。

1821年拿破仑在圣赫勒拿岛病逝。

【人物评价】

歌德说,拿破仑是他从来没有见过的最富于创造力的人,拿破仑摆布世界,就像洪默尔摆布钢琴一样,胸有成竹,应付自如。

【拿破仑名言】

人生之光荣,不在永不失败,而在能屡仆屡起。

不想当将军的士兵不是好士兵。

7. 解放黑人的伟大总统——林肯

【人物导引】

林肯(1809—1865),美国第16任总统。林肯用自己的努力结束了美国的南北之战,更是用自己坚强的意志结束了统治美国上百年的奴隶制度,为美国资本主义的发展扫清了障碍。林肯为人谦虚谨慎而又幽默,尽管他从小就经历过很多的磨难,但他从来就没有屈服过,他用自己的人格赢得了全世界的尊敬。

【人物评价】

林肯出生在美国肯塔塞州一个穷困的黑人家庭,他的父亲是一

第一章　帝王领袖

个小小的修鞋匠，一边种地，一边外出修鞋。

在林肯9岁时，母亲就过世了，父亲就又给林肯找了个继母。继母对林肯特别好，林肯对继母也非常好，就像对待亲生母亲一样。在林肯家周围不远的地方有一个刚成立不久的学校。继母把林肯送进这所学校念书。书对于林肯来说就是宝贝，只要他听说谁家有书他就绝对要借过来，哪怕就是相隔几十公里的山路也要借过来。就这样他读了《华盛顿传》、《伊索寓言》、《鲁滨孙漂流记》、《富兰克林传》以及《修正印第安纳法全集》这样深奥的法律读本，并且他也开始对法律产生了浓厚的兴趣。从此，林肯便开始学习法律。

由于生活困难，父亲给了林肯一条船，让他驾船到河流的下游摆渡，这样也能挣几个小钱。于是林肯一边撑船摆渡，一边看书学习。一次，两个绅士上了林肯的小船，让他尽快赶上就要起航的轮船，林肯尽全力划船，终于使他们登上了轮船，林肯因此得到两位绅士1元银币的酬谢。这是林肯有生以来第一次赚到的1元钱。想到可以用它买自己喜欢的书，林肯兴奋得睡不着觉。

林肯摆渡不久，遇到了麻烦。一对同样做渡船生意的弟兄俩声称林肯侵犯了他们的渡船特许权，便把林肯打了一顿，并且他们还到法院去告林肯。林肯懂得法律知识，知道自己并没犯法。原来，他们所谓摆渡权是指两岸之间渡船的权利，而林肯从没到过对岸，只是把客人送到停在河中的轮船上去，并没有到达对岸，法官宣判林肯无罪。判决结束后，那个法官留住林肯，问他是否想学法律，并承诺自己身后书架上的法律书，林肯可在有空时过来看，开庭的日子还可以来旁听。林肯顿时大喜，因为他总梦想着成为一名法官。

林肯长大后，他的勤快在附近出了名，无论对什么人他总是温和谦恭待人十分诚恳，被人们称为"诚实的亚伯拉罕"。不久，林肯想外出谋生见一下世面。正巧有个商船路过，于是林肯帮助他们驾船来到新奥尔良。这时，船上的货物差不多已销售完。他们来到城里，林肯最感到惊奇的是贩卖黑人的广告和悬赏寻觅逃跑黑人的招贴。黑人在这里像牲畜一样可以被买卖和奴役。他看到一个带着孩子的女黑奴在当街被拍卖，她怀里的孩子被拍卖主冷酷地拉走，孩子哇哇哭叫。看到这悲惨又残酷的一幕，林肯气得全身战栗，他被同伴拉走。不久，林肯靠自己的努力取得了律师资格证，自己开了一家小小的律师事务所，由于林肯出色的辩论口才和幽默的语言，生意还不错。1832年，州议会进行竞选活动，林肯在他所在的地区参加竞选，并当选为州议会议员。自此，林肯的政治生涯揭开了序幕。林肯32岁时，同出身于大富翁家庭的玛丽·托德结婚，但他们两个人无论在哪一方面相比都相差太远，不太合适，但是林肯用一种宽恕的精神忍耐下来。

1847年，林肯当选为国会议员，曾多次在国会中投票反对奴隶制度，可是法案惨遭否决。随着社会经济的发展，南方落后的奴隶制种植园经济严重阻碍了北方资本主义的发展，南北矛盾日益尖锐。南方的广大黑奴为摆脱奴役曾进行过无数次反抗。他们经常烧毁种植园，杀死奴隶主；那些奴隶主为了维护自己的统治，对反抗的奴隶进行惨无人道的杀害。此时，林肯对黑人奴隶问题也愈加关注，他认识到，奴隶制已经成为资本主义发展的绊脚石。

1860年，林肯凭借自己的努力，当选为美国第16任总统，北方广大群众热烈拥护，南方奴隶主则更加激烈地反抗他，南方先后有11个州退出联邦组成新政府，奴隶主公开打出了叛乱分裂的旗帜。1861年林肯政府号召人民为恢复联邦统一对南方宣战，南北战争爆发了。开始时，林肯代表的北方资产阶级步步落败，南方的封建奴隶主步步紧逼。

1862年，林肯颁布《解放黑奴宣言》，宣布废除奴隶制度，顿时南方的奴隶开始反戈，没过多久，南方的奴隶主就失败了。但奴隶主们并不甘心失败，对北方的胜利，更是恨之入骨，他们把一切仇恨都集中在林肯身上。1865年4月14日，他们派出刺客，趁林肯夫妇在看歌剧时,将他杀害。林肯把自己的一生都献给了美国的民主事业,为美国人民争取民主、反对种族歧视的斗争树立了光辉榜样。

【人物评价】

马克思与林肯是同时代人,他对林肯的评价是:这是一个不会被困难所吓倒、不会为成功所迷惑的人;他不屈不挠地迈向自己的伟大目标,而从不轻举妄动;他稳步向前,而从不倒退……总之,这是一位达到了伟大境界而仍然保持自己优良品质的罕有的人物。

【林肯名言】

人生最美好的东西,就是他同别人的友谊。

给别人自由和维护自己的自由,两者同样是崇高的事业。

8. 苏联的缔造者——列宁

【人物导引】

列宁(1870—1924),原名为弗拉基米尔·伊里奇·乌里扬诺夫,出生于俄国辛比尔斯克(今乌里扬诺夫斯克)。苏联的缔造者,思想家、革命家,实践社会主义理论的先驱。

列宁从小受哥哥的影响,对俄国沙皇的统治十分不满,在一次次的斗争中没有妥协,没有屈服,为俄罗斯人民的解放作斗争。

列宁是马克思主义的继承者,列宁主义与马克思主义被称为马列主义。

【人生经历】

列宁的父亲伊里亚·尼古拉也维奇·乌里扬诺夫是一位具有民主进步观点的中学教师，后来成为辛比尔斯克省国民教育厅的视察员，由于工作出色，晋升为省国民教育总监，并曾获得贵族称号。列宁的母亲玛丽亚·亚历山大罗夫娜是一位医生的女儿，结婚前住在农村，虽然只受过家庭教育，但由于她勤奋好学，后来仍然通过考试获得了小学教师的称号。她知识渊博，并擅长外语和音乐。列宁的哥哥叫亚历山大，姐姐是安娜，妹妹奥里娅，弟弟德米特里，最小的妹妹叫玛丽娅。聪明活泼的列宁从5岁就开始学习文化知识，9岁进入辛比尔斯克中学，学习成绩一直名列前茅，因品学兼优曾获得金质奖章。

列宁的哥哥亚历山大是喀山大学的优等生，民意党青年小组的成员。他是一个性格坚强、处事公正、善于思考又和蔼可亲的人。列宁很敬重他并从他身上学到了很多东西。

1887年3月13日亚历山大因参与谋刺沙皇亚历山大三世而被捕，同年5月20日被杀害。受到极大震惊的列宁从血的教训中增强了与沙皇专制制度作斗争的决心，同时，他也看出哥哥走的斗争路线行不通，因此，17岁的列宁要探索一条与沙皇专制制度作斗争的新道路。

同年，列宁从弗拉基米尔中学毕业，进喀山大学法律系学习。在大学里，列宁结识了一批有革命思想的学生。不久，他因参加学生运动而被捕流放，押送他的警察对他说："小伙子，造反有什么好处？还不是向一堵石墙上撞吗？"列宁回答说："是的，但这是一堵朽墙，一撞就倒。"

1888年，列宁从流放地回到喀山，当局不准他回大学。于是他就认真自修、研究马克思主义，并研读了《资本论》等著作。1889年，列宁移居萨马拉，埋头读了四年半的书，并组织了当地第一个马克思主义小组。1893年秋天，列宁移居圣彼得堡。1895年秋，列宁把圣彼得堡所有马克思主义工人小组统一起来，组成了工人阶级解放斗争协会，在俄国第一次实现了社会主义和工人运动的结合。同年12月，他再次被捕入狱。1897年2月他被流放到西伯利亚东部。在监狱和流放地，他继续领导协会开展革命活动，同时从事写作。1900年初流放期满，7月出国，在国外创办了马克思主义者第一张全俄政治报纸《火星报》。

在1903年俄国社会民主工党第二次代表大会上，列宁经过激烈斗争，使大会通过了国际共产主义运动史上第一个以争取无产阶级专政为基本任务的党纲。由于建党原则上的尖锐分歧，大会形成了以列宁为首的布尔什维克（多数）派和孟什维克（少数）派。11月列宁回到圣彼得堡直接领导革命斗争。

1917年11月，在列宁领导下，在托洛茨基的军事指挥下，俄国人民取得了十月社会主义革命的胜利，开辟了人类历史发展的新纪元。十月革命胜利后，列宁当选为第一届苏维埃政府即人民委员会的主席。1918年7月至1920年，新生的苏维埃政权先后受到14个帝国主义国家武装干涉以及国内资产阶级、地主阶级、沙俄贵族残余势力武装力量的围攻，列宁带领布尔什维克党进行了艰苦奋战，粉碎了国内外敌人的进攻。1919年3月他主持成立了第三国际，接过了国际共产主义运动的领导权，并亲自主持了最初的几次代表大会。

1924年1月21日，列宁因脑溢血去世，遗体经防腐处理后被安放在莫斯科克里姆林宫红墙下的列宁墓中。

【人物评价】

列宁是俄国共产主义革命政治家，马克思和恩格斯事业和学说的继承者，全世界无产阶级和劳动人民的革命导师和伟大领袖，并亲自领导了俄国十月革命，成为苏联第一位领导人。他对马克思主义的贡献被普遍称为列宁主义。

【列宁名言】

欺骗的友谊是痛苦的创伤,虚伪的同情是锐利的毒箭。

只要再多走一小步,仿佛是向同一方向迈的一小步,真理变会变成错误。

9. 第二次世界大战传奇总统——罗斯福

【人物导引】

罗斯福(1882—1945),美国历史上最伟大的总统之一,也是美国历史上唯一连任4届总统任职长达12年的人。在第二次世界大战期间他更是力挫法西斯联盟,成为令人敬仰的一代伟人。

【人生经历】

罗斯福出生在美国纽约,他的父亲一直活跃于商界和社交界,罗斯福在父亲的影响下也有了从政的念头。1896年,罗斯福被送入以培养政界人物为目标的格罗顿学校,1900年进入哈佛大学,攻读政治学、历史学和新闻学。大学时代的罗斯福热衷于社会活动,学习成绩并不突出,数次去欧洲旅行,喜欢球类活动。这期间,他的堂叔老罗斯福正担任纽约州的州长,罗斯福为了扩大自己的知名度和影响力,把堂叔老罗斯福请到哈佛来讲演。

1904年,罗斯福进入哥伦比亚大学法学院。1905年3月,与埃莉诺结婚。埃莉诺是时任总统西奥多·罗斯福的侄女,总统亲自参加了结婚仪式,使得婚礼非常隆重。但罗斯福发现,大多数人都是因总统而来,由此激发了他从政的决心。1907年,罗斯福从法学院

第一章 帝王领袖

毕业,进入律师事务所当了一名律师。

1913年,威尔逊总统任命他为助理海军部长,在他工作的这段时间,他提出了很多宝贵的意见,取得了很出色的成绩。1919年,罗斯福为威尔逊的国际聪明计划奔走游说,结果导致1920年竞选副总统失败。虽然此次竞选失败了,但他作为政治新星的光芒却未曾削弱。此后,罗斯福出任马里兰信用与储蓄公司的副董事长,同时又重操律师业。此外,罗斯福还从事各种商业冒险活动。

在罗斯福39岁时,一件不幸的事发生了。罗斯福带全家在坎波贝洛岛休假,发生了一场火灾,罗斯福带领全家尽力地扑火,大火终于熄灭了。因为救火,罗斯福满身弄得很脏,于是他跳进冰冷的海水中洗澡,不料却患上了脊髓灰质炎症。这种病是终生残疾的征兆,但是这并没有阻止罗斯福想要成为一个正常人的信念,因此他在时时刻刻锻炼自己,希望自己能够有一天可以站起来。他从来就没有放弃过从政这一目标。在竞选总统的时候,他总是坐着轮椅亲自到各地参加演讲,人们见他坐在轮椅上,语言幽默轻松,人们都很佩服他。

有志者事竟成。罗斯福的努力没有白费,他终于如愿以偿地入住白宫,成为总统。但是这时美国正在经历着一场前所未有的大萧条风暴,这时失业、破产、倒闭、暴跌、美元贬值,到处都是痛苦,恐惧失望与绝望,罗斯福却表现出精神饱满,显示出了压倒一切的信心和力量。他告诉人们:"我们唯一害怕的就是害怕本身。"他在未当总统之前就十分关注美国的经济走向,关注美国经济的发展,因此针对眼下的经济情况,他开始制定一系列的经济改革措施。

在1933年3月4日那个阴冷的下午,新总统的决心和轻松愉快的乐观态度,"点燃了举国同心同德的新精神之火"。他提出了旨在实现国家复兴和对外睦邻友好的施政方针。为了推行新政,罗斯福将一批具有自由主义色彩的律师、专家与学者组成智囊团,征询方针政策;通过"炉边谈话"方式,加强了与人民大众的密切联系,更能把罗斯福的新政进行推广。1933年3月9日至6月16日,美国国会应罗斯福总统之请召开特别会议。罗斯福先后提出各种咨文，督促和指导国会的立法工作。国会则以惊人的速度先后通过《紧急银行法》、《联邦紧急救济法》、《农业调整法》《工业复兴法》、《田纳西河流域管理法》等法案，这让美国的经济在迅速倒退和恶化中逐渐停止并开始复苏。

1936年罗斯福的第一任期结束了，他毫无悬念地再次当选美国总统。这时的国民收入已经有了50%的增幅，罗斯福娓娓动听地描述道："此时此刻，工厂机器齐奏乐曲，市场一片繁荣，银行信用坚挺，车船满载客货往来行使。"

1937年，第二次世界大战爆发，罗斯福意识到战争就要来临，所以，他在特别咨文中敦促立即增加20%的海军建设费，国会经过激烈辩论准许投入10亿美元发展海军。这一事实表明，大多数认真思考问题的美国人，已经看到战争的威胁并因而同意加强防务。1938年12月，在罗斯福的倡议下，泛美会议通过《利马宣言》，反映出美洲国家反法西斯的决心。

纳粹战火很快就燃遍欧洲，罗斯福政府不得不发表正式中立声明并实施中立法。但是，罗斯福也作好了战争的准备。就在德军打败英法联军后，罗斯福马上召开会议，要求国会追加国防拨款，加强战备。为了获得共和党人的支持，罗斯福任命亨利·史汀生为陆军部长，弗兰克·诺克斯为海军部长。在英国面临危亡的时刻，罗斯福开始向英国提供武器装备。

1941年12月7日，日本偷袭珍珠港，太平洋战争爆发，战火波及美国。美国当即向日本、德国和意大利宣战，正式参加第二次世界大战。为了赢得战争，罗斯福下令实施战争动员和改组军队指挥机构。战争结束前，美国武装部队员额达到1514万余人。

1942年，罗斯福下令在原陆海军联合委员会的基础上，组建参谋长联席会议（由陆军参谋长乔治·马歇尔、海军作战部长欧内斯特·金、陆军航空队司令亨利·阿诺德及总统参谋长威廉·李海组成），对武装部队实施统一指挥。

同年，在罗斯福的倡导下，美、英、苏、中等26个国家的代表在华盛顿签署《联合国家宣言》，国际反法西斯同盟正式形成。经过坚苦卓绝的斗争，盟军终于取得了第二次世界大战的胜利。

1944年11月17日，罗斯福再次以53%的得票率第四次当选为美国总统。在这一任期里，罗斯福只担任了73天职务就在佐治亚州与世长辞了。这样，富兰克林·罗斯福是第一位任期超过两届、打破华盛顿先例的总统。

罗斯福在20世纪40年代唤醒了美国对外干涉主义，同时他决定在第二次世界大战后建立一个维持世界和平的组织——联合国。为了共同研究军事形势和制订联合作战计划，罗斯福和丘吉尔在华盛顿举行"阿卡迪亚"会议。

在他的努力下，美国成为反法西斯战争的主力，也正是在他的领导下，美国才得以成为世界霸主。

【人物评价】

美国著名记者约翰逊在《罗斯福传记》中写道："他推翻的先例比任何人都多，他砸烂的古老结构比任何人都多，他对美国整个面貌的改变比任何人都要迅猛而激烈。然而正是他最深切地相信，美国这座建筑物从整个来说，是相当美好的。"他带领美国走出经济困境，改变了美国人的生活方式，然后为了捍卫民主政体，帮助世界实现了安全。

历史学家和政治学家们一致认为，华盛顿、林肯和罗斯福是美国最伟大的三位总统。

【罗斯福名言】

幸福并不仅仅取决于拥有多少钱财，而在于成功的喜悦和创造活动所带来的心灵震颤。

检验我们进步的标准,并不在于我们为那些家境富裕的人增添了多少财富,而要看我们是否为那些穷困贫寒的人提供了充足的生活保障。

10. 法兰西斗士——戴高乐

【人物导引】

戴高乐(1890—1970),第二次世界大战时期法国总统(1959—1969)。在法国被纳粹德国占领后,他率领一些将士在英国组织了"自由法国"流亡政府,并建立了军队同法西斯分子进行顽强的斗争。他不屈不挠、顽强奋斗的作风受到了法国人民的爱戴,更受到全世界人民的尊敬。

【人生经历】

戴高乐的一生坎坷不平,他能够走向成功,最终成为法国历史上最伟大的历史巨人,一方面是由于他的信念,另一方面得益于他的睿智和高超的谋略,尤其是他善于在逆境中寻求友谊,善于利用一切可以利用的力量。

戴高乐出生在一个比较幸福的家庭,他的父亲是位大学教授,且为人正直,他的祖父是位历史学家,祖母是位作家。由于他常在祖父身边,因此在戴高乐小的时候就接触到很多让他感兴趣的历史故事。有一天,祖父给他讲1871年普法战争,当德国人包围巴黎的时候,他就义愤填膺;他母亲每当回味这场战争中著名的将领巴赞元帅率全军向德军投降时他就潸然泪下;而当他们谈论起那些战争

第一章 帝王领袖

中的英雄或者在海外殖民地让法国赢得光荣的事情时,他就感觉热血澎湃。

1910年,20岁的戴高乐正式进入圣西尔军校,军校生活锻炼出他优秀的个人魅力与气质,他在自己的练习本上摘录了雨果的一段话:"风格高洁,思想精确,遇事果断",并作为自己的座右铭。在圣西尔军校,他颇为引人瞩目,不但是他伟岸的身躯,他有着良好的记忆力和健全的性格。然而他的同伴们还是隐隐约约感觉到他的孤傲,因为戴高乐有着自己的想法,难以与人共享。这在一些平庸者的眼里成了孤僻怪异,因此一个教官曾称他为"头脑简单,四肢发达"。

没过多长时间,第一次世界大战爆发,戴高乐参加了战争,不幸的是,在凡尔登战役中,戴高乐被德军俘虏并关进了战俘营。在这里他通过阅读德文报纸,学会了德语并写了大量的读书笔记,后来这些笔记成为他的第一部著作——《敌人阵营的倾轧》的基础。戴高乐32岁时考进了军事学院进修,这时他把历史和军事列为自己首选科目。

在军事学院,戴高乐更是把自己的各种要素都进行了充分的准备。他具有民族主义思想和历史责任感,维护国家尊严;他的不懈努力更是令人尊敬;他坚强、冷漠而孤傲;他具有天才演说家的气质和灵感;对事实有着敏锐的洞察力,而他缺少的就是历史机遇。

1925年,担任法军总监的贝当委托戴高乐充当自己的幕僚,虽然这是个闲差,但是这个位置能够参与国家最高军事机构的种种决策。这以后戴高乐才出现了命运的转机。他先后被提拔为少校、精锐部队步兵营营长、最高国防委员会秘书处秘书。这些对于戴高乐来说都不是自己的本愿,他希望自己以后可以戎马一生。

1933年,德国纳粹开始蠢蠢欲动,整个欧洲都陷入战争的阴影。这时对于战争的要求上升了一个高度,而对于国防问题,法国当局属于比较保守的人掌权,因此才有了马奇诺防线这一失败的结局。开始的时候，戴高乐认为即使建造再坚固的防御体系也没有建立一支精锐部队实用，因此他便向当局陈述自己的想法，可是这个正确的想法却被驳回，不久他就把自己的想法写成《建立职业军》一书并对外发表，虽然他军事方面的天才理论在当局没有人支持，可是这本书却为他进入雷诺内阁创造了机缘，为他从一个鲜为人知的军人成为卓越的政治家打下了基础。

1940年，由于英法两国实行绥靖政策，英法算是默许了德国纳粹的野蛮暴行。德军以闪电战的方式侵占荷兰、比利时、卢森堡等小国。紧接着德国纳粹轻而易举地进入相邻的法国领土。德军聪明地绕过马奇诺防线，使法国广袤的领土都暴露在德军的枪口之下。

1940年6月14日，巴黎沦陷，没过几天，由贝当组成的新政府向德国纳粹投降。戴高乐对这种行径极为气愤，因此打算脱离开这个失败的政府，于是他携带自己的家眷飞往伦敦。他决定要用自己的行动来为法国斗争。6月18日他来到伦敦后，不顾身心疲惫，就直接用英国光宝公司的播音室向祖国发出了著名的抗战号召："无论发生什么事情，法国抵抗的火焰不能熄灭，也决不会熄灭。"在历史上，这次讲话被称为"6·18讲话"。很多人都没有意识到这一点，这将是一个历史性的时刻：号召发出去没有多久，很多热爱法国的士兵都来投靠戴高乐，很快戴高乐就组织起了一个具有7000多人的部队。

1943年，戴高乐自认法兰西民族解放委员会主席，根据英美两盟国的协议，"自由法国"的部队组成4个师的远程军，参加对意大利的战斗，1944年，戴高乐担任了法兰西共和国临时政府主席。1944年8月，戴高乐带着法军组成的第二装甲师执行了解放巴黎的任务，8月25日，巴黎解放，在戴高乐的带领下，装甲师缓缓开进巴黎，巴黎的市民都纷纷来迎接他。

由于在第二次世界大战时期的威望，戴高乐于1959年担任法国总统。但是当时的法国民不聊生，国外的殖民地不断地反抗法国，

第一章　帝王领袖

国内的经济更是一塌糊涂，这是考验戴高乐的时候，他果断地采取发行公债、冻结工资、法郎贬值等措施使经济开始慢慢地复苏。

由于在第二次世界大战时期法国属于被占领国家，因此英美两国在处理国际问题的时候都会把法国排除在外。这让戴高乐心中极为不满。1960年，戴高乐不顾英美两国的强烈反对，邀请苏联领导人访问法国。1964年，法国又与中国正式建立了外交关系。此外，戴高乐两次坚决地拒绝了英国提出的加入欧洲共同体的要求，还与德国缔结了条约。过了一年，戴高乐再次当选法国总统，并拒绝加入北约组织。经过戴高乐的不懈努力，全世界都不再小瞧法国，使法国成为国际社会不可忽视的一员。1969年，戴高乐辞去了总统职务，并且不要政府给他的薪酬。他把自己的大部分薪酬捐献出来，建立了一项儿童保障基金。

1970年11月9日，戴高乐病逝。

【人物评价】

戴高乐在德国法西斯攻陷巴黎的时候，到处奔走，希望人们起来反抗德国纳粹的入侵。他在抵抗法西斯、解放祖国的斗争中，坚持独立自主，要以法国人自己的力量亲手打开通向解放祖国的大门。他在极端困难的条件下坚决反对将前途寄托在国际援助上面，在他的不懈努力下，终于完成了解放国土和民族统一的大业。戴高乐逝世后，毛泽东在唁电中称戴高乐为"反法西斯侵略和维护法兰西民族独立的不屈战士"。

【戴高乐名言】

伟人之所以伟大，是因为他们立志要成为伟人。

尽管路途艰难，但是我们前进的脚步不能颤抖，否则既有损于我们的尊严，也会带来致命的危险。

11. 第二次世界大战的巨人——丘吉尔

【人物导引】

丘吉尔(1874—1965),英国政治家、演说家、作家及记者,诺贝尔文学奖得主,20世纪最重要的政治领袖之一。他临危受命,在英国生死存亡之际出任英国首相,领导英国人民为了反对纳粹进行了不屈不挠的斗争,同时为了能够扩大反法西斯斗争阵营,他通过斡旋,使斯大林和罗斯福坐在一起,为反法西斯斗争的胜利立下了不朽功勋。

【人生经历】

丘吉尔出生在英国牛津郡的一个贵族家庭,他一直生活在保姆的溺爱之中,并且由于父亲伦道夫·丘吉尔忙于政治而母亲又沉湎于交际之中,丘吉尔少年时很少得到父母的关爱。对于父母他没有多少感情,因此也只有保姆艾芙列斯太太能够管着他,而他的母亲则直接说他是:"最难管教的孩子。"童年时的丘吉尔长得很结实,但是他说话有点口吃,而且发音还不清楚,但是他却老喜欢说话,如果不管他的话,他就会一个人嘟嘟囔囔说个不停。他从小对自己就十分自信,甚至于在他长大后有些偏执。

7岁的丘吉尔被送入一个贵族子弟学校哈罗公学读书,他对必修的神学和拉丁文缺乏兴趣,但是对历史和军事却情有独钟,因此丘吉尔的成绩经常不及格。再加上他有贪吃的毛病,因此在学校中被认为是最顽皮、最贪吃、成绩最差的学生,经常遭到老师的体罚。以至于后来不得不转学到另一所学校。最终丘吉尔通过三次考试勉强考进桑赫斯特皇家军事学院进入骑兵专业学习。这时，丘吉尔对文学也情有独钟，他能背诵很多古罗马的抒情诗。因此丘吉尔毕业后，在战争中既是军人也是战地记者。于是他在战斗中所写的一系列精彩刺激的报道以及被他渲染了一番的自己单身越狱的事情，在英国国内引起了很大的轰动，丘吉尔也成了家喻户晓的英雄人物。借此机会，丘吉尔决定在政坛上谋取一席之地。

1900年丘吉尔当选为议员，1906年首次入阁，担任殖民地副大臣，此后他先后担任贸易大臣、内政大臣、海军大臣、陆军大臣、空军大臣以及财政大臣等，这些官场经历让丘吉尔得到了很好的锻炼。这时，纳粹德国蠢蠢欲动。丘吉尔强烈反对张伯伦的绥靖政策，主张对德予以最严厉的打击，因此丘吉尔在人们心目中成为一致公认的对德强硬派的领袖。在他首任英国首相的时候，立即展开了对德战争，他亲自参与、制订战争计划，并提出对现代化坦克的改革方案。他急切地向英国民众发出了战争警告，呼吁英国人作好充分的战争准备。这时，他又要求把雷达全部装上，全力保卫英国领土的安全。

纳粹德国开始了闪电战，他们用飞机进行急速偷袭，几乎把伦敦炸成了废墟，但是丘吉尔带领英国人民进行了不屈不挠的斗争，终于把德国赶出英国领土。第二次世界大战结束后，在大选中，丘吉尔落选，丘吉尔无奈地苦笑："只有忘掉战斗中的英雄，才是一个伟大的民族。"但英国民众没有忘记他，在1951年的大选中，丘吉尔再度出任首相。不久他把自己的文学作品发表了出来，因而被授予诺贝尔文学奖。后来，由于丘吉尔年事已高，不堪重负，1955年，他辞去了首相的职位。

1965年，丘吉尔因病逝世，终年91岁。

【人物评价】

斯大林佩服地说："他是百年难得的人才。"

【丘吉尔名言】

绝不能在危险面前畏缩逃跑。

世界上没有永恒的敌人,也没有永恒的朋友,只有永恒的利益。

命运不靠机缘,而是靠你的抉择。命运不是等来的,而是争来的。

12. 钢铁巨人——斯大林

【人物导引】

斯大林(1879—1953),苏联共产党和苏联领导人,马克思主义者,国际共产主义运动活动家、革命家、政治家,此外,斯大林还是苏联的缔造者之一,以及共产主义五大人物之一。其所创立的苏联社会主义发展模式对20世纪的世界产生了深刻的影响。

【人生经历】

斯大林出生于格鲁吉亚的哥里城一个皮鞋匠家庭,他的母语是格鲁吉亚语,因此在他此后的运动中总是带有家乡口音。在他小的时候家庭十分困难,他的父亲作为一个鞋匠,给别人缝缝补补挣的钱根本就不够一家人的生计,即便如此,父亲还是努力凑钱让斯大林和哥哥都上学。在学校兄弟两人都刻苦读书,努力学习,这对他的一生有很大的帮助。

斯大林小的时候就接触革命思想,对于沙皇政府十分不满,并且他从小就接触乡下穷人,因此在他上学的时候就开始聚集一批爱国的小伙子准备推翻沙皇的统治,这时他才15岁。在他20岁的时候，因行动暴露而被学校开除，随后他就参加了马克思主义运动，成为布尔什维克的一员。

由于沙皇统治者对革命党残酷地镇压，因此布尔什维克们不得不在地下从事革命斗争。尽管在后来他与布尔什维克发生了分裂，可是斯大林还是忠诚地坚守着自己的思想阵地。他一直对自己的工作尽心尽责，由于他积极宣传共产主义，一年里他被抓七次。这表明了他对布尔什维克的坚定信念。他在人们的心目中已经成为一名合格而卓越的领导人。在二月革命前他被流放到西伯利亚，艰苦的生活和黑暗的政治使他变得刚毅而果断。二月革命胜利后，他从西伯利亚回到彼得格勒，开始领导《真理报》的工作，并在布尔什维克第七次代表大会上被选举为中央委员。

在随后的十月革命中，被选进起义军的领导总部策划军事策略。革命胜利后，他参加了苏联的社会主义经济建设，并起到了很大的作用。列宁逝世后，他统领了国家的一切事物，大力推进苏联社会主义工业化和现代化的发展，并且提出把农业国变成工业国的总路线；同时还提出了农业集体化的建议并获得通过。这项政策对苏联有极大的影响，工业化的发展，使苏联一举成为仅次于美国的超级大国。1941年，德国法西斯开始入侵苏联，并对苏联发动了闪电战，苏德战争爆发。

这场战争是斯大林开始推行绥靖政策的恶果，同时也是对他20世纪30年代领导"大清洗"运动的惩罚。但是对于这个铁人来说，他从来就没有怯懦，紧接着就在莫斯科红场发表演说，号召苏联人民不仅要消除本国面临的危险，还要帮助在德国法西斯奴役下的欧洲各国人民。在战争初期，由于种种失误使苏联遭到了巨大的物质和人员损失，但是斯大林更是表现出了自己刚强的一面，在德军逼近莫斯科的时候，斯大林在红场举行了盛大的阅兵仪式，受阅士兵直接开往战场。这极大地鼓舞了苏联红军的士气，进而取得了莫斯科保卫战的胜利，打破了德军闪电战不可战胜的神话。

1943年的斯大林格勒战役中，苏德两军开始进行拉锯式的战役，在斯大林格勒这座城市里寸土必争，但由于德军后勤不足被苏军打败。斯大林格勒战役共消灭德军150多万人，大大打击了德军士气，消耗了德军的有生力量，一举成为第二次世界大战的转折点。在第二次世界大战胜利后，斯大林致力于苏联的军工和民用建设，努力为人民谋福利，但这时他年事已高。

1953年3月5日斯大林因脑溢血病逝于莫斯科。

【人物评价】

斯大林是苏联的缔造者之一，他以自己刚强的意志和雷厉风行的手段而著名。他跟随伟大的革命家列宁共同缔造了苏维埃，在后期他虽然犯了很多错误，但是他对苏联的革命和建设的功绩却是巨大的。

朱可夫元帅称斯大林为"当之无愧的最高统帅"。

【斯大林名言】

青年是我们的未来，是我们的希望。

人生最宝贵的是生命，人生最需要的是学习，人生最愉快的是工作，人生最重要的是友谊。

13. 印度圣雄——甘地

【人物导引】

甘地（1869—1948），印度人民心中的英雄，为印度人民的自由和解放奋斗一生。就是这样一位形象有些不起眼的老人,领导着已经觉醒了的印度人民向英国殖民主义者发起挑战,成为民族团结和自由的领袖。

【人生经历】

甘地出生在印度西部的港口城市博尔本德尔的印度教家庭,他的父亲卡拉姆昌德·甘地是当时的土邦首相,母亲是他父亲的第四任妻子。

19岁时,甘地留学英国,在伦敦大学学院学习法律。在伦敦期间,他恪守着离开印度时母亲对他的教诲,不吃荤,不酗酒。在那里,甘地成为一个素食主义者。这可以认为是他有意识选择非暴力的第一步。他参加了素食社团,并且当选为执行委员会委员,他还成立了一个地方分会。

回国后,甘地取得了英帝国的律师资格。他试图在孟买做律师,但是工作没有起色。

在第一次世界大战中,英国政府为了得到印度的支持,答应在战后让印度人民自治,但是战争结束后,印度人民不仅没有获得自治的权利,反而迎来了《罗拉特法》——一部旨在更严厉地镇压印度人民反抗的法律,这种背信弃义的做法让印度人民对大英帝国的幻想破灭。于是,在《罗拉特法》颁布不久,一项前所未有的活动在印度全国展开了,那就是"圣雄"甘地领导的旨在反抗英殖民主义的"非暴力不合作运动"。

1919年4月6日,在甘地的领导下,印度全国以死一般的沉默抗议英国政府,在令人毛骨悚然的静寂中,印度完全陷入瘫痪状态。这一天开始,印度人民逐渐从驯服的奴隶转变为反抗的战士,印度的历史在这一天翻开了新的一页。

1919年4月13日,英国士兵向手无寸铁的印度人群开枪射击,打死打伤一千五六百人,这就是震惊世界的"阿姆利则惨案"。这一惨案使甘地有了彻底的认识：英国人再也不配享有印度人民的好感和合作。他呼吁印度人民在各个方面抵制英国：学生罢课抵制英国人开办的学校；律师抵制英国人的法庭；政府官员拒绝在英国机构任职等。正是从这个时候开始，甘地把他在南非形成的非暴力思想同不合作思想结合起来，形成了后来闻名世界的"非暴力不合作"思想。

在以后的数十年里，印度人民在甘地的带领下，一共发动了四次大规模的非暴力不合作运动。虽然当时的每次运动都未能完全实现甘地的目的，但是从长远来看，这四次非暴力不合作运动在印度的独立过程中起到了举足轻重的作用。它动摇了英国殖民统治的基础，唤醒了在英国政府高压殖民政策下逆来顺受了几百年的印度人民的反抗精神，把整个印度人民发动起来同殖民者抗争，并迫使英国政府在1947年8月16日同意印度独立，彻底结束了印度数百年来作为大英帝国殖民地的屈辱历史。

面对英国的极端统治，印度国内弥漫着恐惧的气息，这个时候甘地镇静而坚决地站了出来，他领导的不合作运动鼓舞人们毫无畏惧地坚持真理。于是，人民肩头上的一层恐惧的黑幕就这样突然地揭掉了。

在非暴力不合作思想的鼓舞下，印度人民完全被发动起来了，上到政府官员，下到不可接触的低层"贱民"；从年纪较大的老人到中青年甚至幼小的孩子；从男人到一直受奴役、受压迫的妇女，他们在各自的工作岗位上，从各个领域一齐向殖民当局宣布开战。

这样一只强大而团结的非暴力不合作的大军，令英国殖民政府无可奈何。尤其对于这股力量的领袖——甘地，殖民统治者心里更是矛盾重重：因为甘地的非暴力不合作思想带动了印度人民，动摇了他们的殖民统治基础；一旦失去甘地，印度人民会脱离非暴力斗争的轨道而走上暴力反抗的道路。

最终，甘地的非暴力不合作思想有了结果，迫于战后世界风起云涌的民族独立运动浪潮，英国政府不得不派出一位年轻有为的勋爵前往印度处理印度独立的有关事宜。这位勋爵同甘地以及印度其他几位宗教领袖经过几轮较量之后，终于在1947年6月向全世界宣布："1947年8月15日，将正式宣布印度独立。"

1947年8月15日，在这个历史性的夜晚，印度独立了，印度人民正式脱去了历史的枷锁，而甘地，这位领导印度人民走向独立的领袖，只是平静地和他的同伴们住在新德里贞利亚加塔大街一座寓所里，一如既往地躺在铺在地上的一块由椰树叶编成的席子上，当午夜12点的钟声敲响，当印度终于真正得到自由和独立的时刻，他正在沉睡。甘地，这位印度人民的伟大领袖，便是以这种极其平凡的方式迎接他奋斗了几十年的民族独立的胜利。

作为一位出色的政治领袖，甘地被认为是印度历史上的一个奇迹，也是人类历史上一个特殊的典范。他做人低调，不事张扬，没有个人野心，他从来不去争夺国家的权力，尽管他有十足的把握获得这些权力。恰恰相反，他不仅辞去了党的领袖职务，而且拒不到政府任职。

甘地的伟大人格几乎举世公认，他的道德修养堪称楷模，被印度人民尊称为"圣雄"，成为人们的表率。甘地待人谦恭、诚实、光明磊落，不分贵贱一视同仁，没有种族歧视和宗教偏见。他用自身的切实行动唤醒了整个印度的人民，他关心下层人民疾苦，善于体察民情，他一直和低层人民一起生活；甘地生活清苦，安贫乐道；他尊重女性，提倡人的精神完善和社会和谐，这对于印度歧视妇女、男尊女卑的不良传统是个挑战。

正因为如此，甘地这位身材矮小、其貌不扬的东方人赢得了世界上不同民族、信仰和阶级的人的敬仰和爱戴。尽管他去世已经60多年了，但是他为人类留下的那些东西仍然值得后人回味、思索，也没有人敢忽视他，他是民族独立和自由的象征。

和印度被殖民统治了几百年的人们一样，甘地生来就是在一个没有民族尊严的殖民地国家里成长，但他拥有长远的目光、切实的想法和坚持不懈的努力，这一点即使在甘地成为民族精神领袖以后，依旧没有丝毫改变，最终这也使甘地带领印度民族获得了独立，成为一个伟人。

【人物评价】

乔治·奥威尔这样评论甘地：你可能像我一样感到从美学上来说对甘地的厌憎，你可能反对有人把他抬到圣人的地位，你也可能反对把圣人当作一种理想，因此感到甘地的基本目标是反人性的和反动的。但是仅仅把他看作一个政治家，而且把他与我们时代的其他政治领导人物相比，他留下的气味是多么干净！

【甘地名言】

不要对人性失去信心。人性像海洋，就算当中有数滴污水，也不会弄脏整个海洋。

首先他们无视于你，而后是嘲笑你，接着是批斗你，再来就是你的胜利之日。

任何人只要作出和我一样的努力，胸怀同样的期望和信心，就能做出我所做过的一切。

14. 新中国的缔造者——毛泽东

【人物导引】

毛泽东（1893—1976），伟大的无产阶级革命家、战略家和理论家，中国共产党、中国人民解放军和中华人民共和国的主要缔造者和领袖。

【人生经历】

毛泽东，字润之，1893年12月26日生于湖南湘潭的一个普通家庭，他的父亲毛顺生一生勤俭节约，持家有方，积累了一定的财富。他的母亲文七妹心地善良，为人忠厚。

毛泽东8岁的时候就开始进入私塾读书。18岁时，毛泽东到湖南湘乡驻省中学求学，辛亥革命爆发后在新兵营当了半年新兵。三年后，毛泽东到湖南第一师范学校求学，毕业前夕和蔡和森等人组织了民主团体新民学会。五四运动前后开始接触和接受马克思主义，在1920年去上海的路上遇到陈独秀，并在陈独秀的新青年编辑部任职，而后与何叔衡在湖南创建了共产主义小组。

1921年7月，毛泽东先到上海后在浙江嘉兴南湖一条游船上参加了中国共产党第一次全国代表大会并做书记员，后任中共湘区委员会书记，领导长沙、安源等地工人运动。1923年，毛泽东出席了中共第三次全国代表大会，被选为中央执行委员，参加中央领导工作。1924年国共合作后，在国民党第一、第二次全国代表大会上当选为候补中央执行委员。1927年，第一次国共合作失败，革命党人和革命群众遭到血腥镇压，当时汪精卫叫嚣："宁可错杀千人，不可漏杀一人。"在这样血色恐怖中，毛泽东一直坚持斗争。8月1日，周恩来等组织了南昌起义，最后失败。9月，毛泽东举行秋收起义但接连失利。

1927年9月29日，毛泽东率秋收起义部队到达江西永新县三湾村，提出了"党指挥枪"的原则，史称"三湾改编"。1928年4月，与朱德领导的南昌起义余部成立红四军。1929年12月，在古田会议上，毛泽东再次当选前委书记，《古田会议决议》明确了红军建设的根本原则是党对军队的绝对领导。

1930年1月5日，毛泽东写给林彪的回信中（即《星星之火，可以燎原》）提出了"农村包围城市"的正确路线。1931年，中华苏维埃共和国临时政府在江西瑞金成立，毛泽东任主席。1931年，九·一八事变爆发，日本开始侵略中国，同时以蒋介石为首的国民党反动派开始对革命根据地进行"围剿"，但毛泽东和朱德率领的红一方面军粉碎了敌人的四次"围剿"，由于在第五次反"围剿"中，因王明的"左"倾错误，红军被迫长征。1935年1月，中共中央政治局在贵州召开著名的遵义会议，重新确立了以毛泽东为代表的新的中央领导。1937年7月7日，日本开始大规模侵略中国，抗日战争全面爆发，毛泽东仔细分析了中国的革命形势和国情，于1937年7月到1938年春之间，在延安窑洞里撰写了《论持久战》。1937年9月23日，蒋介石发表《对中国共产党宣言的谈话》，宣布承认了中国共产党的合法地位，第二次国共合作形成。虽然在国共合作当中，蒋介石一直不放弃对中国共产党的绞杀，甚至发生了皖南事变，但是在共产党的推动下，双方的合作一直到抗日战争的胜利。

1945年抗日战争胜利结束，蒋介石迅速把西北、西南部的军队调到北方和中原地区开始进攻革命根据地。最终经过辽沈、淮海、平津三大战役和渡江战役，中国人民解放军推翻了国民政府的统治。1949年3月，毛泽东主持召开中共七届二中全会，党的工作重心从农村转到城市，规定了党在全国胜利以后的各项基本政策，7月1日，他发表了《论人民民主专政》，规定了人民共和国的政权性质及其对内对外的基本政策。

1949年10月1日，中华人民共和国成立，毛泽东当选为中华人民共和国中央人民政府主席。这时党的工作重心开始转移，1954年，第一届全国人民代表大会第一次会议通过了由他主持起草的《中华人民共和国宪法》，他在这次会议上当选为中华人民共和国第一任主席。

此后，毛泽东一直担任党和国家重要领导人，领导中国人民积极地进行社会主义建设。1976年9月9日，一代伟人毛泽东在北京逝世，遗体安放在毛主席纪念堂。

【人物评价】

巴基斯坦前总理本·布托评价毛泽东为"巨人中的巨人"。

法国前总统德斯坦说他是"人类思想的一座灯塔"。

宋庆龄则把毛泽东称为"举世无双的领袖"。

【毛泽东名言】

谦虚使人进步，骄傲使人落后。

人类的历史，就是一个不断地从必然王国走向自由王国发展的历程。

15. 朝鲜民主主义人民共和国的创建人——金日成

【人物导引】

金日成（1912—1994），朝鲜民主主义人民共和国的创建人，从1948年起至其去世，一直是朝鲜的国家最高领导人。1998年修改的《朝鲜民主主义人民共和国宪法》称他为"国家不朽的主席"。

【人生经历】

金日成出生的时候日军占领了朝鲜，不得已全家人举家搬迁到了中国的吉林省。他在吉林省抚松县第一小学上了一年学，其后进入吉林市毓文中学。

出于对日本侵略者的仇恨，金日成13岁的时候就联合自己的伙伴组建了"打倒帝国主义同盟"，被推举为该同盟的领导者。在他

14岁的时候把该同盟改成"反帝青年同盟"。18岁时,他在卡伦建立了以青年共产主义者为主的最初的党组织——同志社,并在伊通县孤榆树组建了朝鲜共产主义者的第一个武装组织和为准备抗日武装斗争的军事组织——朝鲜革命军。19岁的时候加入中国共产党,20岁的时候受中国共产党东满特委派遣到安图县创建了安图反日游击队。其后历任汪清反日游击大队政委、东北人民革命军第二军独立师第三团政委,东北人民革命军第二军第三团政委、东北抗日联军第二军第三师师长。

金日成建立常备革命武装力量——反日人民游击队(后来改编为朝鲜人民革命军),担任司令官。1934年5月,组建并领导了能够统一掌握和领导朝鲜人民革命军党组织和地方党组织的朝鲜人民革命军党委会。1936年5月5日,创建了反日民族统一战线组织——祖国光复会,被推选为会长。1937年6月4日,金日成指挥抗联第六师攻打朝鲜境内普天堡的日军守备队,产生了很大的政治影响。1938年,任东北抗日联军第一路军第二方面军(兵力相当于一个营)指挥,在此期间他取名为金一星,后改为金日成。1941年,在日本关东军重兵围剿下,东北抗日联军第一路军损失惨重,部队缩编为东北抗日联军第一支队,金日成任支队长。同年,他率部撤往苏联境内。1942年,任东北抗日联军教导旅第一营营长。

1945年8月,日本投降,苏军进入朝鲜半岛北部,此时原朝鲜共产党的大多数成员在朝鲜半岛南部从事地下活动,因此金日成返回朝鲜,并在朝鲜半岛北部重建已被解散的朝鲜共产党。

1945年10月10日,北朝鲜共产党中央组织委员会在平壤成立,金日成任书记。以此完成了建党伟业,紧接着组建了北朝鲜劳动组合总联盟等各种大众团体。

1946年2月8日,建立了北朝鲜临时人民委员会,金日成被推选为该委员会委员长,并发表了20条政纲。1946年3月,原在中国延安、太行山地区活动的朝鲜独立同盟改组成朝鲜新民党,领导人为金斗奉。同年8月28日，北朝鲜共产党与朝鲜新民党合并为北朝鲜劳动党。1946年11月，南朝鲜共产党、朝鲜人民党、南朝鲜新民党也合并为南朝鲜劳动党。1947年2月，朝鲜建立了第一个无产阶级独立政权——北朝鲜人民委员会。金日成被推选为委员长，并提出朝鲜向社会主义过渡的任务。1948年2月8日，朝鲜人民革命军发展成为正规的革命武装力量——朝鲜人民军。1948年3月28日，金日成组织召开北朝鲜劳动党的第二次代表大会，通过了金日成提出的争取祖国自主统一的斗争方针。1948年9月9日，在苏联的支持下建立了朝鲜民主主义人民共和国，金日成被选为朝鲜劳动党的主席和内阁首相。

1949年6月30日，由于韩国的李承晚政府镇压，南朝鲜劳动党的大多数领导人转移到朝鲜半岛北部。金日成主持召开朝鲜半岛南北的朝鲜劳动党中央委员会联合全体会议，被推选为朝鲜劳动党中央委员会委员长。朝鲜半岛南北的劳动党合并成统一的朝鲜劳动党，并将朝鲜劳动党建党纪念日定为10月10日。1950年6月25日朝鲜战争爆发，金日成时任朝鲜人民军司令官。1951年12月，朝鲜人民军前线司令官金策突然死亡，金日成掌握了军队的全部权力。1953年2月，金日成被授予朝鲜民主主义人民共和国元帅称号。1953年8月5日，召开朝鲜劳动党中央委员会第六次全体会议，提出战后经济建设基本路线，在城市和农村大力推进生产关系的社会主义改造即社会主义革命。

1956年4月召开的朝鲜劳动党第三次代表大会、1961年9月召开的朝鲜劳动党第四次代表大会上，金日成再次当选为朝鲜劳动党中央委员会委员长。1962年12月，在朝鲜劳动党的第四届五中全会上，提出经济建设和国防建设并举的新的战略路线。1966年10月，在朝鲜劳动党的四届十四中全会上，金日成当选为朝鲜劳动党中央委员会总书记。1967—1968年，在清洗了朝鲜劳动党内最后一批反对派成员——甲山派后，由金日成一人掌握了朝鲜党、政、军全部最高权力。1970年11月，在朝鲜劳动党第五届会议上，为加快社会主义事业的完全胜利，提出了关于深化思想、技术、文化三大革命的课题，将彻底建立朝鲜劳动党的单一思想体制规定为朝鲜劳动党工作的总任务。1972年12月召开第五届最高人民会议第一次会议，通过新的《朝鲜民主主义人民共和国宪法》，金日成当选为国家主席。1970年召开的朝鲜劳动党第五次代表大会和1980年10月召开的朝鲜劳动党的六次代表大会上，再次当选为朝鲜劳动党中央委员会总书记。金日成把全社会主体思想化规定为朝鲜革命的总的任务。1972年5月，提出自主、和平、统一的祖国统一三项原则。金日成从朝鲜民主主义人民共和国第一届最高人民会议开始一直担任最高人民会议大议员；从第一届最高人民会议到第四届最高人民会议担任朝鲜民主主义人民共和国内阁首相；从第五届最高人民会议开始一直担任朝鲜民主主义人民共和国主席；从1945年10月到1966年9月担任朝鲜劳动党中央委员会委员长。从1966年10月开始被推选为朝鲜劳动党中央委员会总书记；1992年4月被授予朝鲜民主主义人民共和国大元帅称号。

【人物评价】

金日成在民族困难的时候带领朝鲜人民进行不屈的抗争，他不屈不挠、英勇奋斗的精神更是令人钦佩，毛泽东曾经评价他："一个可以令人信任的朋友。"朝鲜人民更是称他为"不朽的主席"。

【金日成名言】

学校是造就祖国未来的摇篮。

不把自己的全部身心献给人民的人，在千钧一发的危险关头，就得不到人民的真诚帮助。

16. 南非国父——曼德拉

【人物导引】

曼德拉（1918—2013），为了消除南非的种族隔离和歧视制度，领导南非人民经过几十年艰苦卓绝的斗争，最终获得胜利。其间，他被当局以非法组织罪、叛国罪判为终身监禁，所以，他又是世界上被囚禁时间最长的政治犯。虽然身在牢狱，却仍然顽强斗争。在度过非人般的28年监狱生活后，他被拥戴为这个重生国家的首位黑人领袖。

【人生经历】

纳尔逊·曼德拉于1918年6月18日出生在南非姆巴色河畔的部落酋长家庭。当酋长的父亲给他起名叫——罗利拉拉，意思是调皮鬼。曼德拉的母亲是一个出身高贵且有个性的女人。在曼德拉两岁时，因为父亲顶撞白人地方官，被解除酋长职务，结束了家族世袭酋长的历史，迁往别处过起了普通黑人家庭的生活。

福不双至，祸不单行，曼德拉9岁时，父亲去世。父亲临终前把他托付给荣欣塔巴大酋长，因为父亲做大酋长时有恩于荣欣塔巴，所以大酋长荣欣塔巴收留了曼德拉。

曼德拉生活在大酋长荣欣塔巴身边，耳濡目染，慢慢地了解到了南非的历史，知道了白人的无耻与贪婪。从这时候起，曼德拉就立志要拯救自己的国家。

1934年，曼德拉16岁，荣欣塔巴让曼德拉参与成年割礼仪式。然后到克拉克伯里学校读书。三年后，曼德拉到希尔特敦学院学习，准备考大学。

1939年初，曼德拉如愿以偿，考入黑尔堡大学。黑尔堡大学是南非唯一一所高等学府，也是整个非洲黑人学者们的学术圣地。不久曼德拉的学士梦破裂了，他因参与学生罢课被校方暂令退学。回到家乡后，又因不满荣欣塔巴为他操办的婚事而出走。

万般无奈之下，曼德拉来到黄金之都——约翰内斯堡，先是在矿山公司当警察，后搬到亚历山大。他希望自己能成为一名富有且有地位的律师，在这里他结识了非洲人国民大会活跃分子沃尔特·西苏鲁。

1942年，曼德拉通过函授课程，获得黑尔堡大学的文学士学位。随后，开始半工半读，在威特沃特斯兰德大学攻读法律。不久他在沃尔特·西苏鲁的帮助下开始在一家法律公司实习。结识沃尔特·西苏鲁是曼德拉一生中重要的一件事，是沃尔特·西苏鲁使曼德拉的世界观正式形成，开始直面一个残酷无情的事实——身为南非人，就离不开政治，与种族歧视主义作斗争。

曼德拉自幼性格刚强，崇敬民族英雄，他要"以一个战士的名义投身于民族解放事业"。他毅然走上了追求民族解放的道路。两年后，他参加了主张非暴力斗争的南非非洲人国民大会（简称非国大）。

1952年，曼德拉被选为"非国大"副主席。同年年底，他成功地组织并领导了"蔑视不公正法令运动"，赢得了全体黑人的尊敬。为此，南非当局宣布非国大为非法组织，要求解散非国大。

1961年，曼德拉领导罢工运动，抗议和抵制白人种族主义者成立的"南非共和国"；此后转入地下武装斗争，被任命为非国大领导的军事组织"民族之矛"的总司令。

1962年，曼德拉被捕入狱。他被指控犯有叛国罪，被判为无期徒刑。这时曼德拉只有47岁，对于一个政治家来说，这是一个黄金年龄，而曼德拉却身陷囹圄，在罗本岛开始了漫长的监狱生活。他备受迫害和折磨，但始终未改变反对种族主义，建立一个平等、自由的新南非的坚强信念。

1990年，曼德拉度过了28年的牢狱生活。这时候，要求释放曼德拉的自由呼声响彻全球，2月11日，南非当局在国内外舆论压力下，被迫宣布无条件释放曼德拉。同年3月，他被非国大全国执委任命为副主席、代行主席职务，1991年7月当选为主席。1994年4月，非国大在南非首次不分种族的大选中获胜，曼德拉成为南非历史上第一位黑人总统。

1999年5月，曼德拉总统应邀访华。他是首位访华的南非国家元首。

【人物评价】

1991年联合国教科文组织授予曼德拉"乌弗埃——博瓦尼争取和平奖"。1993年10月，诺贝尔奖和平委员会授予他诺贝尔和平奖，以表彰他为废除南非种族歧视政策所作出的贡献。同年他还与当时的南非总统德克勒克一起被授予美国费城自由勋章。1998年9月，曼德拉访美，获美国"国会金奖"，成为第一个获得美国这一最高奖项的非洲人。2000年8月被南部非洲发展共同体授予"卡马"勋章，以表彰他在领导南非人民争取自由的长期斗争中，在实现新旧南非的和平过渡阶段以及担任南共体主席期间作出的杰出贡献。

【曼德拉名言】

让黑人和白人成为兄弟，南非才能繁荣发展。

我已经演完了我的角色，现在只求默默无闻地生活。我想回到故乡的村寨，在童年时嬉戏玩耍的山坡上漫步。

17. 古巴硬汉——卡斯特罗

【人物导引】

卡斯特罗（1918—），古巴领袖，他积极地为古巴的和平进行着不懈的斗争，在艰苦的时候他仅有十几个属下，困难的时候吃不上一顿饱饭，但是他用自己坚强的意志和毅力终于统一古巴，建立了和平政权，为古巴人民和世界人民所敬重，在世界上更是有"硬汉"的称号。

【人生经历】

卡斯特罗出生在古巴巴连奥特省一个富有的庄园主家庭。他的父亲是一位退役军人，而后靠种植甘蔗起家，在当地已经成为一个富有的种植园主。少年时期的卡斯特罗非常勇敢。他的弟弟劳尔非常崇拜自己的哥哥，不仅因为卡斯特罗心胸开阔，还有就是哥哥对当时的劳苦大众深深地同情。因此他与剥削阶级的父亲有时候闹得很不愉快，甚至他还领导工人进行反抗自己父亲的罢工，这让他的父亲非常头疼。青少年时代的卡斯特罗阅读了大量英雄人物传记和著作，例如，古巴民族独立先驱者何塞·马蒂、拉丁美洲的解放者玻利瓦尔和圣马丁，都是他心目中最崇拜并引以为榜样的英雄人物。

卡斯特罗19岁时考入哈瓦那大学法律系，当时由于当权者暴虐无道，广大的百姓处于水深火热之中，当时的拉美民族革命运动如火如荼，但是都被独裁当局以残酷的手段镇压下去。这时，卡斯特罗也投身到民族解放斗争中去。他在学校组织起了爱国的大学生，

第一章 帝王领袖

用自己的智慧与反动政府进行着不懈斗争，因而成为哈瓦那大学的风云人物。

两年后，卡斯特罗加入古巴人民党。22岁的时候，他代表哈瓦那大学出席了在哥伦比亚波哥大举行的反帝反殖民的学生大会，并参加了博格达大学反对寡头政治的学生暴动。由于他们没有斗争经验，这次暴动被当局直接镇压下去，但是对卡斯特罗有了很大的教育意义：那就是只能运用武力来夺取政权。

暴动失败后，卡斯特罗回到古巴继续读书，24岁的时候就获得了法学博士学位，出于对人民大众的同情，他常常为他们充当辩护人。没过多长时间，巴蒂斯塔发动了军事政变，加紧了军事独裁统治，这极大了地触怒了卡斯特罗，他率领134名爱国青年攻打圣地亚哥的蒙卡达兵营，想夺取一些武器来武装自己，并且他还希望自己的行动能够引起更多的爱国人士参与进来。但毕竟攻打的是兵营，终因力量悬殊而失败，他的大部分属下都被处死，而他和弟弟劳尔幸免于难。但审判还是避免不了的，在法庭上，法官要判他们有罪的时候，卡斯特罗发表了著名的自我辩护词《历史将宣判我无罪》。这篇辩护词极大地震动了一批爱国人士，卡斯特罗的名字也是家喻户晓，同时也为卡斯特罗捞足了政治资本。

1955年，巴蒂斯塔为当选总统，为了赢得支持便开始拉拢人心，同时大赦犯人，卡斯特罗、弟弟劳尔和他的战友获释出狱。在将近一年的牢狱中，卡斯特罗结识了不少爱国革命分子，他出狱后便开始策划又一次的革命斗争，他把自己的革命武装部队藏匿到墨西哥，在那里他大力发展自己的武装。

1956年，卡斯特罗率领他的革命战友乘坐船只从墨西哥回到古巴，但是在登陆的时候遭到政府军的武装袭击，他带的人几乎伤亡殆尽，只有他和他弟弟带领12个人仓皇逃到森林里开始进行游击战，他任游击队的司令员。由于他早期看过毛泽东的书籍，对农村走向城市，开展土地革命走农村包围城市的道路这一革命理论耳熟能详。

结合这一理论，卡斯特罗在山区建立了大约有5万人的革命根据地，开始实行以农村包围城市的战略，同时颁布第一部《土改法》，顿时他的力量也空前壮大起来。在他的影响下，全国开展了土地改革运动，并对巴蒂斯塔的暴力统治开始了反击。不久，巴蒂斯塔建立起来的军事政权土崩瓦解。巴蒂斯塔率领残部逃亡海外。1959年1月1日，卡斯特罗出任临时革命政府总理和武装革命总司令。

卡斯特罗上任后开始对国内的反革命势力进行严厉的打击，在全国进行土改运动并没收国内重大企业为国有资产。这时美国开始干涉古巴内政，美国采取经济封锁、外交孤立和政治颠覆政策，甚至组织雇佣军进行入侵，妄图把古巴新政权扼杀在摇篮里面。卡斯特罗率领古巴人民进行了针锋相对的斗争，他还把党派合并为古巴共产党，任党总书记。在后来的选举中，他一直连任。2003年，由于他肠胃出血，便把国家的最高权力移交给了他的弟弟——古巴第一副主席、委员会主席革命武装总书记劳尔。

【人物评价】

卡斯特罗是社会主义革命家，他善于借鉴、学习，他在不屈不挠的斗争中带领着古巴人民走向胜利，他以硬汉领袖的形象闻名世界。他明白，在一个强权的世界里，作为一名大无畏的革命战士，他将永远战斗下去。

【卡斯特罗名言】

没有机会这是弱者最好的借口！

第二章　思想巨擘

他们是站在巨人肩膀上思考的人，他们的思想不管在当时还是现在都有着巨大的影响。

18. 读书人的始祖——孔子

【人物导引】

孔子（前551年—前479年），名丘，字仲尼，生于鲁国陬邑（今山东曲阜）。著名的思想家、政治家、教育家，儒学学派的创始人。他博学多才，对音乐、礼仪、管理、治学等方面都有建树。他有弟子3000人，桃李满天下，整理《诗》、《书》，删修《春秋》，有《论语》存世，后世的读书人视其为始祖，被尊称为孔圣人。

【人生经历】

孔子少时家境贫寒，15岁便立志于学识，他曾说："吾十有五而志于学。"孔子自幼艰苦学习，在学业和品德上不断提高。20岁时任管理仓库的"委吏"和管理牛羊的"乘田"。他虚心好学，学无常师。相传年轻的时候他曾问礼于老聃，学乐于苌弘，学琴于师襄。鲁昭公二十年（前522年）时，孔子30岁，他已学富五车，满腹经纶，博学多才，成为当地较有名气的一位学者，并在阙里收徒授业，开创私人办学之先河。

不久齐景公在出访鲁国时召见孔子，并与他讨论秦穆公称霸的问题，由此孔子结识了齐景公。鲁昭公二十五年（前517年），鲁国发生内乱，鲁昭公被迫逃往齐国，孔子也离开鲁国，到了齐国，受到齐景公的赏识和厚待，齐景公甚至曾准备把尼溪一带的田地封给孔子。

鲁昭公二十七年（前515年），齐国政权几乎全由大夫掌控，这些大夫们由于嫉妒孔子的学识，想要害于他，孔子听说后向齐景公求救，但齐景公无能为力："吾老矣，弗能用也。"无奈之下孔子仓皇逃回鲁国。但这时的鲁国，政权也掌握在大夫这些家臣手中，美其名曰："陪臣执国政"，但由于孔子的学识比较高，大夫们也看好孔子，孔子虽有两次从政机会，却放弃了。

孔子51岁时，被任命为中都宰，治理中都一年后，由于政绩卓越，被升为小司空，不久又升为大司寇，摄相事。鲁定公十二年（前498年），孔子为削弱三桓（季孙氏、叔孙氏、孟孙氏三家世卿，他们三家是鲁桓公的三个孙子故称三桓，当时的鲁国政权实际掌握在他们手中），决定拆毁三桓所建的城堡，这样他触犯了三桓的利益，这导致孔子与三桓产生的矛盾越来越深。

鲁定公十三年前（497年），齐国送众多美女到鲁国，季桓氏接受女乐，君臣迷恋歌舞，多日不理朝政，孔子非常失望，不久鲁国举行郊祭，按惯例祭祀后应该送祭肉给大夫们，但并没有孔子的，这也表明季氏不想再有这样的大夫，也不想再任用孔子。孔子不得已离开鲁国，到别国寻找出路，于是开始了周游列国的旅程，这年孔子55岁。孔子首先带弟子到了卫国，开始的时候卫灵公很尊重孔子，并且按照鲁国的俸禄标准发给孔子，但并没给他什么官职。

孔子59岁时，又离开卫国经曹、宋、郑至陈国，在陈国住了三年，吴国攻陈国，孔子便带弟子离开。由于楚国人听说孔子到了陈、蔡交界处，派人去迎接孔子。但是陈国、蔡国的大夫们知道孔子对他们有意见，怕孔子到了楚国被重用，对他们不利，于是派罪犯将孔子师徒围困在途中，绝粮七日，最后子贡找到楚国人，楚国派兵才将孔子迎接到楚国。但孔子也没有得到重用。

孔子64岁时又回到卫国，68岁时回到鲁国。人们尊敬他，但他仍旧不被重用。孔子73岁时，因患病不愈而死。

【人物评价】

《史记·孔子世家》中司马迁评价孔子："……孔子布衣，传十余世，学者宗之。自天子王侯，中国言六艺者折中于夫子，可谓至圣矣！"

【孔子名言】

学而不思则罔，思而不学则殆。

知之为知之，不知为不知。

三人行必有我师。

19. 古希腊先哲——苏格拉底

【人物导引】

苏格拉底（前469—前399），古希腊著名的哲学家，他和他的学生柏拉图及柏拉图的学生亚里士多德被并称为"希腊哲学三贤"。他被后人广泛认为是西方哲学的奠基者。

【人生经历】

苏格拉底出生于雅典一个普通公民的家庭。苏格拉底具有朴实的语言和平凡的容貌，笨拙而矮小的身体和神圣的思想。他早年继承父业，从事雕刻石像的工作，后来研究哲学。他在雅典和当时的许多智者辩论哲学问题，主要是关于伦理道德以及教育政治方面的问题。他被认为是当时最有智慧的人。在欧洲文化史上，苏格拉底一直被看作为追求真理而死的圣人，几乎与孔子在中国历史上所占的地位相同。多年来他被认为是反民主的、维护反动的奴隶主贵族利益的哲学家，近来已有人对此提出了不同看法。

青少年时代，苏格拉底曾跟父亲学过手艺，熟读荷马史诗及其他著名诗人的作品,靠自学成了一名很有学问的人。他以传授知识为生,30多岁时做了一名不取报酬也不设馆的社会道德教师。许多有钱人家和穷人家的子弟常常聚集在他周围,跟他学习,向他请教。苏格拉底却常说:"我只知道自己一无所知。"

苏格拉底一生过着艰苦的生活。无论严寒酷暑,他都穿着一件普通的单衣,经常不穿鞋,对吃饭也不讲究。但他似乎没有注意到这些,只是专心致志地做学问。

苏格拉底终生从事教育工作,具有丰富的教育实践经验并有自己的教育理论。但是他并没有创办自己的学校。广场、庙宇、街头、商店、作坊、体育馆,等等,都是他施教的场所。青年人、老年人、有钱人、穷人、农民、手艺人、贵族、平民,都是他施教的对象,不论是谁,只要向他求教,他都热情施教。当时的其他教师,是收取学费的,他们以当教师作为赚钱的手段,而苏格拉底教人是不收学费的,是义务教师,因此苏格拉底一生都很清贫。

苏格拉底认为,教育对一个人的成长非常重要,无论是天资比较聪颖的人还是天资比较鲁钝的人,要取得成就,都必须勤学苦练才行。苏格拉底的教育目的是造就治国人才。伯里克利死后,雅典由于没有好的领导人,民主制度变成了极端民主化,变成了无政府主义,连国家领导人都用抓阄或抽签的办法选出来。苏格拉底对此十分痛心。他认为治国人才必须受过良好的教育,主张通过教育来培养治国人才。为了培养治国人才,他付出了毕生的精力。

关于教育的内容,他主张首先要培养人的美德,教人学会做人,成为有德行的人。其次要教人学习广博而实用的知识。他认为,治国者必须具有广博的知识。他说,在所有的事情上,凡受到尊敬和赞扬的人都是那些知识最广博的人,而受人谴责和轻视的人,都是那些最无知的人。最后,他主张教人锻炼身体。他认为,健康的身体无论在平时还是在战时,对体力活动和思维活动都是十分重要的。而健康的身体不是天生的,只有通过锻炼才能使人身体强壮。在教学的方法上，苏格拉底通过长期的教学实践，形成了自己一套独特的教学法，人们称之为"苏格拉底方法"，他本人则称之为"产婆术"。他母亲是产婆，他借此比喻他的教学方法。他母亲的产婆术是为婴儿接生，而他的"产婆术"教学法则是为思想接生，是要引导人们产生正确的思想。

"苏格拉底方法"自始至终是以师生问答的形式进行的，所以又叫"问答法"。苏格拉底在教学生获得某种概念时，不是把这种概念直接告诉学生，而是先向学生提出问题，让学生回答，如果学生回答错了，他也不直接纠正，而是提出另外的问题引导学生思考，从而一步一步得出正确的结论。苏格拉底倡导的问答法对后世影响很大，直到今天，问答法仍然是一种重要的教学方法。

苏格拉底的学说具有神秘主义色彩。他认为，天上和地上各种事物的生存、发展和毁灭都是神安排的，神是世界的主宰。他反对研究自然界，认为那是亵渎神灵的。他提倡人们认识做人的道理，过有道德的生活。他的哲学主要研究探讨的是伦理道德问题。

苏格拉底无论是生前还是死后，都有一大批狂热的崇拜者和一大批激烈的反对者。他一生没留下任何著作，但他的影响却是巨大的。哲学史家往往把他作为古希腊哲学发展史的分水岭，将他之前的哲学称为前苏格拉底哲学。作为一个伟大的哲学家，苏格拉底对后世的西方哲学产生了极大的影响。

苏格拉底没有著作，关于苏格拉底的思想言行绝大多数见于他的弟子柏拉图的《对话录》。

【人物评价】

苏格拉底出身古雅典一个手工业者家庭，靠自学成才，成为古希腊的著名哲学家，培养了柏拉图、亚里士多德这些学生与门人，影响是巨大的。但在年迈时，被古雅典法庭以不信宗教的神和腐蚀青年思想的罪名判处死刑，是历史上第一个哲学殉道者。

【苏格拉底名言】

想左右天下的人,须先能左右自己。

认识自己,方能认识人生。

20. 古希腊圣贤——柏拉图

【人物导引】

柏拉图(前427—前347),古希腊著名哲学家、思想家、教育家。他奠定了古代唯心主义哲学的基础。他的《理想国》是他对人生、政治、军事、经济以及文化等学科综合研究得出的结果,他的名字永远让人铭记。

【人生经历】

柏拉图出生在希腊雅典一个贵族家庭,富裕的家庭让柏拉图有条件获得良好的教育。柏拉图青年时拜苏格拉底为师。相传有这样一段故事:

柏拉图在拜苏格拉底为师的时候已经学有小成,在同龄人中小有名气。当时苏格拉底在雅典是公认的博学之人,柏拉图听了苏格拉底的一次公开演讲,便决定拜在苏格拉底的门下。对于柏拉图的小名气,苏格拉底也略有耳闻,苏格拉底问柏拉图为什么要拜自己为师,柏拉图说:"先生有句格言——认识你自己,可是现在我还不能认识自己。"

"可是我只知道我对自己是一无所知。"苏格拉底温和地说。

"都认为您最聪明，可是您却这样评价自己，这正是值得我学习的地方。一个人不知道自己的无知，那才是双倍的无知！这就是我拜您为师的理由。"柏拉图十分坚定地说。

柏拉图跟随苏格拉底大约八年，从苏格拉底身上学到很多的知识与思想理论。由于苏格拉底得罪了雅典贵族，被雅典贵族以亵渎神明的罪名赐予鸩酒自杀。由此，柏拉图对雅典彻底失去信心，便到埃及、小亚细亚和意大利南部等地开始了长达12年的游历。每次到达一个地方就会宣传并与当地的思想家探讨自己的政治思想、深沉的哲理，就这样在慢慢的游历中柏拉图形成了自己的独特思想。后来他又回到了雅典开始整理自己的思想，此后完成了自己的代表作《理想国》。在《理想国》的描述中，有一个著名的洞穴比喻：

有一群囚犯在一个洞穴中，他们手脚都被捆绑，身体也无法转动，只能背对着洞口。他们面前有一堵白墙，他们身后燃烧着一堆火。在那面白墙上，他们看到了自己以及身后到火堆之间事物的影子，由于看不到任何其他东西，这群囚犯以为影子就是真实的东西。最后，一个人挣脱了枷锁，并且摸索出了洞口，他第一个看到了真实的事物。可是，当他返回洞穴后，试图向其他人解释，那些影子其实只是虚幻的事物，并向他们指明光明的道路。但是那些囚犯都用不可置信的眼光看他，似乎是觉得他比逃出去之前更加愚蠢，并向他宣称，除了墙上的影子之外，世界上没有其他东西。

柏拉图用这个比喻告诉我们，不懂哲学的人看到的只是影子，而哲学家则在真理的阳光下看到外部事物。同时在《理想国》的论述中，他认为最完美的国家体制是论资格、论才能的贵族式国家，国家需要根据一定的挑选原则，选出合格的统治阶级或"法定执政人"。他还提出要在审定资格和能力的基础上，把合格的人吸收到自己的阶层中来。柏拉图主张由国家组织教育，不论男女，所有的人都应该有受到教育的机会。他还建议国家对儿童进行严格全面的训练，并在各阶段推行广泛的考试，为了宣传自己的思想和"理想国"，他曾应邀到叙拉古。当时这个岛的统治者狄奥尼修一世知道他很有学问，便请柏拉图给他自己的儿子小狄奥尼修讲课。柏拉图开始讲授的是几何学，因为他认为几何学严谨的逻辑有助于人们治理国家。小狄奥尼修喜欢与柏拉图相处，喜欢他丰富的比喻，喜欢他带来的刺激，但是当他面对几何学的时候，这孩子就头大。这时一些宫廷里反感柏拉图的人在狄奥尼修一世前诽谤柏拉图，这让狄奥尼修一世心里很不痛快。一次，狄奥尼修一世询问他治理国家的主张，柏拉图又开始谈论自己的理想国的原理。柏拉图说："治理国家的统治者应懂得哲学，而最优秀的哲学家常用善来统治国家，所谓的善就像太阳，是创造和推动一切的力量。"愚蠢的狄奥尼修一世一听就火冒三丈地反问说："这么说来，也就是你这样的人喽？"狄奥尼修一世气得跳起来，准备处死柏拉图，后来在宫廷一些有学问的人劝说下，柏拉图被免以死罪，但狄奥尼修一世还是把他卖到非洲去做奴隶，后来在朋友的帮助下他逃回了雅典。

吃尽苦头的柏拉图终于明白，要实现自己的理想，靠一个人的宣传根本不行，于是便开办了阿格德米学园来传播自己的思想，并大力培养支持自己学说的人才，亚里士多德就是这个学园的学生。这座学园是西方历史上第一所学园。后来他的门人弟子在各地兴办学园来宣传柏拉图的思想，为西方世界培养了许多著名的学者。

【人物评价】

柏拉图是一个伟大的思想家、哲学家、教育家。他的《理想国》、《饮宴篇》、《斐多篇》、《大希庇阿斯篇》等著作中留下了非常珍贵的思想。这些思想是西方世界重要篇章，对后人产生了启迪作用。后人称柏拉图为"希腊哲学三贤"之一。

【柏拉图名言】

在短暂的生命里寻找永恒的爱是美好带来的欢欣,智慧创造的奇观,神仙赋予的惊奇。缺乏爱的人渴望得到它,拥有爱的人万般珍惜它。

21. 最博学的人——亚里士多德

【人物导引】

亚里士多德(前384—前322),生于富拉基亚的斯塔基尔希腊移民区,他的父亲是马其顿国王腓力二世的宫廷侍医,属于奴隶主阶级中的中产阶层。早年师从于柏拉图,他的著作有《形而上学》、《伦理学》、《政治学》和《分析前篇和后篇》,对以后的哲学思想影响巨大,恩格斯称他为最博学的人。

【人生经历】

亚里士多德早年迁居到雅典,曾经学过医学,还在雅典柏拉图学园学习过很多年,成为柏拉图学园的最积极的学者。从18岁到38岁——他在雅典跟柏拉图学习哲学20年,对亚里士多德来说是个很重要的阶段,这一时期的学习和生活对他一生产生了决定性的影响。苏格拉底是柏拉图的老师,亚里士多德又受教于柏拉图,这三代师徒都是哲学史上赫赫有名的人物。

在雅典的柏拉图学园中,亚里士多德表现很出色,柏拉图称他是"学园之灵",但亚里士多德不崇拜权威,在学术上有自己的想法,同大谈玄理的柏拉图不同。他努力收集各种图书资料,勤奋钻研,甚至为自己建立了一个图书室,而柏拉图还曾讽刺他是一个书呆子。

第二章 思想巨擘

在学园期间，亚里士多德在思想上跟柏拉图有分歧。到柏拉图晚年，他们师生间的分歧更大，经常争吵。柏拉图去世后，由于学园的新领导与亚里士多德的知识有冲突，他忍耐不住就离开了学园。接着亚里士多德接受了前学友赫米阿斯的邀请来到小亚细亚，赫米阿斯是小亚细亚沿岸密细亚的统治者。亚里士多德娶了赫米阿斯的侄女为妻，前344年，赫米阿斯在一次暴动中被谋杀，亚里士多德只好离开小亚细亚，和家人一起到了米提利尼。

三年后，亚里士多德被马其顿国王腓力二世召回故乡，被聘为13岁的亚历山大的老师。在亚里士多德的影响下，亚历山大学到了道德、政治以及哲学的知识。在他的影响下，后来的亚历山大大帝始终对科学和知识非常尊重。但亚里士多德和亚历山大的政治观点并不完全相同，前者的政治观是建筑在即将衰亡的希腊城邦的基础上的，而亚历山大大帝后来建立的中央集权帝国对希腊人来说无异是野蛮人的发明。腓力二世死后，亚历山大大帝继位，亚里士多德决定回到雅典，建立自己的学园，教授哲学。学园的名字以阿波罗神殿附近的杀狼者（吕刻俄斯）来命名。而亚里士多德讲课时有一个习惯，他习惯一边讲课，一边漫步于走廊和花园，因此，学园的哲学被称为"逍遥哲学"或者"漫步哲学"。此间，亚里士多德边讲课，边撰写了多部哲学著作，主要是关于自然和物理方面的自然科学和哲学，而使用的语言也要比柏拉图的《对话录》晦涩许多。他的作品很多都是以讲课笔记为基础，有些甚至是他学生的课堂笔记，因此有人将亚里士多德看作西方第一个教科书的作者。

亚里士多德一生中撰写了170种著作，流传下来的有47种。他的著作内容涉及天文学、动物学、胚胎学、地理学、地质学、物理学、解剖学、生理学等。在天文方面，亚里士多德认为运行的天体是物质的实体，地是球形的，是宇宙的中心，就是所谓的"地心说"；他还认为地球和天体由不同的物质组成，地球上的物质是由水、气、火、土四种元素组成，天体由第五种元素"以太"构成，就是所谓的"以太说"。

在教育方面，亚里士多德为哲学设立了"百科全书"式的课程。他主张学生在德、智、体、美等方面全面发展，且在不同时期各有所侧重：幼儿期以身体发展（体育）为主；少年期以音乐教育为核心，以德、智、美为主要内容；高年级要学习文法、修辞、诗歌、文学、哲学、伦理学、政治学，以及算术、几何、天文、音乐等学科，重心都放在发展学生的智力上。

【人物评价】

他的重要著作有《形而上学》、《伦理学》、《政治学》和《分析前篇和后篇》等。这些著作对后来的哲学和科学的发展产生了很大的影响。亚里士多德集古代知识于一身，在他去世后几百年中，没有一个人像他那样对知识有过系统考察和全面掌握，他的著作是古代的百科全书，他的思想曾经统治过全欧洲，因此恩格斯称他是"最博学的人"。

【亚里士多德名言】

人生最终价值在于觉醒和思考的能力，而不只在于生存。

22. 老庄哲学创始人——庄子

【人物导引】

庄子（约前369—前286），名周，字子休，战国时宋国人。庄子既是一位富有特色的伟大哲学家，又是一位浪漫主义诗人，他总是用诙谐幽默而又生动的语言组织一些寓言来表达自己的思想。他的文章汪洋恣肆，变化无端，而又诡异多变，堪称老庄哲学的楷模。

【人生经历】

庄子,是战国中期道家学说的集大成者。庄子曾做过小吏,但他家境贫穷甚至靠借贷度日。

庄子学识渊博,对当时各派学术都有研究,尤其是宇宙本源和万物产生的问题,庄子更是花了大力气进行探索和研究。他认为,世间万物皆出于"道","道"能生化万物,它无时无刻不在运动和变化,并有着自己的运动规律。"道"是一种看不见、摸不着,能自动产生并且永不会毁灭的东西。他认为"道"不但无形,还"无为"。他还认为,天道自然,主张人也应该顺应自然,否则就会违逆万物的本性。庄子的妻子死时,惠施前去吊唁。他看到庄子坐在地上,边敲瓦盆边唱歌,就说:"你妻子跟你过了一辈子,为你生儿育女辛苦一生,现在她死了,你不哭就够可以了,还唱歌,这恐怕太过分了。"庄子说:"不是这样,她刚死时我怎能不伤心呢?但后来我想到世上最初本没有生命,连形体也没有,只是经过变化才产生生命。人死了在天地间如同睡觉一般安稳,我还要哭她,这是不懂天命的自然变化啊!"

庄子看破红尘,不愿为官。据说,楚威王听说庄子才学很高,就派使者带厚礼请他做国相。庄子却对使者说:"你还是赶快走开,我宁愿像乌龟一样在泥塘里自寻快乐,也不愿受一国之主的约束。"

这些故事都反映了庄子的世界观,即人的生死为自然规律,生不足乐,死不足悲;蔑视权贵,追求天人合一的理想境界。庄子生活的时代,各诸侯国为了兼并对方互相混战不休,战争的规模和激烈程度都超过以往的时代,因此庄子的超脱厌世思想也更趋极端。他甚至认为人兽杂处的时代是至德之世。

《逍遥游》、《齐物论》是庄子留给后人的哲学巨著和文学杰作,是珍贵的古代文献。庄子用奇妙的寓言和生动的词语描述自己的思想。《逍遥游》中有一则寓言讲:北海有条大鱼,名鲲,个子大得不知有几千里,它一变而成鸟叫鹏,鹏的背不知有几千里长。

鹏奋起飞翔，翅膀像从天上垂下来的云彩。鹏趁着海水震荡飞往南海，激起3000里海浪，掀起旋风，盘旋而上，飞到9万里高空。小雀们听说后嘲笑大鹏说："它何必飞那么远呢？我向上飞还不过几丈高就落下来，在蓬草香蒿中翱翔，已经是飞的顶点，还要飞到哪里去呢？"小雀不理解大鹏而嘲笑它。庄子认为，不论是大鹏雄飞万里，还是小雀腾跃蓬蒿之间，只是大小差别，其实它们都要受到时空的限制。只有想不受时空局限而任意邀游的人才能进入"无所待"的绝对自由境界——逍遥游。

庄子塑造了一个最典型、最美好的人物。他描述道：在藐姑山上住着一位女子，她的皮肤像冰雪一般洁白，丰姿像处女一般秀美，不吃五谷，只吸风饮露，平日乘着云气，驾着飞龙，在四海之外遨游。她的精神凝聚专一，能使万物免受病害。她同万物融为一体，洪水涨到天一样高也淹不着她，大旱时山石都烤焦了，她也不感觉热。这就是庄子所追求的绝对自由境界。人们平时的是非之争、唇枪舌剑，在庄子看来都是劳心骨而无谓的。

庄子认为天地万物和人浑为一体，都是"道"派生出来的，本质是一样的，于是就有了《齐物论》中庄周化蝶的寓言。一次庄周做梦时，梦见自己变成了一只蝴蝶，翩翩起舞，感到很惬意，竟忘了自己是庄周。过了一会儿他醒了，感到惊疑不定，不知怎么又变成庄周了。于是，他弄不清自己到底是庄周做梦或是蝴蝶做梦了。这则寓言其实意在说明庄周也罢，蝴蝶也罢，外形虽变，其实质"道"没变。

庄子还说，天下没有比鸟兽新生的羽毛尖端再大的东西了，而泰山是最小的，没有比夭折的孩子更长寿的，而寿至800岁的彭祖则是短命鬼。这种说法恰与人们的常识相反。庄子认为，虽然事物千变万化给人以万物各异的感觉，如果能认识到事物本质都是"道"，万事万物就并同了。这就是他的齐物论。

纵观庄子学说，他的宇宙观、人生观都处于唯心主义的范畴内，但在认识论方面，庄子的思想闪耀着辩证的光辉。他的《庄子》一书中有许多篇章都反映出,关于事物运动无时无刻、关于事物的相对性和对立事物的互相转化,他都有一定认识。有一则"河伯与海的故事"体现了这一点:说是黄河之神河伯,由于黄河水面非常宽阔而洋洋自得,认为自己所管的是天下最壮观的水域。可是当他来到北海,看到海水汪洋广大无比,不禁十分惭愧,并向北海之神海若讲了自己的认识和转变。海若赞许地说:"人们的狂妄自大是受了环境和眼界的限制。北海是天下最大的水域,但我从不以此自傲,因为北海在天地之间不过像泰山上的一块小石头。人只是世间万物的一种,一切事物的大小都是相对的,既有无穷大,又有无穷小。"

庄子当时已经接触了宏观世界和微观世界的问题。他把道家哲学思想用妙趣横生的寓言来阐述,含义深刻且想象力惊人。比如他说过这样一则寓言:任公子钓大鱼,用巨大的鱼具和50头牛的肉作钓饵,坐在会稽山顶,钓东海的鱼。钓了一年,钓起大鱼后,任公子将鱼分给浙江以东至湖南九疑山的人吃肉。这则寓言构思奇特,启示人们只有那些有远大理想、才识过人而又不急于求成的人,才可大有作为。

【人物评价】

庄子是中国著名的哲学家、思想家。他融合了道家的朴素唯物主义思想,继承并发扬了老子的哲学思想,并且他的学说涵盖着当时社会生活的方方面面,以清净无为为基点,同时为道教的发展提供了理论基础,后世将他与老子并称为"老庄",称他们的哲学为"老庄哲学"。

【庄子名言】

抟扶摇而上者九万里。

世上最初本没有生命,连形体也没有,只是经过变化才产生生命。

23. 极富才华的哲学大师——培根

【人物导引】

培根（1561—1626），英国著名的哲学家、思想家、文学家，他的父亲是女王的掌玺大臣，还曾经做过大法官，最后培根也走上一条与父亲几乎很像的路，但是他的成就要比他父亲高。他的论著涉及很多领域，逻辑学、美学、教育学等方面。他著有《新工具》、《论说随笔文集》等，从各种角度讨论了人生问题，他的文章文辞精妙、富有理想，在英国思想界拥有很大魅力。

【人生经历】

培根16岁时，由于父亲的关系，他被指派为英国大使的随员到法国访问。在访问期间，培根有机会学习法国的一些本土文化，并且他还熟练地学会了法语，这让与他同行的几个人都很惊讶，他不但去了法国，还去了波兰、瑞士等国，于是他根据自己的见闻写了一本《欧洲札记》。在欧洲访问这两年，培根把自己定位在仕途，因此他有意无意地锻炼自己的口才，练习演讲，并且在外面他也总是抱着法律典籍进行学习，努力考取律师资格证。这对于他以后的发展有很大的帮助。

培根18岁时，一件意外的事发生了，他父亲染病不治身亡。由于父亲的去世，家境开始日渐窘迫，因此他不得不开始外出谋生。没过多长时间，培根考取了律师资格证，开始的时候给别人做辩护律师，由于他以前出色的演讲以及口才锻炼，因此在辩护方面异常出色，很多人都请他做辩护律师。而培根的最大愿望就是从政，当律师也有很大的机会从政，因此他认识了很多的议员及法官。这时培根的思想已经趋于成熟，有着自己的见解，不会人云亦云。即使面对古希腊哲学家提出的一些经典而晦涩的哲学问题，培根都能用自己的见解来解答。

培根23岁时当选为英国下议院议员，开始了自己的仕途生涯。由于他出色的口才，很多人都来看他在国会上发言。培根很有才华，还有很多官场朋友，因为他反对伊丽莎白女王的决议，注定在仕途上没有太大的发展。伊丽莎白女王去世后，詹姆士一世很欣赏培根的才华，便任命培根为副检察长，培根才真正走上仕途。他对文学的爱好以及对哲学思想的思考始终没有放弃。

培根在仕途上是平步青云的。没多久，他成为正式检察长，并担任了父亲曾经担任的掌玺大臣。不久又成为大法官，各方的荣誉开始汇聚到培根的身上。但不幸的是，由于他接受了一些贿赂，被别人控告，最后被剥夺了官职并被罚金，他的政治生涯算是结束了。

培根回到家中，开始了自己的著述，几个月的时间里他就写出了《亨利七世本纪》一书，这是一部关于历史方面的本纪，被后世的历史学家誉为"近代史学的里程碑"。不久他又写出一本关于理想社会建设的书《新大西岛》，但由于一些原因没有写完。在他逝世后被整理出来的书有：《论事物的本性》、《迷宫的线索》、《各家哲学的批判》、《自然界的大事》、《论人类的知识》等。

【人物评价】

培根是近代哲学史上首先提出经验论原则的哲学家。他重视感觉经验和归纳逻辑在认识过程中的作用，开创了以经验为手段，研究感性自然的经验哲学的新时代，对近代科学的建立起了积极的推动作用，对人类哲学史、科学史都作出了重大的贡献。为此，罗素尊称培根为"给科学研究程序进行逻辑组织化的先驱"。

【培根名言】

读史使人贤明,诗歌使人高雅,数学使人高尚,自然哲学使人深沉,道德使人稳重,而伦理学和修辞学则使人善于辩论。

24. 唯物主义创始人——卢梭

【人物导引】

卢梭(1712—1778),法国著名启蒙思想家、哲学家、教育学家、文学家,18世纪法国大革命的思想先驱,启蒙运动最卓越的代表人物之一。

【人生经历】

卢梭出生在瑞士日内瓦的一个钟表匠家庭里,母亲因生卢梭的时候难产而死,所以父亲常常闷闷不乐,好在家里的藏书比较丰富,包括哲学、历史、小说、散文等。没事的时候,两人就一起读书,甚至忘记了时间。这些经历让卢梭从小对书籍产生了浓厚的兴趣,即使长大了手中也离不开书。慢慢的家里的书基本上都让卢梭看完了,因为家境也不是太好,加上父亲在外面惹了点麻烦不得不到异乡去避难,因此卢梭也就从来没有上过学。

卢梭的舅舅很同情他,于是便将他接到家里,让他跟自己的孩子寄宿在直塞一个牧师家里学点知识,这段时间是卢梭最快乐的时候,因为这里有一个美丽的乡村,有绿绿的草地、青青的河,这些让卢梭产生了远途旅行的想法。卢梭的美好童年生活开始慢慢消失,在他稍大一些时,他的舅舅让他到马斯隆那里当学徒,但是这种琐碎杂乱的工作只能赚点零用钱,根本毫无前途。但卢梭仍然每天都在努力地做着这些事情,无奈他的老板还是说他比较懒并且还愚蠢无知。这让卢梭非常地愤怒,于是,辞掉了这份工作。

为了生活,卢梭不得不再去找份工作。不久,他来到一个雕刻匠手下当学徒。卢梭在这里接受到了一些艺术气息,因此卢梭对这份工作还比较满意,但是他的老板却粗鲁暴虐。卢梭想在这里学点东西,并且附近还有一个小书店,可以在空余的时间里去看书,因此,卢梭选择了忍受老板的暴虐脾气,在这里待了将近三年。直到认为自己已经完全有能力独立生活时,他便辞职离开了。

一次,卢梭看到一则征稿广告《科学和艺术的进步对改良风俗是否有益》。这让他想到了很多很多,他感觉自己的灵感正在汹涌地溢出,于是他便写了这篇应征文章,在文章里他指出了社会的许多弊病,他又运用许多民主言论从头至尾为人类社会的发展作出深刻的分析。令人惊讶的是,他的论文获得了头等奖,很多人看了他的文章都不住地称赞,卢梭也开始小有名气了。

后来,卢梭又发表一篇名为《论人类不平等的起源与基础》的文章,他在这篇文章中指出:"自然界中很少有不平等的现象。当今流行的不平等现象是人类在求生存和进步的过程中逐渐衍生而成的。"

卢梭认为:"每个人生来都是自由、平等的,不平等并不是与生俱来的,而是后天形成的。"为了深入阐明自己的观点,他那震动法国、欧洲乃至世界的巨著《社会契约论》终于问世。卢梭在这本巨著中强调,为了防止不平等的发生,"集体"权力和立法权、行政权等的运用,必须交由全体公民,即"主权属于人民"。主权既不可转让,也不可分割。政府只不过是据法律使用国家的力量而已,政府官员绝不是人民的主人,而只是人民的官吏,只要人民愿意,就可以委任他们,也可以随时要求撤换他们。

卢梭反对君权神授的观点,反对专制制度。他认为专制必然造就暴君，暴君就是人民的公敌。他号召人民用暴力推翻暴君，夺回属于自己的"主权"，为捍卫自己的"天赋权利"，应该不惜流血、坐牢，乃至砍头。卢梭大胆的主张引起了政府极大恐慌。他们到处通缉卢梭，卢梭被迫四处流浪。然而卢梭的"革命"主张，已经深入法兰西人民心中：只有革命，才能争回人权，才能维护人的尊严。后来在1789年，法兰西人民终于掀起了推翻暴君、争取民主、争取平等的大革命。

1762年，卢梭撰写的教育学名著《爱弥儿》（副标题为"论教育"）出版，书中阐述了以自然主义为基础的教育思想，尤其是儿童期教育。他那具有独创性的教育理论对后世产生了很大影响。他强调，以儿童为本位，按年龄组对儿童进行教育。这部被誉为儿童教育经典著作的书，一经出版便震惊世界，卢梭因此又受到当局的围攻。他们视这本书为异端邪说，因为当局害怕卢梭著作中的新思想，便查禁这本书，他们甚至废除了卢梭的永久性公民权，卢梭只得在国外到处躲藏，最后客死异乡。

【人物评价】

卢梭在短短66年的生涯中，写下了《人类不平等的起源》、《社会契约论》、《爱弥儿》、《新爱洛绮丝》、《忏悔录》、《对话录》、《孤独散步者的梦想》等许多巨著，这让整个欧洲大陆都为之震撼。他的一生涉及了诸多的领域，比如逻辑学、美学、教育学方面，提出很多宝贵的思想和论证。同时他又是文艺复兴时期的著名人物之一，因此被马克思称为英国唯物主义和整个现代实验科学的真正始祖。

【卢梭名言】

人是生而自由的，但却无往不在枷锁之中，自以为是其他一切的主人，反而比其他一切更是奴隶。

25. 德国古典哲学的创始人——康德

【人物导引】

康德（1724—1804），德国哲学家、天文学家，星云说的创立者之一，德国古典唯心主义的创始人，不可知论者，德国古典美学的奠定者。

【人生经历】

康德的父亲是一个马鞍匠，父母都是信仰新教的虔信派教徒，虔信派强调宗教的精神，重视虔诚的信仰感情，康德小时候的精神世界受到虔信派很深的影响。

8岁时，康德开始上学，学校提倡的是人文主义教育，反对宗教带给人的思想上的僵化。学校的教育改变了康德的宗教态度，他从此一生都对宗教祈祷和教堂唱诗感到反感。也是由于学校的教育，他开始怀疑建立在感觉与感受上的宗教，他的宗教哲学简单地来说也是对虔信派的一种反动。

1740年，康德进了哥尼斯堡大学。人们现在无法考证他当时注册了什么专业，但可以肯定的是他经常听哲学课。1748年，24岁的康德大学毕业，因为他的父亲已经去世两年，他衣食无托，前途渺茫。由于大学没有他的位置，他决定到哥尼斯堡附近的小城镇去做家庭教师。

在做家庭教师期间，他发表了第一本著作——《关于生命力的真实估计之思考》，内容是关于笛卡尔、牛顿和莱布尼茨提出的哲学与科学命题。度过5年的家庭教师生涯后康德重返哥尼斯堡,从此他再也没有离开过家乡。返回家乡后,康德再次进入哥尼斯堡大学学习。1755年,康德以《自然通史和天体论》获得硕士学位,取得编外讲师资格,任讲师15年。在此期间,康德作为教师和著作家,声望日隆。除讲授物理学和数学外,还讲授逻辑学、形而上学、道德哲学、火器和筑城学、自然地理等。学生的听课费就成了他的生活来源。因为康德的课很受欢迎,来听课的学生很多,因此他在生活上衣食无忧。

康德的著述和讲课使他成为一个受人尊敬的哲学家,他的影响开始走出哥尼斯堡,很多学生慕名而来成为他的弟子,其中最著名的便是与哥德和席勒一起成为魏玛古典派顶梁柱的赫尔德。尽管如此,康德很长的时间里没有得到教授职位,其间他拒绝了哥尼斯堡提供给他的诗学艺术教授聘书。他还拒绝了来自埃尔朗根大学和耶拿大学的教授聘书,他只愿意在哥尼斯堡大学担任哲学教授,因为他不愿意离开家乡,而且身体状况也不允许他迁居他乡。

1770年,康德在46岁时终于获得了哥尼斯堡大学逻辑学与形而上学教授一职,他的就任报告题目是"感性与知性世界的形式与根据"。当上教授以后,康德沉寂10年没有发表一篇文章,而是潜心研究他的批判哲学。1781年,他发表了《纯粹理性批判》,仅凭这一部著作,康德就可以奠定他在哲学史上的不朽地位。康德的"三大批判"构成了他的伟大哲学体系,它们是:《纯粹理性批判》(1781年)、《实践理性批判》(1788年)和《判断力批判》(1790年)。

《纯粹理性批判》要回答的问题是,我们能知道什么?康德的回答是,我们只能知道自然科学让我们认识到的东西,哲学除了能帮助我们澄清使知识成为可能的必要条件,就没有什么更多的用处了,自从柏拉图以来的形而上学问题其实是无解的。

《实践理性批判》要回答的问题是伦理学的问题,我们应该怎样做?简单地说,康德告诉我们,我们要尽我们的义务。但什么叫"尽义务？"为了回答这一问题，康德提出了著名的"范畴律令"："要这样做，永远使你的意志准则能够同时成为普遍制订法律的原则。"康德认为，人在道德上是自主的，人的行为虽然受客观因果的限制，但是人之所以成为人，就在于人有道德上的自由能力，能超越因果，有能力为自己的行为负责。

《判断力批判》要回答的问题是，我们可以抱有什么希望？康德给出的答案是，如果要真正能做到有道德，我就必须假设有上帝的存在，假设生命结束后并不是一切都结束了。《判断力批判》中，康德关心的问题还有人类精神活动的目的、意义和作用方式，包括人的美学鉴赏能力和幻想能力。

1795年出版的《论永久和平》应该是康德为人类贡献的最后一部有深远影响的著作，书中提出了世界公民、世界联邦、不干涉内政的主权国家原则等至今仍有现实意义的构想。

1804年2月12日上午11时，康德在家乡哥尼斯堡去世。康德去世时形容枯槁，瘦得只剩下一把骨头，遗体放在那里，就像一个木乃伊。而且他的遗体也确实像一个木乃伊，哥尼斯堡的居民排着长队瞻仰这个城市的最伟大的儿子。当时天气寒冷，土地冻得无法挖掘。整整16天过去后，康德的遗体才被下葬。

【人物评价】

当代德国著名哲学家、现代存在主义哲学奠基人卡尔雅斯贝斯(1883—1969)将康德与柏拉图和奥古斯汀并列称为三大"永不休止的哲学奠基人"。

【康德名言】

有两种东西，我对它们的思考越是深沉和持久，它们在我心灵中唤起的惊奇和敬畏就会越日新月异，不断增长，这就是我头上的星空和心中的道德定律。

26. 马克思主义的创始人——卡尔·马克思

【人物导引】

马克思（1818—1883），生于普鲁士莱茵省特里尔城。他是著名的思想家、哲学家，他与恩格斯共称为马克思主义的创始人，确立了唯物主义辩证法以及历史唯物主义辩证法等。他的巨著《资本论》深刻揭示了资本主义制度对工人的剥削。为了实现自己的政治理想，成立了第一和第二共产国际来支持工人阶级的斗争，为社会主义社会的建立打下了深厚的理论基础。

【人生经历】

马克思的父亲亨利希·马克思是一位才华出众的律师，母亲是个贤慧的家庭主妇，父亲对少年时代的马克思有着深刻的影响。马克思年少时勤奋好学，除母语德文外，他先后攻下拉丁文、希腊文、法文、英文和意大利文。

1830年，马克思进入特里尔中学。在这里他受到法国启蒙思想的影响。马克思即将中学毕业时，他的一篇作文引起了老师的注意，这篇文章的题目是"青年在选择职业时的考虑"。文中有几段这样写道："如果人只是为了自己而劳动，他也许能成为有名的学者、绝顶聪明的人、出色的诗人，但他决不能成为真正的完人和伟人……如果我们选择了最能为人类福利而劳动的职业，我们就不会为他的重负所压倒，因为这是为全人类所作的牺牲，那时，我们感到的将不是一点点自私而可怜的欢乐，我们的幸福将属于千万人，

第二章 思想巨擘

我们的事业并不会显赫一时，但将永远存在。"文章中深刻的思想内容为人所惊叹，给他的老师们留下了深刻的印象。

1835年10月，马克思进波恩大学攻读法学，到了波恩大学后他感到很失望，因为他希望在这里认真地学习专业。然而，受当时社会环境的影响，波恩大学已经没有了良好的学习气氛，学生整日追求的是吃喝玩乐，无所事事，根本不像他向往的大学。

1836年，马克思转入柏林大学学习，柏林大学在当时不仅学习气氛浓厚，而且在思想学术领域处于领先地位。在大哲学家黑格尔去世之后，德国哲学界明显呈现出两种对立的派别，"青年黑格尔派"对专制统治深恶痛绝，他们渴望民主政治，是一支不可忽视的民主力量。而"老年黑格尔派"则拥护专制政权，支持普鲁士专制政府的专制统治。从1837年起，马克思开始认真钻研黑格尔哲学，并成为"青年黑格尔派"一派的成员。1841年，马克思大学毕业时，在哲学论文中，他试图以哲学来改造世界。论文系统完整地反映了马克思此时的哲学观点、理论建树和思想内涵。在论文中，他引用了希腊神话中普罗米修斯为了人类而宁愿牺牲自己的话语，表现了自己决心为改造人类世界而进行坚持不懈的斗争。他说："你知道得很清楚，我不会用自己的痛苦去换取奴隶的服役，我宁愿被缚住在岩石上，也不愿做宙斯的忠顺奴仆。"由于这篇论文，他获得耶拿大学哲学博士学位，那时他刚刚25岁，同年获得《莱茵报》的主编职位，这为他以后宣传自己的革命理念和政治观点打下了基础。

在马克思当主编不久，莱茵省议会讨论"林木盗窃"问题，要求立法来惩罚偷窃者。因为普鲁士西部有大片的原始森林和草原一直都是当地农民、牧民的生活来源，后来被几个贵族和地主强行霸占并瓜分，他们在森林里伐木，开伐木场，在草原上开辟牧场，建造奶制品厂，以此剥削当地的农民和牧民，牟取暴利，同时他们不允许农民去森林里捡枯树枝当柴烧，禁止孩子们到草地上去采草莓、蘑菇，一旦发现将被视为偷窃。这些地主贵胄要求立法，要求在法律上保护他们的财富。马克思经调查得知真相后非常愤慨，便在《莱茵报》上发表许多文章来抨击议会的无耻行径，并要求地主贵族把森林和草原还给当地农民。由于这些文章深得人心，《莱茵报》的发行量也一下子猛增，这为他宣传自己的革命理论创造了一个非常好的机会。在马克思的影响下，这份报纸越来越鲜明地倾向于革命民主主义，这些言论让当局非常恼火。1843年3月《莱茵报》被反动当局查封，5月，马克思来到莱茵省的一个小镇克罗茨纳赫，在这里，他与童年时代的女友燕妮·冯·威斯特华伦结婚。

1845年12月马克思宣布脱离普鲁士国籍，其后和恩格斯一起完成了《德意志意识形态》一书，书中批判了黑格尔的唯心主义和费尔巴哈唯物主义的不彻底性，并第一次系统地阐述了历史唯物主义，明确提出无产阶级夺取政权的历史任务，为社会主义由空想到科学奠定了初步理论基础。1848年2月，马克思和恩格斯的《共产党宣言》在伦敦发表，这是无产阶级革命政党第一个完整的理论和实践的纲领，同时标志着马克思主义的诞生。1857年到1858年5月期间，马克思写了第一个经济学手稿，即通常说的《政治经济学批判大纲》，这是《资本论》的第一稿。在这个手稿中阐述了马克思主义经济学的一系列重要原理和剩余价值理论的基本要点。

1867年9月14日，马克思发表了《资本论》第一卷，第二、第三卷在他逝世后由恩格斯整理出版。《资本论》这部不朽著作具有划时代意义，是政治经济学中的一次革命。它论述了资本主义社会的经济运动规律，揭露了资本主义的内在矛盾，揭示了资本家对工人剥削的秘密在于榨取工人的剩余价值，科学地论证了资本主义必然灭亡、社会主义必然胜利的观点，从而把马克思的社会主义学说置于牢固的科学基础上，成为无产阶级反对资本主义最锐利的理论武器。

1864年9月28日，第一国际成立，马克思被选为国际领导机构总委员会的成员，并担任德国通讯书记。他为第一国际起草了《成立宣言》、《临时章程》和其他许多重要文件，为第一国际制定了斗争纲领、斗争策略和组织原则，在第一国际存在的整个时期，他始终是第一国际的领袖和灵魂，正像恩格斯说的："叙述马克思在国际中的活动，就等于编写这个协会本身的历史。"

1870年10月，马克思与移居伦敦的恩格斯再度相聚，由于他被许多国家驱逐，马克思到处流亡，并戏谑地自称为"世界公民"。1871年3月18日，巴黎无产阶级举行起义，推翻了资产阶级卖国政府，建立了人类历史上第一个无产阶级政权——巴黎公社。马克思虽然在起义之前并不赞同，但起义爆发后，他热情地给予支援和帮助。他细心地收集有关公社的材料，认真研究公社的各项措施，通过各种渠道与公社保持联系，为公社出谋献策，并亲自写了几百封信宣传公社的意义，号召国际人民支持公社的事业。

1875年，马克思写了《哥达纲领批判》，对拉萨尔主义的政治、经济观点和思想策略进行了严厉的批判，同时深刻阐明了科学社会主义的基本原理。第一次指出，共产主义划分为两个发展阶段，论述了这两个阶段的基本特征和分配原则，并提出从资本主义向共产主义过渡时期的理论。这部著作对无产阶级政党具有重大的理论意义和实践意义。1883年3月14日，由于马克思的劳累和反动当局的压迫，一代伟人马克思与世长辞。

【人物评价】

马克思是共产主义的奠基人，是工人阶级的代表领袖，也是伟大的思想家、哲学家。他的唯物辩证法为人们解决问题提供了便捷的途径，为以后社会主义社会的诞生打下了坚实的理论基础，后来在列宁的发展下，统称为马列主义。

【马克思名言】

生活就像海洋，只有意志坚强的人，才能到达彼岸。
全世界无产者，联合起来！

27. 精神病学之父——弗洛伊德

【人物导引】

弗洛伊德(1856—1939),出生在奥地利摩拉维亚弗莱堡一个犹太人家庭。他创造了精神分析学。作为一个精神病学家和医生,弗洛伊德在精神病学方面做出了巨大成就。他的作品《梦的解析》把他的辉煌推到一个高度;作为一名心理学医生,他为当时的人们留下了许多传奇,他的许多心理学作品更是让弗洛伊德这个名字被世人所铭记。

【人生经历】

弗洛伊德是犹太人,小时候很爱学习,但当时的欧洲犹太人经常被其他种族所歧视。这使弗洛伊德从小便承受着巨大的精神压力。但是,这种精神压力不但没有将弗洛伊德压垮,还成了他立志成为一名心理学医生或者一位精神分析学家的精神动力。

1873年,弗洛伊德以优异的成绩考进维也纳大学医学院。开学后第一学期仅开设两门课程,医学与化学,第二学期有解剖学、植物学、化学、显微镜实习和矿物学等。同时他还选修了布吕克教授主讲的"语态和语言生理学",而布吕克教授对他的影响和教育起到了非常大的作用,并且维也纳大学要求学生必须精通一门哲学,弗洛伊德便选修了布连坦诺教授的哲学思想,布连坦诺教授几乎影响了弗洛伊德的一生。

布连坦诺教授是天主教哲学家,同时也信奉经院哲学,并且推崇中世纪托马斯·阿奎那歪曲改造的亚里士多德主义。由于弗洛伊德在中学和大学预科时就精通希腊文、英文和拉丁文,因此,弗洛伊德基本上都是完全自己找亚里士多德原本精心研究,这使他没有接受遭到歪曲理解的亚里士多德思想,也使得弗洛伊德的作品总带有一种悲观思想。弗洛伊德不但对于哲学有自己的看法,他对生理学、解剖学等都有自己的看法和见解,因为他在遇到问题下结论之前,都会自己翻阅大量的资料去求证。1891年,弗洛伊德获得维也纳大学医学院学士学位。他便自己开了一个治疗精神病的诊所,在他的诊所里开始了生理学的研究。在行医的过程中弗洛伊德结识了当时很多著名的内科专家和精神治疗专家。

1895年弗洛伊德把自己对"歇斯底里"这种症状的研究写成《歇斯底里论文集》出版,同时在文集里面提到了催眠术。催眠术的应用标志着精神病治疗的一次重大变革。这种方法后来成为弗洛伊德进行精神分析疗法的基石。弗洛伊德认为,潜意识是被心理抑制和压迫着的领域,它存在于人们内心阴暗的角落里,但这要经过外力的帮助、引诱和启发,经过分析,除掉精神的压力,才能转化为"意识"。这种"潜意识"在未发现以前深不可测,但就其内容和倾向性而言有好有坏。总而言之,通过催眠法发现了人的"潜意识"这才能进行梦的解析,对心理治疗和精神治疗才有帮助。

1900年,著名的《梦的解析》出版。这本书具有划时代的意义。这是弗洛伊德的自我分析。弗洛伊德在这以前的理论研究和精神治疗的实践,可以算是他进行自我分析的基础,但是,促使他进行自我分析的导火线是父亲的逝世。父亲死后,弗洛伊德便开始在母亲那儿打听自己的童年生活,依照自己童年生活的研究来发现儿童时期的研究,最后他发现儿童的"性本能"及其演变对于人类一生心理发展有着决定性影响。并且他还得出"俄狄浦斯情结"(亦译"恋母情结")这一结论,这一理论把弗洛伊德的精神分析学同形形色色的心理学派彻底地区分开来,并在弗洛伊德的精神分析学派别上标出了引人注目的、独具特色的符号，《奥底帕斯潜意识情意综》是他最有创造性、最有意义的论著之一。这本书开始几乎无人问津，但是里面的观点却惊世骇俗，有的反对者声称他是一个疯子，即使有赞同的人也不太喜欢里面的分析。因为这些涉及了本能与文明之间不可避免的冲突，但是弗洛伊德把人们从极端推理以及理性的角度解放出来，并且使我们对于人的行为从心理方面来说有了更深刻的了解，而他关于不可接受的人的无意识的本能冲突对于我们来了解神经症状、梦幻以及行动与动作完全颠倒提供了理论支持。后来他的观点逐渐扩散到美国、英国、法国等国家，这让弗洛伊德的名气也越来越大。

由于希特勒的反犹太人法，弗洛伊德以88岁的高龄到英国伦敦避难。1939年，弗洛伊德在伦敦去世。

【人物评价】

美国著名的心理学家E.G.波林评价弗洛伊德："在弗洛伊德身上，我们看到一个具有伟大品质的人，他是思想领域的开拓者，思考着用一种新的方法了解人性。尽管他的概念是从文化的潮流中取得的，他仍然是这样的一位创始人，他忠于自己的基本信念而辛勤工作了50年，同时他不断修改自己的观念体系使它趋于成熟。谁想在今后三个世纪内写出一部心理学史，而不提弗洛伊德的姓名，那就不可能自诩是一部心理学通史，因为伟大的人物乃是史学家笔下不容忽视的人物。"

【弗洛伊德名言】

道德感是人的独特品质的组成部分，一个有道德感的人如果心里感到诱惑就对诱惑反抗，而不屈从于其他人。

第三章　科学精英

他们是精英中的精英，是科学界各个领域的开拓者。在这些精英中，他们的研究发现，有的为人类带来了福音；有的在某一领域开辟了科研道路，后继者沿着他们的道路探索研究。

28. 解析几何之父——笛卡尔

【人物导引】

笛卡尔（1596—1649），法国哲学家、物理学家、数学家、生理学家，解析几何的创始人。

【人生经历】

1596年，笛卡尔出生于法国克勒滋河右岸一个古老的贵族家庭。他的父亲是布列塔尼议会的议员。笛卡尔1岁多时他的母亲就去世了。幼小而瘦弱的笛卡尔没了母亲的照料，不仅不吃东西，而且经常哭闹。他的父亲十分担心他会夭折，赶紧请了一位温柔而善良的保姆精心照料笛卡尔。他父亲再次结婚后，这位保姆就承担起做母亲的责任，给他讲了许多优美动听的故事。年幼的笛卡尔虽然身体十分孱弱，但却聪明机灵，喜欢究根问底，对什么都感到好奇。

笛卡尔8岁时被父亲送到拉弗莱希公学。这里是当时欧洲最有名的教会学校，吸引了四面八方的贵族子弟。他的亲戚夏尔勒神父简直就像他的生父，也形同于其家庭教师。他十分喜欢笛卡尔。由于笛卡尔体弱多病，他安排学校老师在各方面多多照顾笛卡尔，并特意安排了适合于他身体状况的特殊作息时间，允许他"早上躺在床上不起来，一直睡到他想去教室为止"。笛卡尔尊敬老师，在学校里学习的热情很高。很长一段时间后，他以模范生的身份从学校毕业。他对学校的课程并不满意，因为那时学校仍讲授以亚里士多德学说为基础的经院哲学。随着社会的进步，却日益暴露出"没有一件事不是可疑的"。这位高才生对千余年不变的教条的怀疑，却遭到老师们的打击。他很伤心，却没有屈服。

笛卡尔后来在《科学中正确运用理性和追求真理的方法论》中

第三章 科学精英

追述道:"在这样的学校努力求学并没有得到别的好处,只不过是越来越发觉自己的无知。"早晨的晚起,却使他受益无穷,他躺在床上读了许多哲学、数学、文学、历史等珍贵书籍,这些课外书籍是他学习哲学和数学的真正源泉。

1612年,笛卡尔去波士顿大学攻读法律,由于勤奋好学,四年后,他以最好的成绩获得法学博士学位。笛卡尔坚信社会实践是人生的大课堂。1616年,他决心走向社会,"去读世界这本大书"。他同几个青年来到巴黎。后来他走进了巴黎的上流社会,笛卡尔彬彬有礼地在巴黎的上流社会交往一段时间以后,终于感到了这种生活的无聊和浪费。于是,他在郊区找了一个清静之处,整整两年埋头于数学研究。为了摆脱那些不学无术的纨绔子弟,并进一步了解社会,他决定外出游历。那时候,当兵是一种最简便、最经济的旅行方式。1618年,他去荷兰的布雷达,开始了他的戎马生涯。

有一天,笛卡尔在布雷达看到许多人盯着城墙上一道荷兰文数学难题出神。笛卡尔请身旁一个人译成拉丁文。那人不相信这个青年军官能解这样的难题,便带着讥讽的口吻翻译了。不料两天之后,笛卡尔作出了正确的解答,那人大吃一惊。原来他是当时著名的学者贝克曼。后来,由于共同的爱好,他们成了莫逆之交。贝克曼对笛卡尔影响极大。笛卡尔曾说,贝克曼唤醒了他的科学兴趣,"把一个已离开科学的心灵,带回到最正当、最美好的路上"。不久,笛卡尔又去丹麦、奥地利、瑞士、意大利、德国等地旅行。他像看马戏一样,从一个村庄到另一个村庄,抓住每一个参加盛大活动的机会。后来他这样描写这段生活:"我访问各种性格和不同地位的人士,体会种种人生,并在命运带给我的遭遇中锻炼自己。对遇到的事,处处做一些适当的反省,使自己能由此获得一些收益。"这次考察,既开阔了视野,又丰富了知识,为他以后从事科学研究奠定了良好的基础。1619年冬,他所在的部队驻扎在多瑙河畔的偌伊堡,没有什么战事,笛卡尔整天沉思默想,考虑哲学和数学问题，他要用"心智的全部力量来选择我们应当遵循的道路"。

　　笛卡尔经常不分白天黑夜地研究数学，即使病倒了，人躺在床上，大脑也不能进入休息状态，那些可爱而又折磨人的数学问题总是重现在他的脑海里："直观、形象是几何图形的特征，而代数方程虽十分抽象，但便于运算，要是能将两者结合起来，用几何图形表示方程，或者用代数的方法解决几何学问题，那是多么美妙的事情。"经过反复思考，他找到了解决问题的关键，他认为只要把组成几何图形的"点"与满足方程的每一组"数"挂上钩，其他问题就迎刃而解了。有一次，他躺在病榻上，仰望着天花板出神。只见蜘蛛正忙着在墙角上结网，它一会儿在雪白的天花板上爬来爬去，一会儿又顺着蛛丝爬上爬下。这精彩的"杂技"牢牢地把笛卡尔吸引住了。笛卡尔从中受到启发，他想："这只悬在半空的蜘蛛不就是一个移动的点吗？能不能用两面墙的交线及墙与天花板的交线来确定它的空间位置呢？"他在纸上画出了三条相互垂直的直线分别表示两墙的交线和墙与天花板的交线，并在空间点出一个P点代表蜘蛛，P到两墙的距离分别用x和Y表示，到天花板的距离用Z表示。这样，只要x、Y、Z有了准确的数值，P点的位置就完全可以确定了。"他认为，两面墙与天花板交出了三条线，都会合于墙角，如果将墙角当作计算起点，把这三条相互垂直的线作为三根标上数字的数轴，这样就构成了一个坐标系，空间的任何一个点都可以用三根数轴上的数值来表示。不久，他便创立了一门新的数学分支——解析几何学。在解析几何学中，应用笛卡尔直角坐标系，可以将几何图形转化为代数方程来研究。当时法国宗教传统势力还比较强大，他深知自己的思想与教会大相径庭，在法国会被视为异端。为了能将自己研究的成果著述下来，1629年，笛卡尔到荷兰定居。

　　在荷兰，他居住在不出名的村庄或城市的偏僻处，但离大学和图书馆不远。除研究数学、哲学外，他还从事光学、化学、生理学、气象学及天文学的研究，并和欧洲主要学者保持密切的学术联系。笛卡尔的著作几乎全是在荷兰写成的。他于1628年写出了《指导哲理之原则》，1629－1634年完成了以哥白尼学说为基础的《论世界》的主要部分，他还整理出三篇论文——数学史上划时代的著作《几何学》、《屈光学》、《气象学》，他又写了一篇序言，即哲学史上著名的《谈谈正确引导理性在各门科学中寻求真理的方法》（简称《方法谈》）。1649年，笛卡尔开始应邀为瑞典女王讲授哲学。由于时常冒着刺骨的寒风去给女王上课，他于次年2月1日得重感冒，随即转成肺炎。不久，笛卡尔逝世，年仅54岁。

【人物评价】

笛卡尔是世界上解析几何的创始人，他的解析几何成为后来一些伟大科学家从事科学研究的基础；同时他还是一位哲学家，他的哲学著作充满了智慧的言论，他的思想永远在后人眼里闪耀着光芒。后人把笛卡儿誉为"近代科学的始祖"。

【笛卡尔名言】

我思故我在。
读一本好书就是和许多高尚的人谈话。

29. 万有引力定律的发现者——牛顿

【人物导引】

牛顿（1643—1727），确立了牛顿万有引力定律和牛顿第三定律，在数学上还发明了微积分学，为后世的研究打下了深厚的理论基础，同时他谦虚谨慎，对自己取得的成就，他一直说是"站在巨人的肩上"，后人把他与爱因斯坦和麦克斯韦称为最伟大的物理学家。

【人生经历】

牛顿出生在英格兰林肯郡小镇沃尔索浦的一个小家庭里。由于牛顿是一个早产儿，他生下来身体就不是很好，并且智力水平也很一般，他从小沉默寡言，性格独立。在母亲的教导下，牛顿刻苦学习对大自然的奥秘充满了好奇。一天，他做了一盏灯笼挂在风筝尾巴上，当夜幕降临时，点燃的灯笼借风筝升到空中。灯笼在空中发着光，人们还以为出现了彗星。

牛顿对数学研究特别痴迷。一天，风特别大，牛顿为了准确计算风力，便拿着工具在暴风中来回奔走。尽管沙尘有时迷了眼睛，但他毫不动摇。他一遍又一遍地奔走、计算，终于求得了正确的数据。

后来迫于生活，母亲让牛顿停学在家务农，但牛顿一有机会便拿起书卷，以至经常忘了干活。为熟悉市场交易，每次母亲都叫他同佣人一道上市场。他就让佣人一个人上街，自己躲在树丛后看书。有一次，牛顿的舅父起了疑心，就跟踪牛顿，他发现牛顿伸着腿，躺在草地上，正在聚精会神地钻研一个数学问题。牛顿的好学精神感动了舅父，于是舅父说服了他的母亲让牛顿复学，并鼓励牛顿上大学读书。这样，牛顿又重新回到了学校。

有一次，牛顿去郊外游玩，靠在一棵苹果树下休息，一个苹果从树上掉下来。他觉得很奇怪，为什么苹果会从上往下掉而不是从下往上掉？他带着这个疑问回到了家里进行研究，后来他发现原来是地球用引力把物体吸住。

牛顿虽然在钻研上一丝不苟，但是他对生活却马虎拖沓，经常闹笑话。一次，他边读书，边煮鸡蛋，等他揭开锅想吃鸡蛋时，却发现锅里是一只怀表。还有一次，他请朋友吃饭，当饭菜准备好时，牛顿突然想到一个问题，便独自进了研究室，朋友等了他好久不见他出来，于是朋友就自己动手把那份鸡全吃了，把鸡骨头留在盘子里不辞而别。等牛顿出来，发现盘子里的鸡骨头，还以为自己已经吃过了，便继续研究他的问题。

1661年，19岁的牛顿以减费生的身份进入剑桥大学三一学院，靠勤工俭学为生。1664年，牛顿被选为巴罗的助手，发明了微分学。1665年时发明了积分学。同时，剑桥大学授予牛顿学士学位。1667年10月1日被选为三一学院的仲院侣，翌年3月16日获得硕士学位。1669年10月27日，巴罗为了提携牛顿辞去了教授之职，26岁的牛顿晋升为数学教授。作为大学教授，牛顿常常忙得不修边幅，有一次，他向一位姑娘求婚时思想又开了小差，脑子里只有无穷量的二项式定理。他误把姑娘的手指当成通烟斗的通条硬往烟斗里塞，痛得姑娘大叫离他而去。牛顿也因此终生未娶。

牛顿不但擅长数学计算，而且能够自己动手制造各种试验设备。为了制造望远镜，他自己设计了研磨抛光机。1671年，他创制了第一架反射望远镜。牛顿把反射望远镜献给了皇家学会，更是名声大震，并被选为皇家学会会员。从此反射望远镜的发明奠定了现代大型光学天文望远镜的基础。同时他还观察研究冰川石的异常折射现象、肥皂泡的色彩现象、"牛顿环"的光学现象等。最后，牛顿提出了光的"微粒说"，与后来惠更斯的"波动说"构成了关于光的两大基本理论。

牛顿同时发现了万有引力定律，建立了经典力学。他用一个公式将宇宙中最大天体的运动和最小粒子的运动统一起来。宇宙变得如此清晰：任何一个运动都不是无故发生，都是长长的一系列因果链条中的一个状态、一个环节，是可以精确描述的。人们打破几千年来神的意志统治世界的思想，开始相信没有任何东西是智慧所不知道的。1687年年底，牛顿的伟大著作《自然哲学的数学原理》一书出版，书中对万有引力和三大运动定律进行了详细描述，这些描述奠定了此后三个世纪里物理世界的科学观点,并成为现代工程学的基础,它标志着人类用数学问题解决自然现象的开始,也是人类用数学方法精确反映特殊环境下物质变化情况的开始。

随着科学声誉的提高,牛顿的政治地位也得到了提升。1689年,他当选为国会中的大学代表。作为国会议员,晚年的牛顿在伦敦过着舒适的生活,1705年他被安妮女王封为贵族。

【人物评价】

爱因斯坦指出:"牛顿第一个成功地找到了一个用公式清楚表述的基础,从这基础出发他用数学的思维,逻辑地、定量地演绎出范围很广的现象并且同经验相符合,在牛顿之前还没有什么实际的结果支持那种认为物理因果关系有完整链条的信念。"

【牛顿名言】

我不知道在别人看来,我是什么样的人。但在我自己看来,我不过就像是一个在海滨玩耍的小孩,为不时发现比寻常更为光滑的一块卵石或比寻常更为美丽的一片贝壳而沾沾自喜,而对于展现在我面前的浩瀚的真理海洋,却全然没有发现。如果说我比别人看得更远些,那是因为我站在了巨人的肩膀上。

30. 逆境中成长的智者——富兰克林

【人物导引】

富兰克林(1706—1790),美国著名的科学家、政治家,他参加过美国的独立战争，起草过美国的《独立宣言》，通过"莱顿瓶"发明过避雷针，还创办过自己的报社，从一个学徒到一个人人敬仰的伟人，一生充满了无数的传奇。

【人生经历】

富兰克林，出生于北美波士顿的一个小作坊家庭里。他的父亲没什么学问，却很注重孩子的教育。富兰克林从5岁就开始自己看书了。父母盼望富兰克林长大当一位牧师，在他8岁时把他送进了文法学校。后来，因为家庭负担太重，怕将来没钱供他上大学，就又转学到写算学校去学习。富兰克林写字成绩很好，算术却毫无起色。10岁时不得不退学回家帮忙。虽然他的学校生活结束了，但他的学习并没有结束。无论环境怎样困难，工作怎样繁忙，他都努力自学。退学在家期间，他把父亲的藏书读了一遍，还用自己攒的钱买书。父亲看富兰克林爱书如命，12岁那年，就叫他到哥哥的印刷厂当学徒。一直到21岁才合同期满，学徒期间除了膳食和衣服外没有其他报酬。富兰克林聪明好学，到那儿不久就成了哥哥的得力助手。他还认识了一些藏书人，为了在第二天就能归还从别人那里借来的书，他经常彻夜通读。后来，为了省下钱买书，就跟哥哥把伙食费要去，自己做饭吃。

1721年，富兰克林的哥哥创办一份《新英格兰报》，并自任主编。富兰克林负责排字、校对、印刷、装订。由于富兰克林经常读报，耳濡目染，便自己尝试写作，用笔名"赛连丝·杜威特"投稿，没想到他的文章很受读者的喜爱，他的哥哥觉得这位名为"赛连丝·杜威特"的女士太有才华了，便写信约她见面。谁知，几天后给退了回来，因为地址和人名都是富兰克林胡编的，当然找不到人。

当时，哥哥对富兰克林很不好，时常打骂他。富兰克林再也忍耐不下去，便跑到费城一家印刷厂里，成为一个印刷工人。费城州长从富兰克林当船长的姐夫那里知道富兰克林非常能干，便答应帮助他在费城开一家像样的印刷厂，并叫他到伦敦去购买机器，谁知当富兰克林到达英国后，费城州长却收回了承诺。18岁的富兰克林只好孤身飘泊，在那里靠自己的印刷手艺寻求维持生活的出路。

1726年10月，富兰克林回到美国，为了开展民众启蒙工作，他创办了许多文教团体和公共福利事业。1731年，他开办了自己的印刷厂，并利用自己拥有的藏书，筹办了费城图书馆，这是北美第一个公共图书馆。1736年，富兰克林正式参与政治，他被聘为宾州议会秘书并一直连任到1751年。不久，他创建了第一个救火队和一所公共医院。1753年，他任美洲副邮务总长。这期间他注意减低邮费，加速邮递，使美洲邮政业大为改观。富兰克林40岁时，创办了一些公共福利和文化教育事业，在1754年以后，政治又迫使他把科学仪器放在一边。这中间只有七八年的时间能够利用来从事科研，但在这几年内，他却取得了很大的成就。富兰克林开始作第一次电学实验时，科学界对静电现象还了解不多。他从实验中解决了当时电学中亟待解决的问题——莱顿瓶的作用原理。他还利用充电体之间静电的吸力和斥力的作用制造了电轮。这实际上是个不断把电能转化为机械能的发明。这个发明预示着现代化电动机械的出现。

在大气电方面，富兰克林是第一个发现雷电是由电造成的人。一天，大雷雨袭来，富兰克林带着他的儿子到野外放一只"神奇的风筝"。风筝顶上有一根尖铁棒，下面系一只铁钥匙，他把没有电的"莱顿瓶"放在钥匙上，一阵雷鸣电闪过后，"莱顿瓶"里有电了。后来，富兰克林根据这一实验发明了避雷针。

18世纪50年代，北美殖民地人民同英国殖民者的矛盾日益尖锐，富兰克林最先把美利坚合众国的大联合思想灌输给殖民地人民。1776年7月4日，由富兰克林参与起草的《独立宣言》在第二次大陆会议通过。该宣言宣布殖民地与英国分离，成立独立的美利坚国家。此后为了协助独立战争的胜利，富兰克林作了一系列的努力，争取到了法国的同情和支持，为北美独立战争的胜利作出了贡献。

【人物评价】

富兰克林曾经用"莱顿瓶"深入研究电的运动规律，创造了很多关于电的名词，如正电、负电、导电体、电池、充电、放电等，为后人发明电荷守恒定律奠定了基础；他还是北美的战士，一个优秀的政治家，他积极废除奴隶制度，受到了美国人民的尊重。

【富兰克林名言】

如果灾难没有出现，那么我们的恐惧是徒劳的；如果灾难已经发生，那恐惧只会增加我们的痛苦。

31. 化学之父——拉瓦锡

【人物导引】

拉瓦锡（1743—1794），法国化学家，出生在巴黎。他推翻古希腊所说的"燃素说"，并且发现了氧气、氮气等气体，同时拉瓦锡与别人合作创立了元素分类的体系以及化合物分类的方法。拉瓦锡根据实验证明了质量守恒定律和生成化合物的方法，写出《化学概要》一书，为化学发展奠定了基础。在他的基础上，很多人成了历史上有名的化学家，因此被后人称为"化学之父"。

【人生经历】

拉瓦锡在学校是一个天才儿童，因出色地撰写了巴黎街道照明的设计文章获得法国科学院的嘉奖。后来他被评选为法国科学院的

"名誉院士"。

1763年,拉瓦锡取得法律学士学位,并且获律师从业证书。拉瓦锡的父亲是一位颇有名气的律师,家境富有。所以拉瓦锡没有马上去做律师,因为他对植物学发生了兴趣,经常上山采集标本。后来经地质学家葛太德的介绍,拉瓦锡师从巴黎著名的化学家伊勒教授,从此,拉瓦锡就和化学结下不解之缘。

早在拉瓦锡出生之前,俄罗斯科学家罗蒙诺索夫就提出了质量守恒定律。他当时称之为"物质不灭定律",其中含有更多的哲学意蕴。但由于"物质不灭定律"缺乏丰富的实验根据,特别是当时俄罗斯的科学还很落后,西欧对沙俄的科学成果不重视,"物质不灭定律"没有得到广泛的传播。拉瓦锡在接触到这一理论时,便开始进行研究,后来他从试验的角度验证并总结了质量守恒定律。当时拉瓦锡是用硫酸和石灰合成了石膏,他加热石膏时放出了水蒸气。拉瓦锡用天平仔细称量了不同温度下石膏失去水蒸气的质量。他的导师鲁伊勒把放出的水蒸气称为"结晶水"。这次意外的成功使拉瓦锡养成了经常使用天平的习惯。由此,他总结出质量守恒定律,并成为他进行实验、思维和计算的基础。为了表明守恒的思想,用等号而不用箭头表示变化过程,这正是现代化学方程式的雏形。为了进一步阐明这种表达方式的深刻含义,拉瓦锡又撰文写道:"可以设想,参加发酵的物质和发酵后的生成物列成一个代数式,再假定方程式中的某一项是未知数,然后通过实验,算出它们的值。这样,就可以用计算来检验实验,再用实验来验证计算。我就经常用这种方法修正实验初步结果,使我能通过正确的途径改进实验,直到获得成功。"拉瓦锡对化学研究的第二大贡献,是燃烧原理的发现。他描述了空气中最重要的气体:氧、氮和氢的作用。之所以能够有此发现,是因为他第一次准确地识别出了氧气的作用。事实上,科学家确认燃烧是氧化的化学反应,即燃烧是物质同某种气体的一种结合。拉瓦锡为这种气体确立了名称——氧气。拉瓦锡还识别出了氮气，这种气体早在1772年就被发现了，但却被命名了一个错误的名称——"废气"。拉瓦锡则发现这种气体实际上是由一种被称为氮的气体构成的，因为它"无活力"，性质不是很活泼。后来，他又识别出了氢气，这个名称的意思是"成水的元素"。

1772年，拉瓦锡照习惯称量了定量的白磷，使之燃烧、冷却后又称量灰烬的质量，发现质量竟然增加了，他又燃烧硫黄，同样发现灰烬的质量大于硫黄的质量。他想，这一定是什么气体被白磷和硫黄吸收了。于是他又改进实验的方法：将白磷放入一个钟罩，钟罩里留有一部分空气，钟罩里的空气用管子连接一个水银柱，加热到40℃时白磷就迅速燃烧，水银柱上升。拉瓦锡还发现1盎司的白磷大约可得到2.7盎司的白色灰烬。增加的重量和所消耗的1/5容积的空气重量基本接近。他的发现和当时的燃素学说是相悖的。燃素学说认为燃烧是分解过程，燃烧产物应该比可燃物质量轻。他把实验结果写成论文交给法国科学院。从此他作了很多实验来证明燃素说的错误。在1773年2月，他在实验记录本上写道："我所作的实验使物理和化学发生了根本的变化。"他将新化学命名为"反燃素化学"。1777年，拉瓦锡批判燃素学说："化学家从燃素说只能得出模糊的要素，它十分不确定，因此可以用来任意地解释各种事物。有时这一要素是有重量的，有时又没有重量；有时它是自由之火，有时又说它与土素相化合成火；有时说它能通过容器壁的微孔，有时又说它不能透过；它能同时用来解释碱性和非碱性、透明性和非透明性、有颜色和无色。它真是只变色虫，每时每刻都在改变它的面貌。"接着他向法国科学院提交了划时代的《燃烧概论》，系统地阐述了燃烧的氧化学说，将燃素说倒立的化学正立过来。这本书后来被翻译成多国语言，逐渐扫清了燃素说的影响。化学自此切断与古代炼丹术的联系，揭掉神秘和臆测的面纱，取而代之的是科学实验和定量研究。化学由此也进入了近代化学时期，因此称拉瓦锡是近代化学的奠基者。

拉瓦锡对化学的第三大贡献是否定了古希腊哲学家的四元素说和三要素说，阐述了建立在科学实验基础上的化学元素的概念："如果元素表示构成物质的最简单成分，那么目前我们可能难以判断什么是元素；如果相反，我们把元素与目前化学分析最后达到的极限概念联系起来，那么，我们现在用任何方法都不能再加以分解的一切物质，对我们来说，就算是元素了。"

【人物评价】

拉瓦锡是人类现代化学史的鼻祖。他首次开启了现代化学史的领域，同时他深刻解释了物体元素组成说，并提炼出了氧气，让人类真正地开始了解周围的元素和物质。因此，人们尊称他为"化学之父"。

【拉瓦锡名言】

一个人不应该被困难吓到，否则将一事无成。

32. 自学成才的科学家——法拉第

【人物导引】

法拉第（1791—1867），英国物理学家、化学家。出生在萨里郡纽因顿的一个铁匠家庭里，家里很穷。他做过订书匠，做过报童，没上过一天学，他的成就完全靠自学，他发现了电磁感应现象、电解定律以及光与磁的关系，为人类带来了光明的世界。

【人生经历】

法拉第是一个铁匠的儿子,由于家境不好,法拉第做过报童,13岁时做一家书店的装订学徒。当时的书籍是奢侈品,所以法拉第把自己装订过的书籍都会重新读一遍,并且还做读书笔记,比如《大英百科全书》与《化学对话》等,他力争把里面的插图临摹一遍,还买些简单的仪器试验一遍,然后再观察和分析试验结果,并与书里面的结论进行对比。这为提高法拉第的试验动手能力打下了深厚的基础。

在做装订学徒期间,法拉第很留意那些著名的科学家以及哲学家的讲座,尽管他没有多少钱,但他总是想方设法去听课。

1810年,自然哲学家塔特姆有一堂演讲课,代价是1先令,但法拉第仅仅是一个学徒工,没有钱的烦恼深深困扰着他。他哥哥知道后就用自己的钱资助他去听课,每次听完课后,法拉第都会把讲义装订下来,并画下仪器设备图,这样连续十几次的课程讲义有一大本。他把讲义总结成《塔特姆自然哲学讲演录》送给了老板,老板对这个小装订学徒非常赞赏。

有一天,皇家学院的当斯先生来书店买书,老板把这本书让当斯看了,当斯先生当即把几张皇家学院听课入场券给了法拉第。法拉第高兴万分,他连续听了戴维教授的四次讲座,想从事科学研究的念头在他脑子里来回萦绕,他便写信给皇家学院院长,告诉他只要能让自己从事科学,做什么都可以,但是院长拒绝了他。法拉第没有灰心,他写信给戴维,并附赠装帧十分精美的戴维的听课笔记,戴维为法拉第的细心和严谨而讶异,为法拉第的诚挚与坚毅而感动。于是,在1813年3月,戴维博士推荐24岁的法拉第做皇家学院的助理实验员。

1813年戴维要到欧洲作科学考察,由于路上要作实验,因此让法拉第跟随。在路上他们与安培以及发现碘元素的法国科学家盖·吕萨克见了面。这段时间,法拉第几乎什么都做,有时候他是助手,有时候却又是独立的实验人员,只要能够为科学服务,什么事情他都会乐呵呵地去做。同时他还与其他的科学家进行交流，学习他们实验的方法，因此在这次欧洲旅行过程中，他学到了很多的知识，经验更加丰富。

1816年的一天，沃拉斯顿跟戴维讨论说：在两个金属容器中夹一根导线，用磁棒接近导线，那么导线就应该绕着自己的轴转动。这只是一个假设，戴维的试验也没有成功。旁边的法拉第对这个想法很感兴趣，因此他会常常作这个实验，但都不成功。

一次，法拉第在玻璃缸中央插一根磁棒，倒些水银，导线一端连着露出来的磁极，然后用铜丝缠在一块木头上，用导线连接扔到水银里，通上电之后导线就会绕着磁棒转动起来。这就是马达的雏形，法拉第把这项实验写成论文发表后，在科学界引起了巨大的反响。法拉第一下成名，由于他涉及的门类有合金钢、重玻璃、氯气、苯等，并且在电磁领域也有很大的发现，因此法拉第在1824年被选为皇家学会会员，1825年担任皇家学院实验室主任，1833年任皇家学院化学教授。法拉第在研制合金钢的时候运用金相分析法，使产量以及合金钢的质量都有很大的提高，同时还采用了低温加压的方法液化了氯化氢、硫化氢、二氧化硫等。由于在众多的领域都取得了超人的成就，这时众多的名誉也降临在他的身上，一些商人出很高的价钱买他的专利，他都婉言拒绝。法拉第知道自己小时候由于生活艰辛不能得到很好的教育，因此他时时刻刻关注那些热爱科学的青年，并耐心地为他们讲解，并在学院开了一个免费讲座——"星期五讲座"，而每次他讲课的时候人都爆满。

1857年，皇家学会聘请他担任会长，他立即拒绝："我是一个普通人，如果我接受皇家学会希望加在我身上的荣誉，那么我就不能保证自己的诚实和正直，连一年也保证不了。"同样也谢绝了皇家学院的院长职务。当英王室授予他爵士称号时，他说："法拉第出身平民，不想变成贵族。"面对金钱和荣誉，这就是伟大的铁匠的儿子、订书匠学徒不悔的选择。法拉第以平凡的一生做出不平凡的事业，树立了以人类科学为伟大目标的伟人的形象。

【人物评价】

法国作家大仲马说:"我不知道还有没有像法拉第那样的科学家,他把许多造福于人类的成就,作为赠予后辈的遗产,而自己并不觉满足。但我敢肯定地说,凡是知道他的人,都希望自己成为一个道德上的完人。种种美德使这位高尚、伟大的物理学家的人格具有一种罕见的魅力。"

【法拉第名言】

我不能说我不珍视这些荣誉,并且我承认它很有价值,不过我却从来不曾为追求这些荣誉而工作。

33. 电磁波的发现者——麦克斯韦

【人物导引】

麦克斯韦(1831—1879),英国物理学家,在物理学中,他统一了经典电磁场理论和光的电磁理论,预言了电磁波的存在,他的《电磁学通论》让他的名字永远被后人记住,他负责建造的卡文迪许实验室更是许多科学家们成功的摇篮。

【人生经历】

麦克斯韦出生在英国爱丁堡的一个地主家庭,在他8岁那年,母亲去世了，因此他的童年并没有太多的快乐。

麦克斯韦10岁时进入爱丁堡中学读书，由于乡下口音浓重，使那些自认为是贵族的孩子都歧视他，但是他的学习成绩在学校十分优异，尤其是数学和诗歌更为出色，这两科的成绩总是名列前茅，这让那些看不起他的同学惊讶万分。

麦克斯韦经常在学校的图书室读书，不管哪一科都做详细的读书笔记，不懂的就问，这让教他的老师很是头痛，因为他总爱问："为什么？"一次他指出数学老师的一个公式有误，老师对他很反感，并讥笑他："麦克斯韦，要是你的方法是对的，那么以后我就叫它麦氏公式。"结果证明麦克斯韦的方法是正确的。

1850年，麦克斯韦进入剑桥大学三一学院学习数学，他感觉剑桥大学任何东西都非常优秀，特别是图书馆里庞大的图书架，更是让他兴奋。在他攻读数学期间阅读了大量的数学作品，有时候为了解决一个数学问题，他可以把一个月的时间全部用在这个问题上。但在闲的时候会无所事事，漫无边际地随便阅读；而有时候他专门钻研数学中最冷门、最难解的问题。有一天，麦克斯韦借了一本著名的数学专著，而这些书很少有人看懂。正巧著名的教授霍普金斯先生到图书馆借书，他要的这本书不巧被麦克斯韦借走了。他想这本书不是一般学生能读懂的，教授很奇怪，于是霍普金斯教授来到麦克斯韦的宿舍，这时麦克斯韦正聚精会神地钻研这本书，旁边的笔记本上密密麻麻地写满了注释以及解算过程。

霍普金斯顿时对麦克斯韦有了好感，他很想培养培养这个勤奋好学的青年，便对他说："办事要有一定的程序和章法，要想成为一个优秀的数学家是需要人指导的。"从此，麦克斯韦便跟霍普金斯教授开始学习。霍普金斯教授对学生都很严格，甚至具体到每一个课题。后来，霍普金斯把麦克斯韦委托给他的两个学生威廉·汤姆生和斯托克。他们两个都是当时著名的数学家，在他们的指导下，麦克斯韦掌握了当时最先进的数学方法，成为当时著名的青年数学家。

第三章 科学精英

1854年，麦克斯韦毕业了，霍普金斯教授推荐他留校任数学教授。这时，法拉第的全部工作总结以及各项研究汇集成的《电学实验研究》开始发行，麦克斯韦对法拉第仰慕已久，而这时法拉第的名望很高。一年后，24岁的麦克斯韦发表了第一篇关于电磁学的文章——《法拉第的力线》，他把里面的实验结论以及磁力场分布用数学的方法表现出来，这令整个数学及物理领域的人都很惊讶。

1856年麦克斯韦到阿伯丁的马里沙耳学院任自然哲学教授。1859年麦克斯韦见到了已经68岁的法拉第，两位大师愉快地谈论着科学与数学，很自然他们聊到《法拉第的力线》这篇论文。当麦克斯韦请法拉第指点的时候，法拉第说："我不认为自己的学说一定是真理，你是真正理解它的人，但你不应该仅仅用数学方法来解释我的观点，而是超越它。"法拉第的话大大地激励了麦克斯韦，麦克斯韦决定全心全力投入电磁学的研究领域。

1860年，麦克斯韦到伦敦皇家学院担任自然哲学以及天文学教授。这期间，他发表了第二篇电磁学论文——《论物理的力线》。在这篇文章中，麦克斯韦运用假设推导出两个高度抽象的微分方程式——麦克斯韦方程式。这组方程不仅圆满地解释了法拉第电磁感应现象，并解释了感应电场的存在。同时还解释变化的电场能产生磁场，变化的磁场能产生电场，最终电磁场的规律被麦克斯韦以数学的形式表现出来，使电磁学成为一门真正学科。

1865年，麦克斯韦辞去教授职位，发表了第三篇电磁学论文，在这篇论文中，麦克斯韦方程组更加完美，用方程组直接推导出电场和磁场的波动方程，从理论上证明了电磁波的传播速度正好等于光速！作出这一预见，麦克斯韦年仅31岁，一下子轰动了整个物理学界。麦克斯韦的《电磁学通论》刚出版，就销售一空，人们只是好奇而不理解。后来在他上最后的一课时仅仅有两个学生，一个是美国的研究生，另一个是发明二极管的弗莱明，但是他依旧照常上课，认真讲解。

1879年11月5日麦克斯韦在剑桥逝世，终年49岁。

【人物评价】

1931年,爱因斯坦在麦克斯韦诞辰100周年纪念会上说:"麦克斯韦的工作是牛顿以来,物理学上最深刻和最富有成果的工作。"

普朗克说:"麦克斯韦的光辉名字将永远镌刻在经典物理学家的门扉上,永放光芒。从出生地来说,他属于爱丁堡;从个性来说,他属于剑桥大学;从功绩来说,他属于全世界。"

【麦克斯韦名言】

生命的火花要靠自己的双手来打磨。

34. 镭元素之母——居里夫人

【人物导引】

居里夫人(1867—1934),原名玛丽亚·斯可罗多夫斯卡,出生在俄国沙皇统治下的华沙。她通过努力学习,拿到了两个学位证书。她在放射性物质领域进行不懈地探索,发现了镭和钋两种元素,并提出了"放射性"这一术语。虽然发现了放射性元素,但是居里夫人放弃了对镭元素提炼方法的专利,而是把专利让给了世人。她是世界上唯一一位两次获得诺贝尔奖的女性科学家,后人为了纪念她称她为镭的母亲。

【人生经历】

玛丽亚的童年充满了更多的艰辛,她10岁那年,妈妈和大姐因病去世。这对玛丽亚来说,是一个巨大的打击。但是玛丽亚没有被击倒，而是同父亲一起积极地生活。玛丽亚的父亲是一名物理教师，这对玛丽亚来说是一种资源，而父亲的实验工具更可以让玛丽亚随意地学习、实验。玛丽亚在24岁的时候通过巴黎学院的考试，终于在大学里找到了自己的位置。玛丽亚经常在学校的图书馆里刻苦地学习，看书入迷时会忘记吃饭，竟然晕倒在图书馆。她住的房子破烂不堪，在冬季更是冷得刺骨。但玛丽亚没有屈服。来到巴黎学院两年，她参加了物理学士学位的考试，并以第一名的成绩通过考试，第二年以第二名的成绩通过数学学士学位的考试。1894年她与法国物理学家比埃尔认识并结成了夫妻。

1898年，法国物理学家贝克勒尔在含铀这种元素的矿物质中发现这种矿物质能够放出一种射线，但是他却解不开这种射线的秘密。居里夫人与皮埃尔知道后就开始对这种矿物质进行研究，但是却苦于没有实验室。后来经过比埃尔多次申请，校长才勉强批了一间破烂的小屋作为他们的实验室。而这间小屋在夏天就像火炉，冬天就是冰窖。当他们第一天搬进这个小屋的时候只有两把椅子，比埃尔认为太少，客人来了没有地方坐，居里夫人则说："这样也好，可以有更多的时间进行研究。"

当她在研究铀盐矿石的时候，认为不可能仅仅只有铀矿能放出射线，于是她找来所有能接触到的金属矿物质并根据元素周期律逐一进行测定，结果在钍的化合物中也检测到射线。居里夫人确定，不光铀元素世界上还有其他的元素能够放出射线，因此与比埃尔商量给这类元素取个名字，最后铀就叫放射性元素。

居里夫人发现沥青铀矿里的放射性比铀大得多，而已知的元素并没有这么大的放射性，因此他们决定找出这种元素，这种元素只有在沥青铀矿中才能找到，但这种沥青铀矿十分贵，当时他们根本没钱。最后，他们研究认为沥青铀矿的废渣中也含有这种未知元素。奥地利政府听说后就提供给他们一吨铀矿废渣。于是两人开始了提炼这种新元素的实验，在高温、刺鼻和臭味下的三年里，比埃尔曾经想放弃，但是玛丽亚一直相信自己的工作就要得出结论，最后两人开始分工，比埃尔负责新元素的性质分析，玛丽亚对新元素进行提炼。皇天不负有心人，他们终于发现了新的放射性元素84号，比铀强400倍，类似铋，居里夫人以钋命名，表达了她对祖国波兰的热爱。不久，她又提炼出0.1克新元素，并命名为"镭"，同时测得镭的原子量为255。新元素的发明开启了人类现代化的医疗事业，1903年，居里夫人夫妇与贝克勒尔共享了诺贝尔物理学奖。

1906年，比埃尔因为车祸去世，居里夫人尽管十分伤心，但是她依旧执着地进行着自己的研究，并成为巴黎学院理学院的第一位女教授。1910年，她的《论放射性》一书出版。居里夫人不仅在化学也在医学方面发挥着她的聪明才智，她用放射性元素研究了人类癌症的治疗方法。鉴于她在化学、医疗以及对镭与钋发明方面的贡献，1911年，她获得诺贝尔化学奖。她是世界上唯一两次获得诺贝尔奖的女性。

居里夫人一生共得了10项奖金、16种奖章、107个名誉头衔，特别是两次诺贝尔奖。但她对于名誉却不是太在乎，在很多人的眼里，玛丽亚是一个"贫困的妇人"，但是她却将自己的财富和名誉看得十分轻，仿佛那些东西都不是自己的。有时候她还拿自己的奖章给自己的孩子玩，但是她对于科学却一直执着地追求着。因为长期在放射性的环境中工作，她患了白血病，于1934年逝世。

【人物评价】

居里夫人开启了20世纪人类真正意义上的现代化。她平和坚强，对人类的科学、医疗等事业的发展贡献出了自己的全部力量。她淡泊名利，把自己的发现完全贡献给了自己热爱着的世界。

爱因斯坦说："在所有的世界著名人物当中，玛丽亚·居里是唯一一个没有被盛名宠坏的人，同时她一生中最伟大的功绩——证明放射性元素的存在，并把它们分离出来——所以能够取得，不仅仅是靠大胆的直觉，而且也靠着难以想象的和极端困难的情况下工作的热忱和顽强。这样的困难，在实验科学的历史中是罕见的。居里夫人的品德和热忱，哪怕只有一小部分存在于欧洲的知识分子中间，欧洲就会面临一个比较光明的未来。"

【居里夫人名言】

我要把人生变成科学的梦，然后再把梦变成现实。

人类也需要梦想者，这种人醉心于一种事业的大公无私，因而他们不考虑自身利益。

35. 孤独的科学巨人——爱因斯坦

【人物导引】

爱因斯坦（1879—1955），伟大的物理学家，确立了狭义和广义相对论以及质能守恒定律，并且进行了原子能的研究，为人类的进步作出了巨大的贡献。他平易近人，没有一点大人物的架子。在第二次世界大战的时候，他致力于人类的和平和被压迫民族的解放斗争，不畏权势，为全人类的解放进行斗争，被后人称为20世纪最伟大的科学家之一。

【人生经历】

爱因斯坦出生在德国西南的乌耳姆城，小的时候沉默寡言，没有表现出天才应有的资质。他3岁时还不会说话，差点被人认为是哑巴。爱因斯坦的父母都是犹太人。父亲赫尔曼·爱因斯坦和叔叔雅各布·爱因斯坦合开了一个生产电机、弧光灯、电工仪表的电器工厂。母亲玻琳是受过中等教育的家庭妇女，非常喜欢音乐，爱因斯坦6岁时，母亲就教他拉小提琴。一年后，全家迁居慕尼黑。

爱因斯坦的叔叔雅各布在电器工厂负责技术，他父亲则负责商业往来。雅各布是一个工程师，非常喜爱数学，当爱因斯坦来找他问问题时，他总是用很浅显通俗的语言把数学知识介绍给他。由于叔叔的言传身教，这为爱因斯坦的数学打下了良好的基础。爱因斯坦16岁时，报考瑞士苏黎世联邦工业大学工程系，却以考试失败告终。但他接受了联邦工业大学校长、著名物理学家韦伯教授的建议，在瑞士阿劳市的州立中学念完了中学课程，取得中学学历。

爱因斯坦17岁时考入苏黎世工业大学，在师范系学习数学和物理学。爱因斯坦充分利用学校中的自由时间，把精力集中在自己所喜爱的数学和物理学上。同时他在学校阅读了赫尔姆霍兹、赫兹等物理学大师的著作，而令他最着迷的是麦克斯韦的电磁理论。在这里，他培养成了自己自学、独立分析和独立思考的能力。

1900年，爱因斯坦大学毕业，由于他的成绩一般，又加之对老师态度冷漠而被拒绝留校。爱因斯坦从大学校园出来后没有找到工作，只好依靠做家庭教师和代课教师过活。失业以后，他的同学马塞尔·格罗斯曼说服自己的父亲把爱因斯坦介绍到尼泊尔专利局去做一个三级技术员。爱因斯坦终身感谢格罗斯曼对他的帮助，在悼念格罗斯曼的信中，他谈到这件事时说："当我大学毕业时，突然被一切人抛弃，一筹莫展地面对人生。他帮助了我，通过他和他的父亲，我后来才遇到了哈勒（时任尼泊尔专利局局长），进了专利局。这有点像救命之恩，没有他，我大概不致于饿死，但精神会颓唐起来。"1905年，爱因斯坦这一年写了六篇论文，从3月到9月这半年中，他利用专利局每天8小时工作以外的业余时间，在三个领域作出了四个有划时代意义的贡献，他发表了关于光量子说、分子大小测定法、布朗运动理论和狭义相对论的重要论文。

1905年3月，爱因斯坦将自己的论文送给了德国《物理年报》

编辑部时,他腼腆地对编辑说:"如果您能在你们的年报中找到篇幅为我刊出这篇论文,我将感到很愉快。"而这篇论文名叫《关于光的产生和转化的一个推测性观点》。在后来经过测量,证明了他的观点是正确的,因此而获得诺贝尔物理学奖。1905年4月,爱因斯坦完成了《分子大小的新测定法》;5月,完成了《热的分子运动论所要求的静液体中悬浮粒子的运动》;6月,爱因斯坦完成了开创物理学新纪元的长论文《论动体的电动力学》,完整地提出了狭义相对论。这是爱因斯坦十年酝酿和探索的结果。它在很大程度上解决了19世纪末出现的古典物理学的危机,改变了牛顿力学的时空观念,揭露了物质和能量的相当性,创立了一个全新的物理学世界,是近代物理学领域最伟大的革命。因为狭义相对论不但可以解释经典物理学所能解释的全部现象,还可以解释一些经典物理学所不能解释的物理现象,并且预言了不少新的效应。狭义相对论最重要的结论是质量守恒原理失去了独立性,他将质量和能量守恒定律融合在一起,认为它们之间可以转化,其他还有钟慢尺缩、光速不变、光子的静止质量是零等,而古典力学成为了相对论力学在低速运动时的一种极限情况。这样,力学和电磁学在运动学的基础上统一起来。

1909年,爱因斯坦出任苏黎世大学理论物理学副教授,1914年4月,爱因斯坦接受德国科学界的邀请迁居柏林,并任德国威廉皇家物理研究所所长兼柏林大学教授。8月,爆发了第一次世界大战。他虽身居战争的发源地,生活在狂热的战争鼓吹者当中,但是他爱好和平,并坚决地表明了自己的反战态度。同年9月,爱因斯坦参与并发起反战团体"新祖国同盟"。这个组织让战争狂人十分愤怒,并对该组织进行迫害,但爱因斯坦仍坚决参加这个组织的秘密活动。10月,德国的科学界和文化界在军国主义分子的操纵和煽动下,发表了"文明世界的宣言",为德国发动的侵略战争辩护,鼓吹德国高于一切,全世界都应该接受"真正德国精神",在"宣言"上签名的有93人,当时德国有声望的科学家、艺术家和牧师,包括能斯脱、伦琴、奥斯特、瓦尔德、普朗克等都在上面签了字,当要求爱因斯坦签名时,他断然拒绝。与此同时,他在反战的《告欧洲人书》上毅然签上自己的名字。

1921年,爱因斯坦因在光电效应方面的研究被授予诺贝尔物理学奖。1933年纳粹德国掀起反犹太主义狂潮,爱因斯坦被迫移居美国,1940年获美国国籍。1939年爱因斯坦在研究中获悉铀核裂变及其链式反应,在匈牙利物理学家L·西拉德的影响下,他上书罗斯福总统建议进行核研究,但是他的朋友们没有告诉他正在研究原子弹。当人类的第一颗原子弹于1945年在新墨西哥州试验成功后,美国在日本广岛和长崎上空投下原子弹杀伤许多平民,爱因斯坦对此强烈不满并且十分后悔。第二次世界大战后,为开展反对核战争的和平运动和反对美国国内法西斯,他进行了不懈的斗争。

1955年4月18日,伟大的爱因斯坦在美国普林斯顿与世长辞,他捐出了自己的大脑供后世研究,其他部位化成骨灰撒在林荫草地中。

【人物评价】

爱因斯坦是一个伟大的数学家、物理学家。他一生致力于科学研究与人类和平事业的发展,他生活简朴,为人和善,没有一点伟人的架子。他普通但不平凡,开创了一个又一个人类科学技术的巅峰,为人类迈入光明事业作出不朽的贡献。爱因斯坦,一个不朽的名字。

【爱因斯坦名言】

成功的秘诀就是$A=X+Y+Z$,A就是成功,X就是努力工作,Y就是思考,Z就是勤奋。

36. 青霉素的发现者——弗莱明

【人物导引】

弗莱明（1881—1955），英国著名的细菌学家。他发现了用途最广的抗菌素——青霉素。青霉素对许多有害微生物都有效，可用于梅毒、淋病、猩红热、白喉以及某些类型的关节炎、支气管炎、脑膜炎等疾病，因此弗莱明的发现是人类史上很重要的里程碑。它标志着人类在与死神抗争的路上已经成功地迈出了一步。

【人生经历】

弗莱明于1881年出生在苏格兰洛克菲尔德。他大学医学院毕业以后，就从事免疫学研究。这时第一次世界大战爆发，弗莱明作为一名医生被征入部队充当军医。这时他便开始了对伤口上面的细菌的研究。由于这时没有很好的抗生素药品，不少士兵因为伤口恶化感染而亡。这对于弗莱明来说很痛心，因为只要能阻止伤口感染就能保住一些士兵的性命。

战争结束后，弗莱明返回圣玛利亚医院工作。在医院这些日子，他一直致力于微生物的研究，可是效果都不明显。有一次，感冒的弗莱明不小心对细菌培养皿打了个喷嚏，他却发现：在这个培养皿中，凡沾有喷嚏黏液的，没有细菌生成。随着研究的深入，弗莱明发现，在人体的体液当中存在着一种天然的溶菌酶。这种溶菌酶对细菌有抑制作用，但是弗莱明认为这种东西不过是人体天然的抗体，也就没有深入研究。这使他第一次与青霉素失之交臂。

1928年，在实验没有结果的情况下，弗莱明由于身心疲惫决定外出度假休养一段时间。在外出的时候他把实验室里在培养皿里培养的葡萄球菌给忘了。他回来后，在实验室中注意到一个与空气接触过的葡萄球菌培养皿中出现了一团青绿色霉菌，而这团霉菌所在的地方没有葡萄球菌生长，这意味着这些霉菌或者霉菌的分泌物有抑制葡萄球菌生长的能力。由于他没有办法把霉菌提纯，因此他便开始培养这些霉菌。有一天，一个警察由于伤口感染，伤口非常厉害，患者几近于死亡，弗莱明便把他培养的霉菌用在伤口上面，谁知道效果竟然出奇得好，过了四五天左右，基本症状都得到了控制，可是由于没有过多的霉菌，这个警察没过几天就去世了。这让弗莱明更加认识到这种霉菌是一种不可多得的好东西，于是在1929年弗莱明把结果以论文的形式发表出来，称这种青色的霉菌为青霉素。起初，这一理论并未引起人们的重视。在提纯无果的情况下，弗莱明于1939年将菌种提供给研究青霉菌的澳大利亚病理学家弗洛里和生物化学家钱恩。通过实验，弗洛里、钱恩终于用冷冻干燥法提取了青霉素晶体。1940年弗洛里和钱恩用青霉素晶体重新实验。他们给几只白鼠注射了大量链球菌，然后给其中的两只用青霉素治疗，几个小时后，只有被青霉素治疗过的小鼠还健康地活着。此后一系列临床实验证实了青霉素对链球菌、白喉杆菌等多种细菌感染的疗效，可以治疗梅毒、淋病、猩红热、白喉，以及某些类型的关节炎、支气管炎、脑膜炎等疾病，并且青霉素既能杀死细菌，又不损害人体细胞，效果还非常好。这时美国政府对于青霉素的研究提供大力支持。不久，弗洛里和钱恩找到了更能大规模提取青霉素的办法。这时，美国制药企业开始对青霉素进行大批量生产。

由于当时英国和美国正在和德国交战，而青霉素对于医疗伤口有非常好的效果，这时的青霉素已经足够供应第二次世界大战期间所有参战的盟军士兵。

鉴于青霉素对人类的巨大贡献，弗莱明、弗洛里和钱恩于1945

年被授予诺贝尔生理学或医学奖。由于弗莱明发现了青霉素,这使他在全世界获得了很多的荣誉。人们都会记住这位让人类一次次摆脱死神阴影的医学家。

【人物评价】

弗莱明发现了青霉素,这引发了医学界寻找抗菌素新药的高潮,使人类有信心开始面对一些不可治疗的疾病;是人类医疗史上的一个里程碑,开始使人类认识到抗生素神奇的医疗效果。从此,人类进入了合成新药的时代。

【弗莱明名言】

大自然发明了青霉素,只不过是我发现了它的存在。

37. 微生物学之父——巴斯德

【人物导引】

巴斯德(1822—1895),法国著名微生物学家。他对酵母菌、工业微生物以及细菌免疫研究有着极高的成就,并开创了微生物生理学,被后人誉为"微生物学之父"。

【人生经历】

少年时候的巴斯德非常聪明好学,非常喜欢安静的地方。有时候他会仔细端详一片树叶一上午,有时候看地上的蚂蚁能看一天。

他的父母见他这样喜欢学习，就教他读书写字，包括数学、哲学、生物学等。在他家旁边有一个知识丰富的牧师叫卡瓦尔，并且这个人有很多藏书，巴斯德经常去牧师家里看书。

巴斯德上大学时学习生物，开始对微生物学进行研究。1843年，21岁的巴斯德发表了《双晶现象研究》以及《结晶形态分析》两篇文章，这两篇文章在当时科学界引起了巨大的轰动。

巴斯德对当时的酒精工业很感兴趣，并对制造酒精的工序进行了深入的研究。他发现在制造酒精的过程中，最重要的就是发酵液的发酵。在发酵液中，他发现了一些小球形体起着关键作用，巴斯德把这种东西称为酵母菌。刚开始，这些酵母菌还很小，它们需要一个长大的过程，这个过程就是发酵的过程，同时在成长的时候它们需要养分，养分的来源就是分解糖类，分解后的产物就是酒精。

巴斯德认为这时的酵母菌是不需要氧气的，而无氧呼吸就是它们生存的条件之一。这下巴斯德就完全弄清了酒精的产生过程，这为他的微生物学打下了良好的基础。当时，法国的啤酒业在欧洲相当出名，但是往往啤酒储存几天后就会变酸，变酸的啤酒只有倒掉根本没有办法出售。这让啤酒商大伤脑筋。不久，巴斯德受人委托开始对啤酒进行研究。在变酸了的啤酒中他发现了很多棍状的细菌。他反复对比未发酸与发酸的啤酒，发现这些棍状的细菌正是导致啤酒发酸的根源。巴斯德称这种细菌为乳酸菌。他为了消灭乳酸菌，把啤酒进行加热，但是又不能破坏啤酒的内部结构，这让他很伤脑筋。在他的努力下，他终于在实验中找到了一个好方法，就是把啤酒放在摄氏五六十度的环境里，保持半小时，就可杀死酒里的乳酸杆菌。这种方法就是著名的巴氏消毒法。开始的时候人们都不相信，巴斯德就用加热的与不加热的啤酒，让人们在几个星期之后进行了对比，人们发现，加热果然没有变质。顿时巴斯德拯救法国啤酒业的事情就这样传开了。

没过多长时间，法国的桑蚕业受到一种叫做"胡椒病"的影响，收益严重受损。不久，他独自一人来到法国南部的蚕病灾区。

蚕得的是一种神秘的怪病。这些蚕身上长满棕黑的斑点，就像粘了一身胡椒粉，得病的蚕，有的孵化出来不久就死了，有的挣扎着活不多久也就死了，极少数的蚕结成茧，可钻出来的蚕蛾又残缺不全，后代也是病蚕，这让当地人大伤脑筋。这时巴斯德发现，一些蚕吃了致病的细菌然后开始发病，通过蚕粪进行传染，这就导致了大量的健康蚕开始发病。因此巴斯德让当地人一定要先淘汰病蚕，遏制传染，不要用病蛾的卵来孵蚕。人们遵照这个方法后，状况得到了极大的好转。人们对巴斯德更是钦佩不已，他的老师更是赞不绝口。

当时法国北部暴发了鸡霍乱。人们看到，有的鸡刚才还在四处觅食，过一会儿却忽然两腿发抖，随后便倒下去挣扎几下便死了。巴斯德决心要克服这种瘟疫。他前往灾区进行实地考察。开始的时候，他断定鸡场是鸡霍乱病菌最适合的繁殖环境，传染的媒介则是鸡的粪便。但是在进行实验的时候却根本找不出解决的方法。这时他开始提取导致鸡发病的病菌，然后放在培养液中进观察，并且把这些培养液对鸡进行接种，这时他发觉那些曾经接受过接种的鸡仿佛对这种病菌有一定的抵抗能力，不再发病，而没有经过接种的则全死了。这时，巴斯德认为自己已经基本找到解决的方法了。他又用这种方法进行了实验，果然结果跟自己的判断完全一致。这时，他开始把这种方法进行推广，疫情得到了很好的控制。同样巴斯德把减毒的炭疽、鸡霍乱病原菌分别对绵羊和鸡进行免疫，同样取得了良好的效果。

在这样的启发下，巴斯德发明了狂犬疫苗，接着又进行了人体疫苗的开发，比如斑疹伤寒、小儿麻痹等疾病。鉴于巴斯德的功绩，他被选为法兰西学院院士。

【人物评价】

巴斯德奠定了工业微生物学和医学微生物学的基础，并开创了微生物生理学，他发明了许多疫苗，解除了很多传染性疾病，也挽救了很多人的生命，这就是他在微生物学领域中取得的成就，被人誉为微生物学之父。

【巴斯德名言】

意志、工作、成功，是人生的三大要素。意志将为你打开事业的大门；工作是入室的路径；这条路径的尽头，有个成功来庆贺你努力的结果……只要有坚强的意志，努力地工作，必定有成功的那一天。

38. 炸药之父——诺贝尔

【人物导引】

诺贝尔（1833—1896），瑞典化学家、工程师和实业家，诺贝尔奖金的创立人。诺贝尔发明了炸药，但是他却爱好和平。为了发明炸药，诺贝尔坚持不懈地作了上千次实验。根据他的遗嘱，人们在他去世后利用其遗产设置了诺贝尔奖，包括物理、化学、生理或医学、文学以及人类的和平五大奖项。诺贝尔奖后来则成为超越国际的最高权威的科学大奖，诺贝尔与人类的科学探索永远地走在了一起。

【人生经历】

诺贝尔，于1833年出生于瑞典斯德哥尔摩，诺贝尔的父亲是制造水雷、鱼雷的工程师，后被俄罗斯军方看重，安排他到圣彼得堡工作。

诺贝尔从小身体羸弱,但在他一家人的关心爱护下,他得以健康地成长。在圣彼得堡,诺贝尔的父亲给他和弟弟请了几位家庭教师,16岁的时候,诺贝尔在化学实验和研究方面就堪称专家。这时,他已经学会了英、法、德等国家的语言,第二年,诺贝尔到美国著名的艾利逊工程师的工厂里实习。实习期满后,他又到欧美各国考察了四年才回家。在考察中,他每到一处,就立即开始工作,深入了解各国工业发展的情况。

这时资本主义工业正在快速地发展,对矿产的需求已经跃居首位,但采矿需要炸药。当时的炸药威力小,而且还不完全在人们的控制之下,能控制的也只有从中国传入的黑火药。这时在国外已经考察了将近四年的诺贝尔对自己研究的新型炸药充满了信心。

开始的时候,诺贝尔的父母都知道研究炸药的危险性,因此劝说诺贝尔不要进行炸药研究,但是诺贝尔有自己的想法,他始终坚持自己信念。最后在他的坚持下,他的父母就不再说什么了。在此之前,也有很多人研究炸药,并且有一个意大利人发明了硝化甘油。当时,人们并不太清楚硝化甘油的完整功用,仅仅知道易爆并且有治疗血管疾病的功能。

诺贝尔想,能不能像点燃火药一样点燃硝化甘油。不久,他就发明了用雷管引爆硝化甘油的方法;还获得了发明专利。但不幸的是,在海伦坡实验室制造硝化甘油的时候发生了爆炸,诺贝尔的弟弟等五人当场死亡。周围的邻居都强烈反对诺贝尔在当地制造硝化甘油,无奈,诺贝尔四处奔波,才在温特维根找到一处新厂址,在那里建造了世界上第一个硝化甘油工厂。这时诺贝尔开始全力生产硝化甘油,但硝化甘油相当不稳定,极容易产生爆炸,因此很多国家购买硝化甘油之后都后悔不已,有的国家甚至明令禁止生产,有的国家则禁止携带,这对诺贝尔来说真是举步维艰。

有一天,诺贝尔苦苦思索,这个液态的硝化甘油不知道能不能变成固态的，固体比较好储存。于是他开始用沙土、锯木屑以及硅藻等作实验。实验到最后，他用一份硅藻吸收了三份硝化甘油，这样硝化甘油安全多了，没有了那种易爆的特性，必须用雷管来引爆，诺贝尔把这种炸药称为安全炸药。这时诺贝尔邀请各国的商家来观看炸药实验，开始他把安全炸药放在干柴上，引燃干柴，这时安全炸药没有爆炸；他把炸药从悬崖上扔下来一样没有爆炸，接着在山体上打个洞放上安全炸药然后用雷管引爆，这时安全炸药爆炸了。前来观看的人们都相信，诺贝尔的炸药是安全的，于是很多人都开始订购。

由于诺贝尔已经申请了专利，因此他在炸药上面获得了丰厚的利润，同时由于安全炸药没有纯硝化甘油的威力大，于是诺贝尔又开始研制新型的炸药。不久，在他的努力下，他用火棉和硝化甘油融合，制出了炸药。后来，又把樟脑与硝化甘油和火棉放在一块，制成了无烟炸药。就这样他成立了诺贝尔化学公司，并拥有了相当雄厚的资产。

1896年，诺贝尔因病不治逝世，他在遗嘱中表示，愿以自己总资产的年息作为物理、化学、生理或医学、文学以及和平事业五个方面的奖金，以奖励在该领域作出卓越贡献的人。

【人物评价】

诺贝尔发明了炸药，使人们加大了对矿藏的开采力度。这在满足本国国内资本主要需要的同时，也为西欧各国的武器制造创造了良好的基础，为以后各资本主义国家对外侵略、对外扩张奠定了良好的军事基础，同时他嘱后人设置的诺贝尔奖激励了一代代的科学家为之奋斗。

【诺贝尔名言】

人类从新发现中得到的好处总要比坏处多。

39. 元素周期律的发现者——门捷列夫

【人物导引】

门捷列夫（1834—1907），俄国著名的化学家。他的一生充满了坎坷，生活也很艰辛，但是他从没有对自己失去过信心。在他发明元素周期律的时候，很多人没有注意他，但他也没有放弃自己的理论。慢慢地，人们发现了元素周期律的正确性，特别是在新元素发现后，才知道门捷列夫发明的元素周期律给化学这门学科带来了多么巨大的影响。

【人生经历】

门捷列夫，出生在西伯利亚。他的父亲双目失明不能工作，仅靠一点儿退休金生活，这对于一个拥有17个子女的家庭来说，生活相当艰难。这时做玻璃厂主的舅舅接手援助他们，让他们全家搬到他的玻璃厂。

门捷列夫从小聪明好学，成绩总是第一，在参加各类比赛中也常常获奖。在一次考试中，7岁的他和哥哥一同考进了市里唯一的一所中学托博尔斯克中学。这在当时引起了很大的轰动，人们也都亲切地称他为小神童。就这样，在学校平静地过了几年，他对物理、化学、数学很感兴趣，但是对于枯燥的拉丁文却伤透了脑筋。尽管有时候在父亲的帮助下门捷列夫有点进步，但是他的拉丁文还是常常不及格。

门捷列夫13岁时父亲去世。14岁时，舅舅的工厂遭遇火灾而破产，顿时家庭的重担全部落在母亲的身上。无奈，母亲只好打发有谋生能力的儿子外出谋生，到出嫁年龄的女儿出嫁，顿时家里就剩门捷列夫、母亲及一个小妹妹。门捷列夫以优异的成绩从中学毕业后，母亲决定让他到莫斯科大学继续深造，于是变卖了全部家产，三口人都来到了莫斯科。但由于门捷列夫属于外省的西伯利亚，因此莫斯科大学拒绝了他。他父亲以前的同事帮助他进了圣彼得堡师范学院自然学系。进了大学以后，由于门捷列夫的基础不好，在考试时总是全班最后几名，但是他没有放弃，在他努力学习的情况下，终于以优异的成绩获得了学校的奖学金。可是在这个时候，操劳过度的母亲终于挨不过去，不久就去世了。这让门捷列夫顿时不知所措。不久，他的小妹妹也因病去世，门捷列夫在圣彼得堡举目无亲，靠着少得可怜的奖学金生活。

这时，门捷列夫的教授伏思科列森斯基教授帮助了他，对他的功课进行指导。这时他对一些化学课题已经有了深刻的研究，20岁时他写出了第一篇论文《论同晶现象与结晶现状及其组成关系》。这篇论文由于其科学性获得了圣彼得堡大学的金质奖章。

在门捷列夫要毕业的时候，他没有离校而是在伏思科列森斯基教授的指导下开始攻读物理和化学的硕士学位。不久，门捷列夫被圣彼得堡大学聘为该校化学教研室的副教授。这时他年仅23岁。在门捷列夫教课的时候，他发觉教科书一直存在混而杂的情况。因为教科书缺乏系统性，于是他开始对现行的教科书进行修改决定编撰新的教科书。他在课下开始搜集前人使用的资料和他们所获得的成果，同时对各种已知元素进行原子量的测量，这时他发现许多元素具有共性，比如氟、氯、溴、碘以及锂、钠、钾等。

不久，学校选派门捷列夫到德国海德堡大学进行深造。在这期间，他访问了很多德国物理学家和化学家，使视野更加开阔，看问题和解决问题的能力得到很大的提高。没过多久，门捷列夫对巴库油田进行了考察，重新测量了一些元素的原子量。回到圣彼得堡实验室，他继续进行总结，终于在1869年，发现了元素周期律并总结出了元素周期表。门捷列夫发表自己的论文时阐述了元素周期律的具体作用和效果，但是当时很多人对这项理论发明并不在意，因此并没有引起别人的重视，并且门捷列夫的老师伏思科列森斯基教授也劝他不要一直进行纯理论方面的研究。虽然门捷列夫尊重自己的老师，但是对老教授的观点并不敢苟同。他一直坚持着自己的理论。

就在门捷列夫发现元素周期律以后，法国化学家布瓦博德兰，发现了第一个待填补的元素——镓。他认为镓的原子量应该是59.72，比重为4.7。门捷列夫知道后就致信巴黎大学，说镓的原子量应该为68，比重为5.9—6.0之间。这使布瓦博德兰大为惊讶，因为这是他刚发现的元素，门捷列夫是怎么测算的？他重新对镓提纯计算，果然跟门捷列夫说的基本一致。这样，元素周期表逐渐获得了人们的认可，并且在未知元素发现后，更加证明了元素周期律的科学性。也正是在门捷列夫的努力钻研下，人们才揭示了元素之间的关系和性质。

由于过度劳累，门捷列夫于1907年逝世。直到停止呼吸那一刻，他手里依然攥着笔。

【人物评价】

在一系列发现和实践下，门捷列夫揭示了元素周期律的本质，充分说明元素周期律是自然界的一条客观规律，为以后元素的研究，新元素的探索，新物资、新材料的寻找，提供了一个可遵循的规律。

【门捷列夫名言】

天才就是这样，终身劳动，便成天才。没有加倍的勤奋，既没有才能，也没有天才。

40. X射线的先行者——伦琴

【人物导引】

伦琴（1845—1923），出生在德国莱纳普，德国著名的物理学家，因发现X射线而获得了诺贝尔物理学奖，把人类引进了现代化的光学领域。由于X射线能够穿透光所不能达到的地方，可以看到物体内部，这对人类医学来说提供了一个十分重要的工具，使人类医学进入了一个前所未有的领域。

【人生经历】

伦琴小时候就对物理表现出了相当大的兴趣。他的家里有丰富的藏书，这给伦琴创造了一个优良的学习环境。伦琴十分喜欢自己制造机械类的东西，十分爱动。这让教他的老师大伤脑筋，认为他不是一个很好的孩子。

有一次，由于伦琴袒护一个同学被老师误解，伦琴被勒令退学，以至他连中学毕业的文凭都没有，伦琴非常伤心。

伦琴是独生子，他的父亲是一个呢绒厂的老板，父亲希望他能够子承父志接替自己的工作。伦琴却进入了苏黎世综合技术学院学习机械工程。在学校里，伦琴显示出自己在机械方面的才华。伦琴24岁的时候写了一篇论文《煤气研究》并通过了博士学位的答辩。这时他的导师康特带领他到维尔茨堡大学，同时伦琴要求做该校的讲师，但是死板的维尔茨堡大学的教授学者认为伦琴没有受到过正规的学校教育，只能做讲师的助手。

在做导师的助手期间，伦琴一直致力于阴极射线的研究。1888年，伦琴在德文杂志《物理学与化学年鉴》上发表一篇名为《介质在均匀电场中运动所产生的电动势》的论文，这让伦琴的名字在当时的物理学界名声大噪。1894年，伦琴被维尔茨堡大学聘为校长，这同以前不让他通过讲师考核的事情形成了很鲜明的对比。

1895年，伦琴在进行阴极射线实验时发现在接受阴极射线管发出的射线的屏幕上有点微光。这使他兴奋不已，因为他相信这就是阴极射线管里发出的射线。他立即切断电源，光又消失了，接着他又通上电源，在阴极射线管和屏幕中间立了一本书，但是屏幕上还是有光出现，他把书本又换成金属片，屏幕上依然有光存在。这下伦琴彻底睡不着觉了，因为这种光他从来就没有见到过，更别说这种光的性质和属性，因此他把这种光称为X射线，表示未知的意思。同时他又用照相底片为他的妻子照了一张手骨照片。

同年，伦琴以"一种新的射线——初步报告"为题目，向维尔茨堡物理学医学协会作了报告，宣布他发现了X射线，该射线有光的属性，还具有穿透力强不随磁场偏转等性质，报告上面一并附上了妻子的手骨照片。顿时德国柏林物理学会立即在展览会上展出了X射线照片。不久，维也纳《新闻报》也作了报道，伦敦《每日纪事》向全世界发布了这消息。由于知识的局限性，有些人大肆非难X射线，甚至有人认为在这种光线的照射下人们连穿衣服都很危险，更有甚者，有的公司让顾客去买他们的"X射线保险服"，美国的一些议员甚至要求禁止使用X射线。但是当时整个欧洲的科学家们都陷入了狂热，纷纷研究阴极射线管，并拍下自己的手骨照片。

在发现了X射线数月后，伦琴受到世界各地著名大学的讲学邀请，都婉言谢绝了，但是唯一例外的是当德国国王邀请他的时候他诚惶诚恐地接受了。他紧张地说："希望在给陛下演示的时候不会出现错误，因为阴极射线管太容易破碎了，而制造这样的管子却需要好几天的时间。"

在1896年至1897年之间,伦琴仅仅写了两篇论文,而其他学者、科学家的论文则高达1000多篇,这就看出当时的科学家对X射线的发现是多么重视。

1901年,鉴于伦琴这一伟大发现,瑞典皇家学院授予伦琴诺贝尔物理学奖。1923年2月10日,伦琴在慕尼黑逝世。

【人物评价】

伦琴的一生在物理学诸多领域都取得了辉煌的成就,如电介质在充电的电容器中运动时的磁效应、气体的比热容、晶体的导热性、热释电和压电现象、光的偏振面在气体中的旋转、光与电的关系、物质的弹性、毛细现象等等。特别是他对于X射线的发现更是对人类的医疗事业作出了伟大的贡献。

【伦琴名言】

我喜欢离开人们通行的小路,而走在荆棘丛生的崎岖山路。如果我迷路,不要在大路上找我。

41. 热功能当量的发明者——焦耳

【人物导引】

焦耳(1818—1889),英国物理学家,出生于曼彻斯特。他提出的焦耳定律成功解决了机械能与热能以及其他能源之间的转换。

【人生经历】

焦耳出生在一个酿酒作坊的家庭里。他小时候未能上学读书,整日跟着父亲学习酿酒技术。由于他对自然科学的兴趣十分浓厚,所以他便利用一切空闲时间自学物理、化学和数学等。焦耳是一个十分刻苦勤奋的人,除了参加酿酒劳动外,其余的时间都花在了学习和实验上。

很早的时候,焦耳就开始在父亲酿酒作坊附近为自己建了一个简易的实验室。当时蒸汽机的广泛使用提出了一个十分重要的问题:怎样才能使机器消耗尽可能少的燃料而获得尽可能多的功。为了解决这一实际问题,人们开始研究各种能量形式之间的转化关系,年少的焦耳对这一问题也十分着迷。有一次,听说一些人正在寻找一种不需要供给能量而能够永远做功的"永动机"时,他对此十分着迷。他开始准备零部件、设计图纸,经过几个月的时间他制造出来一台机器,但是这台机器根本就不能运作。他百思不解。虽然当中他碰了很多壁,可是他都没有回头。随着年龄的增长和知识的扩大,他终于知道这是个错误的行动。因此他总结经验,吸取教训,迷途知返,毅然转向基本的科学研究。

焦耳17岁时,结识了曼彻斯特学会的著名科学家、大学教授道尔顿,并受到了他的热情帮助。这对焦耳的科学研究活动产生了重大影响。焦耳经过大量实验,不断总结经验教训,终于从反面的教训中,找到了热功当量,并逐渐认识到,能量只能从一种形式转化为另一种形式,而绝不能无中生有。

自1840年起,22岁的焦耳便开始发表一系列的科学研究论文,他首先发表了四种测量热量的方法,公布自己发现的焦耳定律。1842年,他又写出了《水电解放热》一文,还发表了论述能量守恒的文章。

焦耳的成功,在于他不断地探索,不断地思考。客观地说从对"永动机"的追求到发现能量守恒定律,与他几十年如一日的勤奋努力都是分不开的。焦耳的发现，等于在寻找永动机的迷宫入口处插上了一块"此路不通"的警告牌。为了让后人少走弯路，焦耳成名后还现身说法，语重心长地告诫那些仍迷恋永动机的人："不要永动机，要科学！"

焦耳是一位完全靠自己的勤奋和对科学的兴趣而自学成才的人。他曾经说过："我一生的乐趣在于不断地探求未知的那个世界。如果我能够对其有一点点的了解，能有一点点的成就，那我就非常知足了。"

【人物评价】

焦耳发现的能量守恒和质量守恒定律，奠定了科学界的物理学基础。他解决了能量丧失的问题，他提出的能量守恒定律成为解决一切热能转换问题的基础。他测定的热功能当量更是具有划时代的意义。

【焦耳名言】

我一生只做了两三件事，没有什么值得炫耀的。

42. 人体神经学之父——巴甫洛夫

【人物导引】

巴甫洛夫（1849—1936），俄国生理学家，他把自己的一生全部献给了人类的生理学研究，例如人体的大脑、神经条件反射等，为人类的生理学领域奠定了基础。

【人生经历】

巴甫洛夫诞生在俄国中部的一个小城镇里。他的父亲是位乡村牧师，母亲替人洗衣做饭贴补家用。巴甫洛夫自幼学习勤奋、兴趣广泛。

11岁时，巴甫洛夫和弟弟德米特里一起考入圣彼得堡大学自然科学系。尽管他和弟弟在大学里学习优异并年年获奖学金，但生活还是比较清贫，需要给别人做家庭教师才能维持日常生活。导师很赏识他的实验才能，常叫他当自己的助手。

巴甫洛夫四年级时在导师指导下和另一同学合作，完成了关于胰腺神经支配的第一篇科学论文，获得了校方的金质奖章。1875年，巴甫洛夫获得生理学学士学位，成为自己导师的助教，同年他又考上了圣彼得堡大学医学院。1878年，他应俄国著名临床医师波特金教授之邀，到他的医院主持生理实验室工作。实验室听起来好听，其实只是一间非常陈旧狭小的屋子，它既是巴甫洛夫的住房又是他的澡堂，巴甫洛夫在这里工作了十年。

巴甫洛夫31岁那年，和教育系的女学生赛拉非玛结婚了。婚后，赛拉非玛把生活安排得井然有序。巴甫洛夫不仅能全心全意地工作，回家后还能进行研究写论文。在以后的日子里，他写成《心脏的传出神经支配》的博士论文，获得帝国医学科学院医学博士学位、讲师职务和金质奖章。

虽然巴甫洛夫的科研成果十分出色，但他的生活却没有任何改观，依然贫穷不堪。他没钱给妻儿租房避暑，他的孩子不久就因病夭折在荒僻的乡村，夫妻俩都悲恸至极却无可奈何。曾有一段时期，巴甫洛夫手头连一分钱都没有。学生们好心地请他讲授心脏神经支配的课程，然后凑一笔讲课费给他，却被他拿去买了讲课用的狗，自己分文未留。

从1888年开始，巴普洛夫对消化生理进行研究。巴甫洛夫在狗的身上接上瘘管来观察消化液在胃里的成分和作用，并取得了一些功效。他将三个篓管接在狗的食管和胃道，几分钟后，无数细小的胃腺中便分泌出清澈的胃液。一只狗每次可分泌一公斤左右的胃液，经过加工，可对胃酸低的病人进行治疗。

巴甫洛夫还发现分布在胃壁上的第十对脑神经迷走神经与胃液分泌有关。用同样的办法分泌胃液，把迷走神经切断，胃液分泌就停止。但如果不假装喂狗，只刺激迷走神经，也能引起胃液分泌。是什么东西对迷走神经产生刺激呢？原来味觉器官感受到了食物刺激，便会通过神经传给大脑，由大脑通过迷走神经对胃液发布命令，胃液开始分泌，这就是"条件反射"学说，为此他领取了诺贝尔奖的生理学医学奖。

巴甫洛夫第一个用生理学实验方法来研究高等动物和人的大脑活动，并创立了大脑两半球生理学和反射学说。巴甫洛夫在研究所里，提出关于高级神经活动类型的学说。巴甫洛夫认为人有两个信号系统，小孩吃糖时，只要见到糖就会分泌口水，当他们懂得语言后，只要听到大人们说到糖，也会流口水，这是人类特有的机能。

巴甫洛夫还在一次医学会上宣布："睡眠能使大脑细胞得到休息。对因神经中枢过度紧张而神经异常的病人，用人工引导沉睡，可使患者恢复正常。"这一理论得到了临床验证。俄国十月革命初期，人们生活极端困苦。巴甫洛夫一天也没中断研究，在缺粮的情况下，他经常把自己的那份粮食喂给作实验用的狗。

1919年冬天，列宁委托高尔基看望巴甫洛夫，了解他的生活和需要，他说："需要狗，干草、燕麦，需要马制造血清。"当高尔基提出给他补助一份口粮时，他却拒绝了。后来，苏维埃政府颁布了一道列宁签署的命令，责成以高尔基为首的特别委员会，力争在短时间内为巴甫洛夫及同事们的研究工作创造最优越的条件，出版巴甫洛夫20年来的著作。

1936年2月17日,这位伟大的科学家与世长辞了。巴甫洛夫逝世后,苏联政府在他的故乡建造巴甫洛夫陈列馆,并树立了纪念碑,巴甫洛夫及其学说永远留在全世界人民的心中。

【人物评价】

巴甫洛夫是第一个用生理学实验法来研究高等动物和人的大脑活动的,并创立了大脑两半球生理学和条件反射学,获得了诺贝尔生理学医学奖,为后人研究人体神经留下了宝贵财富。

【巴甫洛夫名言】

就是死,也死得像一个真正的科学家。

在自然科学中创立方法,研究某种重要的实验条件,往往比发现个别事实更重要。

43. 数学天才——华罗庚

【人物导引】

华罗庚(1910—1985),出生在江苏省金坛县。他从来都是把数学研究当作自己生命的全部,对于名誉也从来不在乎,因此他的最高学历才是初中毕业。他写的《堆垒素数论》一书闻名全世界,这奠定了他在世界数学界的地位。

【人生经历】

华罗庚出生在一个小商人家庭,父母经营一个小杂货铺,所以家境也不富裕。华罗庚上完中学时上不起高中了，不得已华罗庚回到家里帮助父亲打理自家的小杂货铺。于是他一边帮忙一边自学数学，常常达到废寝忘食的地步。

有一次，华罗庚在柜台上面努力研究一个数学问题，这时过来一个买白糖的，华罗庚随便撕了一张纸包好就把东西给人家了，可是当他回来重新计算问题的时候，他发现自己刚才列的草稿没了，顿时急得团团转，最后忽然想起他把自己的草稿当成包装纸了，急忙去追，把钱退给买主，白糖还白送，就为了自己一张列有公式的草稿纸，被他父亲狠狠骂了一通。

1929年，华罗庚受雇为金坛中学事务员，并在《科学》等杂志上发表论文。这些论文的发表使华罗庚在当地小有名气。这年冬天，华罗庚得了相当严重的伤寒症。经过很长时间的治疗，病虽好了一点，但左腿的关节却受到严重损害，落下了终身残疾，在他走路的时候都要借助手杖。

华罗庚在一次研究中发现：苏家驹的五次方程解法里面有一个错误，把错误改正过来后方程就会不成立，因此他把自己的论文《苏家驹之代数的五次方程式解法不能成立的理由》在《科学》杂志上发表。当时的清华大学数学系主任熊庆来教授看到后，禁不住地赞叹。当知道华罗庚仅仅是初中学历后，他更是惊奇不已，他直接说："这样的人才应该请到清华来。"当即熊庆来托唐培经邀请华罗庚来清华大学工作。当华罗庚收到请帖之后激动不已，因为这样自己就可以全身心地致力于数学的研究了。

1931年，唐培经拿着华罗庚寄来的照片在火车站接即将到来的华罗庚。当他看到华罗庚瘦小的身子，拄着拐杖拖着残疾的左腿，他很难相信这就是在数学研究上小有名气的华罗庚。在清华园里，华罗庚开始逐渐显露出自己的才华，除了图书馆的一些杂务，只要有时间他都会拿着书本学习。这样他仅仅用两年时间就走完别人八年走过的路。由于他的成绩出色，不久被破格提升为助教，接着就是讲师。然而又有谁知道,当时的他却只有初中文凭。

1936年,他经清华大学推荐,派往英国剑桥大学留学。在剑桥的两年中,华罗庚把全部精力都用于研究著名数学理论中的难题,慢慢地,他在具有浓郁学术之风的剑桥大学里开始小有名气。剑桥大学里都是世界上学术论坛中的大腕儿,因此在国际数学界,华罗庚这个名字几乎人人知晓。回国后,华罗庚受聘为西南联合大学,在中国抗日战争时期他又写了20多篇论文,完成了他的第一部数学专著《堆垒素数论》,这时国内的抗日战争极其艰苦,华罗庚的周遭环境也是如此,但是他依旧在这样的情况下展开数学研究,他的《堆垒素数论》被翻译成俄文、德文、英文等。

1946年,当时的国民政府想研制原子弹,于是就派华罗庚、李政道和朱光亚等离开上海前往美国,开始的时候他在普林斯顿高级研究所担任访问教授,后又被伊利诺伊大学聘为终身教授。在这段时间里,他时时刻刻都在求教,因为在他眼里,学位和名誉都没有什么,只有数学研究才是自己最重要的东西。

新中国成立后,华罗庚回国来到清华园,担任清华大学数学系主任。不久又开始筹建数学研究所,并担任所长,许多著名的数学家如:陈景润、陆启铿、王元、龚升等都出自他的门下。

1958年,华罗庚被任命为中国科技大学副校长兼应用数学系主任。在继续从事数学理论研究的同时,他努力尝试寻找一条数学和工农业实践相结合的道路。经过一段实践,他发现数学中的统筹法和优选法是在工农业生产中能够比较普遍应用的方法,可以提高工作效率,改变工作管理面貌。于是,他一面在科技大学讲课,一面带领学生到工农业实践中去推广优选法、统筹法。他写成了《统筹方法平话及补充》、《优选法平话及其补充》,亲自带领中国科技大学师生到一些企业工厂推广和应用"双法",为工农业生产服务。

1985年6月12日,华罗庚在日本东京大学数理学部讲演厅讲演结束时,因急性心肌梗塞而不幸逝世。

受益一生的中外名人故事

【人物评价】

华罗庚一生在数学上的成就是巨大的,他在数论、矩阵几何学、典型群、自守函数论、多个复变函数论、偏微分方程及高维数值积分等很多领域都作出了卓越的贡献,始终站在数学领域的最前沿,是中国科研领域的代表人之一。

【华罗庚名言】

聪明在于勤奋,天才在于积累。

44. 中国航天之父——钱学森

【人物导引】

钱学森(1911—2009),中国科学家,中科院院士,我国航天科技事业的先驱和杰出代表,被誉为"中国航天之父"和"火箭之王"。在他的建议下成立了"航空工业委员会",受命组建我国第一个火箭、导弹研究所"国防部第五研究所"并任院长。

【人生经历】

钱学森出生于上海一个知识分子家庭,3岁的钱学森随父母从上海迁居北京。当时的北京正值清王朝覆灭,动乱纷繁,人们崇尚权谋,鄙薄实务,社会环境恶化。钱学森有幸进入了北京师大附中学习。北师大附中课业繁多,教学要求高,文理皆备,音乐美术也受到重视,学校不求学生死记硬背,提倡重在理解,鼓励学生在学好必修课的同时，按文史、理工两部再学选修课程。虽然课多，但思想上没有压力，钱学森学得很愉快。

1929年夏，钱学森考入仰慕已久的上海交通大学。而交大以"严"字为本，考80分的不算好学生，学校规定，对重要的课文，必须熟读硬记，原原本本地背下来，这与北师大附中宽松的环境大相径庭。钱学森深深懂得"严师出高徒"的道理，十分理解老师们的良苦用心，因此刻苦努力，博学强记，以浓厚的兴趣和顽强的毅力学好每门课，成绩都达到95分以上。一册《分析化学》，从第一页到最后一页他竟能一字不漏地背诵下来。

1935年，钱学森从上海交大机械工程系毕业一年后，决定到欧美国家深造。经过考试，他取得了清华大学公费留美的资格，不久他便踏上了去美国的航程。他在留学期间学习飞机制造专业，因为当时中国在这个领域还是一个空白。钱学森努力钻研，一年后，他便以优异成绩获得航空系硕士学位。但学工必须理论与实践相结合，到飞机工厂实习与工作是不可或缺的步骤，而美国航空企业不欢迎中国人去，这是钱学森没有想到的。一个标榜民主、自由、平等、博爱的国度，居然存在着如此的种族歧视，具有强烈民族自尊心的钱学森第一次深切地感受到祖国强盛的可贵。冷遇和挫折并没有动摇钱学森强烈的求知渴望，反而增添了他顽强拼搏的勇气。

1936年初秋，获得硕士学位的钱学森刚刚结束在美国麻省理工学院的学习，就兴致勃勃地来到洛杉矶市郊的帕萨迪那。钱学森是慕名而来，因为，坐落在这里的加州理工学院航空系有一位久负盛名的空气动力学教授冯·卡门。冯·卡门当时是研究航空科学的顶尖人物，后来被誉为"超高速飞行之父"。钱学森来到冯·卡门办公室，向他征求有关攻读博士学位的意见，冯·卡门当即建议钱学森转到加州理工学院来继续深造。从此，他们开始建立了师生关系，并在人类喷气推进技术史上写下了光辉的一页。不久，钱学森在冯·卡门领导下，参与了为美国空军提供火箭远景发展规划的制定工作。美国军方在总结第二次世界大战军事技术工作时，对钱学森的评价是：为反法西斯战争的胜利作出了"巨大的无法估价的贡献"。

由于钱学森的突出表现，被加州理工学院提升为副教授，并任W1I航空喷气公司技术顾问以及美国海军火炮研究所顾问。后经冯·卡门推荐，钱学森成了麻省理工学院的终身教授，时年36岁。钱学森在美国奋斗12年，功成名就，声誉远播，但丰厚的生活待遇、优越的科研条件并没有留住他的心。新中国成立后，钱学森决定回国，因为早在交大读书时，就与同学戴中孚说过："现在中国政局混乱，我要到美国学技术，学成之后一定回来为祖国效力。"为了回归祖国，钱学森受到了美国当局的无理迫害，经历了整整五个年头。五年变相的软禁生活虽然漫长，但对有着坚强意志和非凡毅力的钱学森来说已不算什么，他们夫妇俩顽强地熬过来了。美国海军部次长金布尔曾气急败坏地说："钱学森知道得太多，他无论走到哪里，都抵得上五个师！无论如何不能让他走，我宁可把这家伙枪毙了，也绝不让他离开美国。"

经过钱学森的长期抗争和周恩来总理的积极争取，美国当局不得不批准了钱学森的回国申请。回国后钱学森怀着对新中国国防工业的强烈责任感，向国务院提交了《建立我国国防航空工业的意见书》，这份意见书立即引起了中央的重视。不久，中国成立了第一个导弹研究机构——国防部第五研究院，钱学森任院长。

1964年10月，我国第一颗原子弹爆炸成功。鉴于钱学森对中国科技发展的杰出贡献和对国防事业的伟大成就，国家特授予他"国家杰出贡献科学家"称号和一级英模奖章。

【人物评价】

钱学森使中国拥有核武器的大国梦得以实现，在他的努力下更实现了氢弹的开发和研究。鉴于他在科学领域方面的成就，他的母校加州理工学院授予他"杰出校友"的称号。在国际技术与技术交流大会上被授予"威拉德W·F、小罗克韦尔奖章"、"世界级科学与工程名人"和"国际理工研究所名誉成员"的称号。

【钱学森名言】

正确的结果，是从大量错误中得出来的，没有大量错误做台阶，也就登不上最后正确结果的高座。

45. 宇宙不守恒的发现者——杨振宁

【人物导引】

杨振宁（1922—），美籍华人，他率先与米尔斯提出了"杨-米尔斯规范场"；又与李政道一同推翻了爱因斯坦的宇宙守恒定律，最后他与李政道共同获得诺贝尔物理学奖。

【人生经历】

杨振宁1922年生于安徽省合肥。1929年父亲杨武之到清华大学数学系任教，杨振宁随父母到了北平。他先在清华园附设的志成中学读书，后来升入附近一所教会学校——崇德中学。

杨振宁读高一时，抗日战争爆发。杨武之随校南迁，举家回到故乡合肥。杨振宁转入安徽省立第六中学读书。不久，南京沦陷，杨振宁随父到了昆明。1938年夏天，他以同等学历考入西南联合大学，开始了从事科学研究的光辉历程。1942年毕业后，杨振宁进入清华大学研究院学习两年，他研究的是对称原理和统计力学。这两个研究方向影响了他一生。杨振宁一进入科学领域，立即开始了阅读、思考、演算，完全忘记了身外的一切事物。

有一次，图书馆闭馆的铃声响过了，管理员吆喝了几嗓子，催促大家快收拾好东西离馆，可是，杨振宁全然没有听见。管理员又喊了一声"里面的人也快出来吧"。书库里静悄悄的，管理员以为杨振宁已经走了，就锁上了大门。后来，杨振宁主动向管理员表示歉意，管理员才知道他把杨振宁关了一夜。

1944年夏，杨振宁考取了留美公费生。希望师从费米，但费米已离开了哥伦比亚大学，他在失望之际得知费米即将去芝加哥大学的消息后，于1946年初到芝加哥大学注册成为研究生。由于费米当时工作的阿尔贡实验室不准外国人进入，费米未能指导杨振宁。经费米介绍，由氢弹之父泰勒指导他完成了博士论文，于1948年获得哲学博士学位，并留校担任讲师。1949年秋，年轻的杨振宁又来到了由奥本海默教授主持的普林斯顿物理研究所，同举世闻名的学者们一起工作，当时已近暮年的爱因斯坦也在那里工作。

杨振宁在物理学方面的贡献是与李政道一起推翻了宇宙守恒定律。长期以来，科学家们公认：宇宙守恒定律是关于微观粒子体系的运动或变化的定律，用来判定某种核反应或基本粒子过程是否发生。杨振宁与李政道认为宇宙守恒定律并非普遍适用的，进而他俩因此发现了打开研究微观粒子的新道路，轰动了整个物理学界，因而于1957年他们共同获得了诺贝尔物理学奖。

杨振宁对理论物理学的贡献范围很广，包括粒子物理学、统计力学和凝聚物理等领域，在理论结构和唯象分析等方面他也取得了重大的成就。除了宇宙不守恒的发现之外，杨-巴克斯特方程也是他对物理学和数学的不朽贡献，杨-巴克斯特方程是1967年11月和12月杨振宁在两篇论文中提出的，1981年被命名为杨-巴克斯特方程。杨-米尔斯场论是1953年杨振宁在访问布鲁克海期间与米尔斯一起提出的非阿贝尔规范场的理论,这一划时代的工作为整个粒子物理学奠定了以后发展的最基本的原理和方程。

杨振宁认为,一个人读书觉得很苦的话,要把学问做好,要出研究成果,恐怕是很难的。学习是一种复杂细致的精神活动,单凭责任感和义务感是无法激起灵性的。只会灌输知识,不会激发学生学习兴趣的教师,只不过是个蹩脚的教书匠而已。"他还向他的学生们讲直觉的重要性,而且强调直觉是可以经过训练而加深的。他说:"一个人,无论是大学生、研究生、教授,都应当培养自己的直觉,相信自己的直觉。如果发现直觉与现象或原理或新知识冲突,那是最好的深化自己直觉的时候,这时如果能把冲突原因弄清楚,会有更上一层楼的效果。这是不容苟且的事情,马马虎虎、随随便便就相信书上的或别人的话的态度是要不得的。"

杨振宁1957年获诺贝尔奖后,1980年获得拉姆福德奖,1986年获得美国国家科学奖章,他还有多项荣誉学位,又是中国许多大学的名誉教授。

【人物评价】

杨振宁对理论物理学的研究非常广泛,包括粒子物理学、统计力学和凝聚物理学等领域,在理论结构和唯象分析方面也取得了很突出的成就,而他和李政道发现的宇宙不守恒定律更是把他推向了荣誉的巅峰。

【杨振宁名言】

只要持之以恒,知识丰富了,终能发现奥秘。

46. 未知宇宙世界的先行者——霍金

【人物导引】

霍金（1942年—），英国物理学家，他是世界上公认的仅次于爱因斯坦的伟大科学家，他的黑洞理论解决了科学上的很多难题。他全身的关节几乎全部瘫痪，他坚强的毅力和富有魅力的人格更是受到全世界的尊重。

【人生经历】

霍金1942年出生在英国牛津，这一天正好是伽利略逝世300周年纪念日。8岁时，霍金疾病缠身，行走不便。中学毕业后，霍金决心献身于物理学的研究，开始他想搞实验。但有一年暑假，他去格林威治天文台实习，站在高台上看了半天望远镜，只看到一些模模糊糊的光斑，于是，他有了新的目标。他感叹地说："唉，看来我不是做实验物理学的材料，还是钻研我的理论吧！"

1962年，他在牛津大学获文学学士。1966年，他在剑桥大学三一学院获哲学博士。后来便在剑桥大学任牛顿曾担任过的卢卡逊数学讲座教授。然而早在20世纪60年代初期，霍金患上了罕见的肌萎缩性侧索硬化症，这是一种不治的退化性神经肌疾病。尽管疾病使他日益行动困难，但他仍坚持工作。可以说，这一疾病在很大程度上影响了他在学术上的成就。疾病将他困在轮椅上，妨碍了他以直接简便的方式从事写作和计算，他的大部分工作，包括复杂的运算、艰难的数学证明以及新物概念的产生都纯粹是在他大脑中完成的。

到后来，霍金全身能动的只有右手的三根指头，没有人知道他的三根指头什么时候会失灵，也没有人知道他的病什么时间会把他带走。他的这种病，患者一般只有两年半的寿命。患病之初，他曾酗酒，也曾失望地等死，不过他很快就从这种沉沦中摆脱出来，这要感谢他的妻子。当病魔向霍金袭来时，他当时的女友，立即宣布同霍金结婚，让霍金重新树立起生活的信心。婚后，他们有了三个孩子，这是一个充满幸福的家庭。因此人们都说，霍金教授能这样奇迹般地活下来，能有这样一番惊天动地的伟业，全是由他勇敢而挚爱他的妻子赐予的。

在霍金失声之前，他只能用非常微弱的变形的语言交谈，这种声音只有在陪他工作、生活几个月后的人，才能通晓。他不能写字，看书必须依赖于一种翻页的机器，读文献时必须让人将每一页摊平在一张大办公桌上，然后他驱动轮椅如蚕吃桑叶般地逐页阅读。人们不得不对人类中居然以这般坚强意志追求终极真理的灵魂，从内心产生深深的敬意。身残语塞的霍金才思横溢，以惊人的毅力坚持学习和研究。长期的磨炼，使他获得了超乎正常人的记忆力。每当他头脑里有新的闪光的思想泉水涌流时，尽管他不能像健康人那样用笔写下来，但他能凭记忆牢牢捕捉住它，然后用最精辟的话表达出来，甚至连最复杂艰深的数学推导，他都能记得一清二楚。在一次学术会议上，一位科学家看着他说出来的一黑板像乐谱似的数学推导公式，异常惊叹地说："神奇的霍金真像大作曲家莫扎特创作一整部交响乐一样，把整个宇宙都记在脑子里了。"

1974年，霍金取得了他最激动人心的成果，这一结果连他自己都感到有点难以置信。他发现黑洞并不"黑"，而在以稳定的速率向外发射粒子。他从数学上反复证实了这个结果，还提出了一个能产生这一效应的物理学上的量子过程。

身残志坚的霍金在研究黑洞时完全不落俗套，勇于探索。当时许多人认为，黑洞是处于死亡阶段的恒星，那里的引力大得使任何物质甚至光子都被吸住而跑不出来，因而人们无法直接观测到它的存在。霍金一反这个传统看法，巧妙地把广义相对论、量子力学和热力学结合起来，创造性地提出：在宇宙大爆炸后，可能形成数以万计的微小黑洞，他们把成10亿吨的物质密集于一个质子大小的空间内。他宣布，根据量子论预言，这种黑洞实际上能不断产生物质，放出亚原子粒子，并在最后能量耗尽时发生爆炸。由此，他建立了著名的微型黑洞爆炸理论。霍金的微型黑洞爆炸理论，对黑洞物理学的发展起了重大的推动作用，改变了人们对宇宙的看法，为人们提供了宇宙源于何时这一难题的线索。它的发表，立即轰动了科学界，霍金随之名声大震，他被誉为是当今世界上继爱因斯坦之后最杰出的理论物理学家。成名之后的霍金发表演讲的情形尤其给人留下深刻印象，让人感动。一张平凡的轮椅，一个干瘦的中年残疾人，坐在轮椅上的身体像个木乃伊，他的头歪着，唇不动，身子也不动。他演讲的内容是预先录音的，他用三根能动的指头在他的小电脑上选字母，拼单词，造句子，然后再由电脑的"声音合成器"播放出来，这便成了他要讲的话。可是，为准备一个小时的讲演录音，他得花上十天以上的工夫才能准备好。有人说他的身体因为疾病而变得吓人，可谓丑得出奇，但他的脑袋却是那样美丽，是天文物理界、理论物理界最聪明的一个脑袋。

【人物评价】

霍金的老师、著名的物理学家西雅玛曾无限深情地赞扬霍金说："像霍金作出的这种突破性发展，在物理学历史上极其罕见。他是闪烁于天空的明星，而以其残疾之身完成此等宏伟业绩，尤其令人钦佩！"霍金提出了黑洞理论同时还证明了黑洞的面积定理。他的一生富有传奇性；他在1988年撰写的《时间简史》更是宇宙学的权威。

【霍金名言】

疾病是可怕的，但是更可怕的是人心的绝望和失望。

第四章　文学名宿

　　优秀的文学作品，对人类文明的影响是深远的。这些文坛巨匠的社会影响力远远超出了作品本身，他们走进人的内心世界，改变着人的思想。

47. 爱国诗人——屈原

【人物导引】

屈原（约前340—约前278），名平，字原。中国战国末期楚国丹阳人，楚武王熊通之子屈瑕的后代。他是中国最伟大的浪漫主义诗人之一，也是我国已知最早的著名诗人。

【人生经历】

屈原出身于楚国贵族。从小受过良好的教育。屈原从小就非常聪明，读书很多又十分勤奋，以至他有着惊人的记忆力，能过目不忘，口才也很好。更重要的是，他十分关心天下大事，有理想，有远见。

西汉史学家司马迁在《史记·屈原贾生列传》中称赞他年轻时"博闻强志，明于治乱，娴于辞令"。屈原年轻时，家道已萧条冷落。和楚王的亲属关系也已经比较疏远。但他毕竟跟楚王同姓，加上才华横溢，又有良好的口才，因而有条件在楚王左右侍奉。

22岁时，屈原由文学侍臣擢升为左徒，从而跻身楚国有地位的大臣之列。屈原向楚怀王提出，外交上楚国必须联齐抗秦，采取"合纵"政策。楚怀王觉得屈原的分析很有道理，便采纳了这一建议，结果使楚国的地位迅速提高。

屈原踌躇满志，自信有楚怀王的支持，定能继承祖业，确立法制，把国家治理得井井有条，使楚国蒸蒸日上，富强起来，他一心为内政改革而日夜操劳。但他没想到一场灾难即将降临到他头上，由于他的一些改革政策触犯了楚国贵族的利益，引起了这些人的不满和仇恨。于是他们处处找茬儿陷害屈原。

有一次，怀王命屈原秘密草拟法令，稿子尚未写完，一个上官大夫想夺过来看，遭到屈原拒绝。他便怀恨在心，于是，经常在怀王面前搬弄是非，诬告屈原不守机密，说外面所有的人都知道此事，正在议论纷纷，还说屈原自夸功劳，说离了他屈原法令是没人能提出来的。楚怀王听信谗言，从此开始厌恶、疏远屈原，最终放逐屈原。

前304年，秦以割让600里土地为诱饵，诱惑楚国与齐国断绝关系。楚怀王不明是非，认为有利可图，决定和齐国断交，走亲秦路线。后来，楚怀王发现上当，被秦软禁抑郁而死。怀王的儿子楚襄王继位后，屈原也从流放中被召回。由于奸臣再次陷害，屈原再次遭遇流放。

面对楚国的内忧外患，惨遭流放的屈原内心非常焦虑。面对祖国大好河山，屈原感慨万分，浮想联翩，有一连串的疑问涌上心头，挥之不去。于是，他一面自问，一面把它写在墙上，构思出了气势磅礴、构思奇特的长诗——《天问》。这首长诗从宇宙的发生、天体的构造、地理的变化，一直问到神话传说和历史事件的本末由来，诗人一下子就提出了170多个问题，表达了他愤世嫉俗、悲怆满腔的思想感情和对许多传统观念的怀疑。

长年颠沛流离的流放生活，加上战争的动荡局势，已经把屈原折磨得容颜憔悴、形体消瘦。他披头散发地来到汨罗江，一位渔夫认出他来，吃惊地问道："你不是三闾大夫吗？为什么落到这步田地？"屈原悲叹道："世人皆浊，唯我独清，世人皆醉，唯我独醒，正因如此，我被放逐了。"屈原说完放声狂笑，渔夫似乎了解他的心境，想安慰开导他，便说："既然世上的人都那么混浊，你何不也把水里的污泥搅动搅动，让它清浊不分呢？既然大家都喝醉了，你何妨饮些薄酒，让自己半醒半醉？为什么要表现得那么高超，而使自己招致流放呢？"但是善良固执的屈原，怎会同意这种做法，他认为这不是保护自己，而是同流合污。他说："你可知道，刚洗好头发的人，在戴帽子之前，是不是要先摔去帽上的尘埃？刚洗好澡的人，是不是要换一套没有污垢的干净衣服呢？可见人都不愿把干净的身体弄脏。我宁可跳入江流，葬身鱼腹，也不愿把我清白的人格让世俗污染。"

屈原此时已明白：楚国朝政腐败，难以抗秦保国，也不可能再召自己重返朝政为国效力了。于是，他做了一篇曲折感人的《怀沙》之后，于大约前278年农历五月初五抱石沉入汨罗江自杀。

据说当时屈原投江后，楚人十分震惊，纷纷驾舟打捞，并将米饭团投入江中，喂饱鱼鳖，免得噬食屈原。屈原未被打捞上来，楚人一直放心不下，他们不愿相信屈原死了，便说他成了河神。因此每年到农历五月初五这一天，人们便驾舟逐浪，怀念屈原，久而久之，这一天便演变为全民族纪念屈原的"端午节"。

【人物评价】

屈原是中国历史上第一个伟大的爱国诗人，他的《离骚》在中国文学史上占有重要一席之地，成为后人取之不尽的文学源泉。他深深爱着自己的楚国，尽管他遭到不公正的待遇，他从来都任劳任怨。

【屈原名言】

路漫漫其修远兮，吾将上下而求索。

第四章 文学名宿

48. 史学鼻祖——司马迁

【人物导引】

司马迁（约前145或135年—前90年），字子长，我国西汉时期伟大的史学家、文学家、思想家。从小就喜欢历史，也看惯了人生，特别是在他写《史记》的时候，毫不留情地对他所处的社会高层进行了批判，他的行为触怒了汉武帝，被实施宫刑。这让司马迁痛苦不堪，但他为了把自己的《史记》写下来，便在屈辱中挣扎着，终于完成了留传千古的中国第一部纪传体通史《史记》。《史记》融合了司马迁的全部心血，被人称为"史家之绝唱，无韵之离骚"。

【人生经历】

司马迁出生在夏阳的一个史官家庭，他的父亲司马谈是一个很有才华的文人，非常喜欢读书，因此家里的藏书非常丰富，当时没有纸张，只有竹简写成的书。他希望司马迁多读书，以后也能当个史官。

司马迁也非常喜欢读书，他出去放牛的时候都会带上书。他的小伙伴们看到他拿着竹简也丝毫不为奇，他们总感觉自己的这个小伙伴真的不一般，因为司马迁总是懂得一些他们看不懂的文字。

司马迁10岁的时候，父亲司马谈来到长安做史官——太史令，虽然官小职微，但是他对自己的这个职业却是有很大的抱负，对历史论著抱着强烈的希望，于是他便把自己的希望完全托付给了司马迁，并且又给他找个两个著名的学者——孔安国与董仲舒做司马迁的老师。这样，司马迁在他们的教导下，慢慢成了一位博古通今的青年学者，这让在位的汉武帝也非常看重他。司马迁具有钻研的精神，对于事物的真相他十分看重。有一次，在不同的书中看到了对于历史有不同的记载，于是司马迁便开始对信息进行核实，最后他才知道原来只有《尚书》里面记载的是正确的。

司马迁20岁的时候，张骞出使西域回来了，这时父子两人都兴奋地感觉到张骞的这一举动有着很大的意义，因为天下之大，不再是大汉朝唯我独尊的时候了，因为周边有很多的国家，有很多的民族，他们还有许多自己的文化。从此，父亲决定让司马迁开始进行游历，一方面是锻炼他的意志，一方面是增加他的经验。这时，司马迁踌躇满志，这是他一生中的空前壮举。游历中他把在书本上看到的知识与自己见到的加以印证，并且收集了一些名人故事。司马迁经过汉高祖刘邦的故里沛县的时候，逢人就打听他的故事，这让司马迁对汉朝的统治者有了一些新的认识，这时司马迁已经具备了历史学家的气质。但这些对他日后的命运有着深刻的影响，只是他当时没有意识到罢了。

司马迁游历回来之后，考上了郎官，就一直留在汉武帝身边办事。没过多长时间，父亲一病不起，在他逝世前对司马迁说："我死后你一定要接着做太史令，现在国富民强，这些史料需要人去记载，我不能完成修订通史的任务了，你一定要继承我的遗愿。"司马迁当场答应，没过多久司马迁就当上了太史令。在他做上太史令后，司马迁就开始阅读并整理宫中收藏的宝贵书籍和资料，但是这项工作却十分繁杂，由于所有的书堆在一起没有目录可循，也没有具体的书籍可以供借鉴，因此司马迁必须通读它们，还要一点一点地寻找线索进行考证。司马迁埋头苦读，几乎每天都是通宵达旦，就这样花费了几年的时间，费尽心血，方才整理出来，一直到他41岁的时候，才开始动笔写《史记》。

就在这时候，一件意外的事发生了，李陵将军奉命进攻匈奴，因敌众我寡，力量悬殊，又得不到李广利将军的支援，箭尽粮绝被俘，投降匈奴。汉武帝大怒，顿时朝廷上下诋毁李陵的污蔑之词犹如倾盆大雨般倾泻而出。司马迁却进言汉武帝，他认为李陵以5000兵力杀伤敌人2万人是有功的，李陵是虽败犹荣；而李广利将军以3万兵力，只杀敌1万，还损失了1.8万多的士兵，实是虽胜犹败，应该为自己的轻敌不尽责而负责。由于李广利是汉武帝爱妃的长兄，汉武帝有意偏袒李广利。司马迁仅因对这一事件表明了看法而被关进监狱，受尽折磨，最后还以诬蔑皇帝的罪名被判处死刑，因为在当时可以用钱免去自己的刑罚，但司马迁两袖清风没有多余的钱，不得已接受了"腐刑"这一屈辱的刑罚。

但正是在这个屈辱中，司马迁用自己坚忍的毅力克服种种困难完成了《史记》。于是中国第一部纪传体通史就是在这样的情况下诞生了。而《史记》全书包括十二本纪，三十世家，七十列传，十表，八书，共五个部分，约52万多字，讲述了从传说中的黄帝至汉武帝太初年间上下3000年的历史。《史记》同时也是一部文学名著，更是中国传记文学的开创性著作。

【人物评价】

《史记》是中国文学史上一座伟大的丰碑。它在文学方面，对古代小说、戏剧、传记文学、散文等方面都有广泛而深远的影响。同时在历史方面《史记》是中国第一部纪传体通史，还是我国第一部以描写人物为中心的大规模作品，为后代文学的发展提供了一个重要基础和多种可能性。而司马迁更是在屈辱中用坚强意志完成对自己理想的诠释，用自己的心血完成了千古之作《史记》。

【司马迁名言】

人固有一死，或重于泰山，或轻于鸿毛。

49. 文艺复兴的先驱——但丁

【人物导引】

但丁（1265—1321），意大利著名诗人。他的不朽巨著《神曲》，使他成为意大利文艺复兴时期的伟大先驱。

【人生经历】

但丁诞生于意大利佛罗伦萨一个破落贵族家庭里。在他幼年时，他母亲就去世了，他变得沉默寡言，不爱说话，但他十分聪明好学，喜欢沉思。

但丁自幼拜著名学者拉丁尼为师，学习拉丁文、古典文学、诗文、修辞学，后来又勤奋自修，接触到拉丁诗人的作品、法国骑士传奇和普罗旺斯抒情诗。18岁时但丁就拥有了渊博的知识，他会作诗，并谱写了许多流畅动人的诗歌，他出众的才华很快就远近闻名。

不久，但丁的父亲就离开了人世，而他则成了孤儿。但丁的故乡佛罗伦萨是意大利当时最繁荣的工商业和文化中心，也是新兴的市民阶级同封建贵族激烈斗争的中心。但丁代表新兴的市民阶级与旧的封建贵族作斗争，后来，他被推选为长老，成为佛罗伦萨六位执政官之一。不久，由新兴的市民阶级组成的执政党分化成黑、白两党，两党纷争不已。但丁从维护佛罗伦萨的独立、自主，建立统一的意大利国家的立场出发，谴责黑、白两党之争。

1302年，代表着教会反动势力的黑党得势，他们以贪污和反对教皇的罪名，判处但丁终生流放，没收其全部家产。但丁为了返回故乡，也为了推翻黑党的反动统治，发动了12次武装斗争，结果都失败了。在此期间，但丁周游许多城市，到处访友、讲学，广泛接触到意大利动乱的现实和平民阶层困苦的生活，加深了对祖国命运与人民生活的忧虑。他一方面对故乡深切思念，一方面又对现实状况极为不满，满怀愤怒和忧伤的但丁创作了大量作品《论俗语》、《帝制论》、《飨宴》、《神曲》，其中尤以《神曲》最为著名。但丁的不朽巨著《神曲》，全诗分《地狱》、《炼狱》、《天堂》三部，每部33歌，加上序曲，共100歌，计142320行。长诗采用中古文学特有的幻游形式，以自叙体描述。

诗中描述的是但丁在1300年，在一个黑暗的森林迷失方向，黎明时他来到一座洒满阳光的小山脚下，忽然他看见三只野兽，张牙舞爪向他扑来，这三只野兽分别是象征淫欲的豹、象征强暴的狮和象征贪婪的狼。但丁高声呼救，正在危急之中，古罗马诗人维吉尔出现在他面前。原来他受但丁青年时代的恋人贝娅特亚齐的委托，前来搭救但丁走出迷谷，他表示愿意引领但丁走过地狱、炼狱和天堂。维吉尔和但丁二人来到地狱和炼狱，地狱的形状好像一个大漏斗，共分九层，罪人的灵魂按生前所犯罪孽的大小，在不同的地狱里接受不同的惩罚。

炼狱又称净界，它有七级，加上净界山脚和山顶地上乐园，共分九层。生前犯过错，但可以得到宽恕的灵魂，按人类七大罪过：骄傲、嫉妒、愤怒、懒惰、贪财、贪食、贪色，分别在那里忏悔罪过，洗涤灵魂，获得上帝的宽恕，一层层升向光明的天堂。在净界山顶的地上乐园，维吉尔隐退，一群女子载歌载舞地簇拥着一位高贵的女子走来，她就是贝娅特亚齐。这位昔日恋人引导但丁游历天堂，经过九重天，到达上帝面前。

《神曲》对古今政治、科学、哲学、诗歌、绘画、神学，作了精辟的阐述和艺术的总结，所以，《神曲》是一部反映当时社会政治生活各个领域的状况，传授知识的巨著。在《神曲》里，诗人以通俗的比喻，丰富的想象，戏剧性的情节，描绘出各种惊心动魄和神奇的景象，勾勒出人物外形和性格的特点。其中有许多精彩的语言，如："人生本来不是像野兽一样活着，而是为了追求美德和知识"，"谁要是希望人的理性能够走遍三位一体的神所走的无穷的道路，谁就是疯子"等。

但丁就这样在近似自己流放自己的生活中，始终坚持着自己的政治理想，不向反动势力屈服，并断然拒绝佛罗伦萨统治者要他交纳罚款，宣誓忏悔，以取得赦免的要求。晚年的但丁为了写好《神曲》，接受了波伦塔家族圭多的好心邀请，居住在圭多的领地腊维纳，最后终于完成这不朽之作。

【人物评价】

但丁及其作品具有跨时代的意义。他具有宽广的胸怀，为人类的前途上下求索，他的思想已经超越了当时时代的思想局限而高远地看到，只有人自身才能决定自身命运。

恩格斯这样评价但丁："中世纪的最后一位诗人，同时又是新时代最初的一位诗人。"

【但丁名言】

通向荣誉的路上并不铺满鲜花。

我们唯一的悲哀是生活于愿望之中而没有希望。

50. 俄国文学之父——普希金

【人物导引】

普希金（1799—1837），俄罗斯伟大的诗人、小说家。他生活在黑暗的沙皇统治时代，是19世纪俄国浪漫主义文学的主要代表人物，并且是俄国现实主义文学的奠基人。《自由颂》，《致恰达耶夫》、《乡村》都是他的代表作，他最终完成的诗体长篇小说《叶甫盖尼·奥涅金》更被别林斯基誉为"俄国生活的百科全书"，而他对俄罗斯文学的贡献更是巨大，因此人们敬称他为俄国文学之父。

【人生经历】

普希金诞生在莫斯科一个家道中落的贵族世家。他父亲当过近卫军军官。他自幼爱好文学，善于写诗。他有一间私人藏书室，里面收藏着大量的名著。他的叔父是当时圣彼得堡的知名诗人，他也想把侄儿培养成伟大的诗人。普希金的家里经常有许多文学名流来往。在这种环境的熏陶下，8岁的普希金就开始用法文写诗，而且能够背诵许多法国和希腊的古典长诗，同时他又从保姆那里学到丰富的俄罗斯人民语言。他也非常热爱民间文学和诗歌。

1811年，12岁的普希金跟着叔父来到圣彼得堡的皇村学校。校长是一位具有进步启蒙思想的学者，政治教师还有其他一些教师对普希金世界观的形成有很大影响。这期间爆发了反法卫国战争。这场战争唤醒了俄罗斯民族，也对普希金童年时代的思想发展以及世界观的形成产生了重大影响。他在爱国思想的激励下，诗兴大发，激情澎湃。他和同学们一起创办手抄刊物，并写出了优秀的《皇村回忆》，当他的诗陆续在报刊上发表时，他渊博的知识和非凡的创作使老师和同学都感到惊讶，他也越来越受诗坛的瞩目。著名诗人卡拉姆在读过他的诗后叮嘱普希金："要像一头鹰似的翱翔，不要在中途停止飞行。"

中学毕业后的普布金被派到圣彼得堡外交部任十等文官。当时俄罗斯正处于政府的白色恐怖专政时代，年轻的普希金血气方刚，热情豪放，结识了许多十二月党人，并接受了他们的思想，世界观发生质变。他和这些志同道合者们聚集在一起，经常议论朝政，探寻国家和民族的出路。他用诗歌反抗欺骗和镇压人民的沙皇，诅咒人吃人的封建农奴制度。

他的叙事诗《鲁斯兰与柳德米拉》取材于古代俄罗斯的童话故事，赞颂了俄罗斯壮士光荣的爱国行为。普希金充满反抗精神的作品使沙皇政府感到惶惶不安，他被认为是"危险分子"，警察当局派密探监视普希金的行动，将他流放到俄罗斯南部的叶卡捷琳诺斯拉夫。这种流放生活没有使普希金屈服，他以饱满和高昂的革命热情，创作了叙事诗《高加索的俘虏》、《茨冈》和抒情诗《太阳沉没了》、历史悲剧《防斯·戈东诺夫》等，抨击俄国黑暗的农奴制度，流露出对人民的同情和对自由的追求。

不久，沙皇亚历山大驾崩。革命起义失败后，新沙皇明白对桀骜不驯的普希金硬压是不会屈服的，恰好他有意笼络人心，便决定对他采取软化政策。1826年诗人返回莫斯科，受到文学界和人民的热烈欢迎。

普希金没有像新沙皇所希望的那样变成一个顺应政府的宫廷诗人，他陆续发表了《毒树》、《寄西伯利亚囚徒》、《阿利昂》等诗，对政府的专制进行了猛烈的攻击和辛辣的嘲讽，并宣传了革命理想，之后他又写了英雄史诗《波尔塔瓦》、特写集《阿尔兹鲁姆旅行记》、长篇诗体小说《叶甫盖尼·奥涅金》和长篇小说《上尉的女儿》等。由于普希金不断地针砭时弊，抨击沙皇的专制、贵族阶层的利己主义和追逐虚荣的腐朽道德观，他与上层社会的矛盾越来越尖锐，沙皇也不断寻找各种机会加害普希金。

由于普希金的妻子冈察洛娃是莫斯科第一美人，沙皇对她垂涎三尺。1837年，沙皇政府便唆使丹特士与他决斗，最后丹特士提前开枪，普希金被杀，时年仅37岁。

【人物评价】

普希金是俄国浪漫主义文学的杰出代表，现实主义文学的奠基人，他还是现代标准俄语的创造者，正是由于他的创作对俄罗斯现实主义文学以及世界文学的发展都有重要影响，高尔基称赞说："一切开端的开端。"他更被人称为俄罗斯文学之父。

【普希金名言】

假如生活欺骗了你，不要悲伤，也不要气愤，在愁苦的日子里要心平气和，相信吧，快乐的日子就要来临。

不论是多情的诗句还是漂亮的文章，还是闲暇的快乐，什么都不能代替亲密的友谊。

51. 法兰西的文学天才——巴尔扎克

【人物导引】

巴尔扎克（1799—1850），法国著名的文学家。他有着疯狂地创作欲望，有着非常丰富的灵感，他的作品把法国人民的心声点点滴滴地表露了出来，他的每个描写都透露出他非凡的观察力。

【人生经历】

在法国卢瓦尔河畔的小城图尔市，诞生了一位至今仍被法兰西民族引以为自豪的伟大人物，他的名字叫奥诺雷·巴尔扎克。

奥诺雷·巴尔扎克刚进旺多姆学校读初级班的时候，是一名脸色红润、腮帮鼓鼓、神情忧郁而又不失文静的小男孩。由于刚出生不久的小巴尔扎克曾有段送人抚养的经历，小巴尔扎克在此间一直缺乏家庭的温暖和母亲的照顾，使他在多年以后仍对这段生活保留有痛苦的回忆。进学校时他还怀着一种苦涩的不信任感。

幼小的巴尔扎克在这群小学生中毫无声望。他很少参加游戏，也没有零花钱买东西，其他孩子的父母都来参加学校的颁奖仪式，只有他的父母从不参加。因此沉默而无奈的巴尔扎克更多地选择了思考、观察与阅读。他从小就如饥似渴地读书，不加选择地涉猎各种学科的各种作品，包括宗教、历史、哲学、物理等。他看起书来一目十行，思想像目光一样敏捷地捕捉住书中的内容，往往只需抓住句中的一两个字就可以理解全句的意思。

由于长期的阅读和思考，12岁的时候，巴尔扎克便呈现出超凡的想象力与理解力。在他那非凡的头脑里，记录着一件件事物和一个个形象：都兰地区惹人心醉的优美风景，郁郁葱葱的河谷，山坡上星星点点的村落，壮丽的卢瓦尔河上滑过的悠悠白帆，圣加蒂安教堂上哥特式的钟楼，古色古香的彩色玻璃窗，神父们悠然的表情，来访客人们的谈笑风生……，他不仅记得这些人和物，还能绘声绘色地描述出来。他尽情地搜罗，虽然他并不知道要用它们来做什么。

1816年，巴尔扎克被送进一所中学，不久，又转了一次学。不论到哪里，他的父母和教师们都没有对他抱有太大的希望。这也难怪，在一次只有35名学生参加的拉丁文考试中，他竟名列第32位。

第四章 文学名宿

中学尚未读完，巴尔扎克竟突然宣布，他讨厌这一切，他要当作家。他的父母目瞪口呆，别人也说他是不是疯了。后来，他上了大学，在大学期间他依然痴迷于文学，因为有做实习律师的一段经历，他便决定创作一部反映上流社会腐败与黑暗的诗剧《克伦威尔》。但由于生活积累所限，他的第一部处女作未能发表便宣告失败了。

失败使巴尔扎克痛苦，却没能使他绝望。他决定用自己的笔为自己的未来开路，他的写作范围越来越广。在创作与经营自己事业的过程中，他才真正明白了市场的无情、人性的贪婪与社会的残酷。巴尔扎克开始探索现实主义的创作方法。

1929年，终于完成了他的一部纪实小说《朱利安党人》，这部优秀的小说出版后，巴尔扎克的声名大震。后来，巴尔扎克以《人间喜剧》为主题构想了137部小说，揭示了社会各方面的弊端和社会的重重压力。他以他独有的创作热情和激昂的创作灵感写就了《高利贷者》、《高老头》、《欧也妮·葛朗台》、《塞拉菲达》等大量作品，并成功刻画出了葛朗台、皮罗多、于洛等人物形象。

巴尔扎克为自己赢得了真正的倾慕者，一位俄国贵妇韩斯卡夫人和巴尔扎克陷入了一场"最炽热、最持久"的"永久相爱"中，巴尔扎克因这场"神圣纯洁"的爱情产生了难以遏制的创作灵感。

幸福的婚姻和异乎寻常的艰苦劳动，使一部部杰作接连不断地诞生了。作品里展现了一个个真实的世界——巴尔扎克的世界。时至今日，人们还在无数次地为他的这些作品而感动。他创作的91部作品，像一座座里程碑，让世人为之景仰。

1850年，巴尔扎克逝世，他被安葬在拉雪兹神甫公墓里，成千上万的巴黎市民都赶来向这位伟大的作家致哀。

【人物评价】

巴尔扎克是法国的绝代文豪，在他短短51年的人生中，他创作了大量优秀的文学作品，而他的《人间喜剧》堪称法国文学的巨著，被称为法国的大百科全书。

【巴尔扎克名言】

苦难对天才来说是一块垫脚石。

52. 童话大王——安徒生

【人物导引】

安徒生（1805—1875），丹麦作家，世界童话大师。他在穷困的生活中努力地奋斗，用自己的坚强意志谱写了一曲曲优美的童话之歌，表现了丹麦文学中的民主传统和现实主义倾向。他的童话脍炙人口，语言生动，自然，流畅，优美，充满浓郁的乡土气息。他又是一个有高度创造性的作家，在作品中大量运用了丹麦下层人民的日常口语和民间故事的结构形式，构成了一篇篇优美的童话。

【人生经历】

安徒生出生于丹麦一个叫奥登塞的小城镇里。他的父亲是个鞋匠，母亲是个洗衣妇。全家住在一间低矮阴暗的小房子里，除了制鞋用的工具和一些破烂以外什么都没有，一家人相依为命，过着非常贫穷的生活。不久，战争的风云笼罩了欧洲，安徒生的父亲失业了，不得已去拿破仑的军队中当了一名雇佣兵，而他和母亲则过着乞丐般的生活。

第四章 文学名宿

　　父亲在身边的时候，常给他讲《一千零一夜》这样神奇的故事，给他念莎士比亚的剧本，自小就培养了他对文学的兴趣。但不幸的是，父亲在战争中染了一身病，不久在贫困中死去。当时安徒生只有11岁，一身破破烂烂的衣服，长得也不漂亮。富家的孩子经常打他，羞辱他。他常常一个人跑到树林里去唱歌，游玩，或者趴在草地上编花环。实在太寂寞的时候，他就到一些老婆婆身边，听她们讲些妖魔鬼怪的故事。令人难以置信的是，尽管安徒生生活在这样的环境中，他还能够得到难以想象的娇宠，得以尽情地遨游在幻想的世界里。

　　生活实在太艰难了，母亲只好改嫁，可继父不太喜欢安徒生，母亲暗暗为儿子的前途担忧。她想尽办法把儿子送进学校，让他认些字，希望他长大做个裁缝，可安徒生却对戏剧发生了兴趣。他在14岁那年，一个剧团从首都哥本哈根来到这里演出。安徒生场场不落，直至剧团演出完毕。他盼望着有一天能把自己的生活和感情在舞台上表现出来，他找母亲商量，希望母亲同意他到哥本哈根去当演员，母亲拗不过，便同意了。

　　安徒生刚到哥本哈根的时候，几乎处处碰壁，没有一家剧院愿意让他登台表演；他找了一个家具作坊去打工，却因力气太小被辞退；他到音乐学校唱歌，却因感冒咳嗽不断而使嗓音变得嘶哑了。

　　走投无路的安徒生，冒然造访海军上将乌尔夫，当时乌尔夫以海军军官学校校长的身份住在皇宫中，安徒生一见面就对他说："您翻译过莎士比亚的作品，而我也很喜欢他的作品。不过我写了一部剧本，我把它念给你听好吗？"当乌尔夫因惊愕而沉默的时候，他已经迫不及待地朗读起来，一直把剧本读完。他的举止真是太冒昧了。不过，自此以后，乌尔夫上将便不断地资助他。从这点来看，他并不只是单纯冒昧，而是凭真才实学获得赏识的。尽管安徒生出身贫贱，却天真浪漫而单纯又具有才华，所以深得人们的厚爱，同情和援助他的人一再出现。安徒生曾在自传中说："我的一生遭遇坎坷，但很幸福。它本身就是一篇美丽的童话。"

　　虽然生活中的安徒生一再受挫，然而从事艺术事业的顽强意志却毫不动摇，安徒生要另闯出一条路子来。他写的剧本《阿莫索尔》引起一个刊物编辑的兴趣，随后将其发表。皇家歌剧院发现安徒生有写作才能，便支持他去读书深造，以便将他培养成为剧院的"剧本写作匠"。尽管安徒生废寝忘食地学习，但是他所在学校的校长是个庸才。他瞧不起贫穷的安徒生，安徒生不得不离开学校。他租了一间旧房子的顶楼住下，在那里没日没夜地写作，他写剧本，写诗，也写散文。一次，一个著名的刊物《快报》的编辑看了他的诗，很感兴趣，便给他发表了。安徒生的作品获得了社会的好评，也使他崭露头角。于是，便有出版商找他约稿，要求出版他的书。从此，这个穷苦中不断奋斗、天真单纯中不乏才华的孩子终于踏进了文学殿堂。

　　童话是安徒生的主要创作。他所描写的大都是虚构出来的情节，主人公也多是一些动物、玩具，但是从这些假人假事里可以清楚地找到真人真事的影子。安徒生对穷苦人民极为同情，热爱，对统治阶级极端憎恶，鄙视。在他的笔下，穷苦人都是善良、勤劳、聪明的，相反，贵族、地主，甚至皇帝，倒都是些愚蠢无能的废物。

　　据说，安徒生的感受性十分敏锐，稍受赞美就意气风发，但一遭到些许贬抑，马上就坠入绝望的深渊。就因为他是一个这样略有些孩子气的人，所以，即使是绽放在路边的一株野菊，圣诞节一过就被人遗忘的礼物，他也能以此为题材，写出一篇精美杰出的童话来。

　　安徒生后半生大部分在旅行中度过。与心爱的人共享家庭幸福，是安徒生终生最大的渴望，但他却不曾体验过。他有过一次单恋经历，却被对方拒绝。安徒生的一生虽然充满悲伤，但当回首往事时，发现自己曾是一个穿着木鞋流浪街头的少年，而今竟成了世界名人，于是，他又庆幸自己的一生确实是非常幸运的。

【人物评价】

安徒生用美丽的童话征服了全世界孩子的心,他所写的《丑小鸭》、《卖火柴的小女孩》、《美人鱼》等每一个童话一经出版便获得了全世界孩子的青睐,他的那些童话也融合了他自己对世界的看法,他的写作手法有讽刺、有比喻、有夸张,是不可多得的儿童文学,他被后人称为童话大王。

【安徒生名言】

一个人必须经过一番刻苦奋斗,才能有所成就。

我的一生遭遇坎坷,但很幸福,它本身就是一篇美丽的童话。

53. 伟大与渺小并存的天才——歌德

【人物导引】

约翰·歌德(1749—1832),德国著名的诗人、学者。他是德国文学史上的一个天才,有时他很伟大,有时他很渺小,伟大的是他的作品无与伦比的完美,渺小的是他有时谨小慎微、事事知足、胸襟狭隘的性格,但是他的作品却是人类的瑰宝,给人类带来了无限的希望。

【人生经历】

歌德出生于德国商业城市法兰克福一个富裕的市民家庭,歌德的家庭是一个特权家族。他的父亲毕业于莱比锡大学法律系,获得博士学位。母亲是一名市长的女儿，乐观，和蔼，特别善于讲故事，是一位贤妻良母。

小歌德很早就接受了来自家族的启蒙教育。人们很快就发现，这位少年天分很高，对知识吸收得非常快，而且很小就喜欢幻想，常常陶醉于一些小说的情节之中。然而，资产阶级庸俗的道德常常使少年歌德疑虑重重，他自发产生了一种危机。他也在迷惑中开始尝试独立地、批判地去探索周围的世界。当少年歌德将父亲两千多卷文学著作悉数阅览之后，他诗人的灵感渐渐多了起来。后来他前往斯特拉斯大学继续学习。

在大学里歌德很喜欢社交，结识了许多朋友。这些人中对歌德影响最大的是一位比他年长5岁的赫尔德。当时赫尔德在文学领域已经拥有很高的名望。更重要的是，他坚持用历史眼光观察世界，他的毫不妥协为歌德指明了怎样去全面认识时代的道路。这为他投身于"狂飚突进"的运动作好了思想准备。

1771年8月，歌德获得博士学位，同年10月，他在一次著名的演讲会上，热情歌颂了莎士比亚。

歌德还以戏剧的形式创作了一部具有德意志民族内容的作品，让一个勇敢人的形象留在了人们的记忆中，这就是《葛兹·冯·伯利欣根》。歌德感觉没有一个历史上的英雄、没有一个同时代的人物可以成为自己的榜样，因而他用神话寄托自己的理想。直到后来他才知道：天才的创作源于对现实的深刻理解，植根于刻苦勤奋，而绝不能仰赖于所谓的灵感。

慢慢地，歌德积极地投身于生活，并接触到了法国启蒙运动先驱伏尔泰、卢梭等人的著作。歌德第一部闻名世界的小说是《少年维特的烦恼》，他在这本书里记述了一个叛逆者突破时代一切束缚的生活感情经历，这部著作使进步青年、知识分子受到了很大的鼓舞。

1786年，在经历了一段不愉快的政治文人的经历后，歌德决心改名换姓，只身前往意大利。在这里，他遍览名胜，接触人民，亲身感受到丰富多彩的社会生活，他认为，艺术应当挖掘人的内心世界，从那里去寻找美、善和真正的理想。随后歌德用满腔热情创作了大量优秀的文学作品，如《伊菲格尼在陶里斯》、《哀格蒙特》、《亲和力》，自传体《诗与真》、《意大利游记》，代表作《威廉·麦斯特》，等等。

最后他投身于欧洲文学史上叱咤风云的"狂飚突进"运动。这场运动宣传了民族的觉醒，呼吁德国民族统一，它提倡民族文学，重视民歌的发掘。

歌德用毕生精力写完的《浮士德》，反映了文艺复兴后直到19世纪初德国和欧洲的历史，描写了由封建社会向资本主义过渡的发展过程。他笔下的浮士德一心向往光明，追求真理，而浮士德更代表了新兴、进步的力量，一步步走向胜利，这是一部含意极其深刻且影响至今的德国诗剧。1832年这位艺术大师与世长辞，他的艺术之光永远和他的名字闪烁着耀眼的光芒。

【人物评价】

歌德的作品有《少年维特的烦恼》、《伊菲格尼在陶里斯》、《威廉·麦斯特的学习时代》、《威廉·麦斯特的漫游时代》以及最著名的《浮士德》，给后人留下了深刻的影响。他引导的"狂飙运动"让德国民众开始逐渐从虚伪的封建道德中逐渐苏醒，他的诗歌和戏剧更是经典中的经典。

【歌德名言】

你若要重视自己的价值，就得给世界创造价值。

54. 文学史上的林肯——马克·吐温

【人物导引】

马克·吐温（1835—1910），美国幽默大师、小说家、作家、著名演说家。他把自己的幽默与讽刺融为一体，他的作品既富于独特的个人机智与妙语，又不乏深刻的社会洞察与剖析，既有幽默辛辣的讽刺，又有悲天悯人的严肃，因此人们把他誉为文学史上的林肯。

【人生经历】

马克·吐温出生在美国佛罗里达州的一个贫困律师家庭，他的父亲是一个清正廉洁的法官，因此收入微薄，家庭穷困。在小的时候他就开始打工，他做过报童，擦过皮鞋，卖过大饼，做过印刷学徒，后来还在海上当过水手。这样，他在小时候就看惯了人世间的辛酸与悲苦，看过很多人不幸与幸福的一面。这为他以后的创作积累了丰富的素材和材料。在他4岁的时候，母亲和一个哥哥因病去世，没过多长时间，他的一个姐姐和一个弟弟也去世了。这对马克·吐温来说是一种考验，也是一种磨炼，这让他看惯了人生的生死百态，更使他对人生有了一个深刻的了解。在马克·吐温4岁的时候，他们一家迁往密西西比河边的一个港口城市。在这里他生活了很多年，同时这里的风景和生活为他创作《汤姆·索亚历险记》和《顽童流浪记》打下了基础。马克·吐温11岁的时候，父亲也因病去世，因此他与两个哥哥相依为命。

第四章 文学名宿

过了一段时间,马克·吐温做了一名印刷学徒工,由于他聪明好学,没多久就成为一名正式的印刷工人。在这期间他也向一些杂志和报社投过稿子,过了一段时间,他感觉自己应该再去游历一番,以增加自己的见识和见解。因此在他18岁的时候,他就开始了自己的游历,他的行李除了自己的衣服之外就是厚厚的名著以及自己的笔记本。他去过汉尼拔、纽约、费城等地方。每到一座城市,他都会先做一段时间的印刷工人挣一点生活费。有时候他一边工作一边回想自己看过的书,在下班休息的时候马上就抱起书本如饥似渴地看起来,看到天都快亮了,困的时候打个盹儿,伙伴们起来上班的时候就对他说:"马克·吐温起来上班了。"他还以为刚刚下班,就说:"你们休息吧,我看会儿书。"就这样在紧张的生活中他慢慢地积累了自己的学识和见解。一边写作,一边游历,最后他又回到了密西西比河的港口城市,在这里他开始专心写作。由于他文笔幽默风趣而且充满辛辣的讽刺,迎合了美国读者的口味,渐渐地,他的名字在文坛上也开始小有名气。

1862年,马克·吐温成为《事业报》的新闻记者,这时他便以记者的身份开始进行游历。马克·吐温的一生写了许多优秀的广传于世的小说:《镀金时代》、《王子与贫儿》、《竞选州长》、《百万英镑》等。其中《百万英镑》被拍摄成电影,影片通过诙谐的手法把资本主义社会的拜金主义描写得出神入化。

马克·吐温堪称美国文学之父,在文学上可谓领先于人,可是在商业投资方面却一塌糊涂。他曾经投资购买蒸汽机,可是蒸汽机却不发电;他投资的钟表厂,仅分过一次红利就破产了。他还投资过蒸汽式滑车,投资过改良印刷事业的新型印刷机,可是都以失败而告终。

一次,马克·吐温在书本上了解到在亚马逊的丛林中收购可可能赚钱,对可可是什么东西都不知道的他就跑到热带雨林,当他来到当地,却无法与当地人沟通,更不幸的是,他差点染上了致命的热病。这时他口袋里面没有一分钱。也许是命不该绝,他在路边捡到50美元，靠着这点钱，他才垂头丧气地回到家。后来他投资新式电话机其结果更是出乎意料，几乎赔光全部家产。

他的朋友美孚公司的罗杰斯氏，准备帮助他，但是马克·吐温果断地拒绝了，还有一些佩服他的人纷纷为他募捐，可是钱款都被他退回了。马克·吐温不愿靠别人生活，这是他从小养成的性格。他决定自己来还债。他不得不登上自己一贯厌恶的演讲台进行演讲，晚上回到旅馆开始写作，他用六年的时间终于把债务全部还清了。

【人物评价】

海伦·凯勒曾言："我喜欢马克吐温——谁会不喜欢他呢？即使是上帝，亦会钟爱他，赋予其智慧，并于其心灵里绘画出一道爱与信仰的彩虹。"威廉·福克纳称马克·吐温为"第一位真正的美国作家，我们都是继承他而来"。

【马克·吐温名言】

人类一向有这个独特之处：它保留了两套法则——一套私下的，一套真正的；一套公开的，一套矫揉造作的。

55. 天才文学家——列夫·托尔斯泰

【人物导引】

列夫·托尔斯泰（1828—1910），20世纪初俄国最伟大的文学家，也是世界文学史上杰出的作家之一。他的代表作有长篇小说《战争与和平》、《安娜·卡列尼娜》、《复活》等。这些作品在世界文学界占有非常重要的位置。他的作品同时达到了当时欧洲批判现实主义文学的高峰。列宁称颂他是"最清醒的现实主义"的"天才艺术家"。

【人生经历】

列夫·托尔斯泰出生于俄国图拉省的世袭贵族家庭。母亲善良和蔼，喜欢阅读文学作品，会写诗歌，是位有才华的贵夫人。

小时候的托尔斯泰非常招人喜爱，刚学会走路的他常常跟在母亲后面到花园玩耍，有时咿咿呀呀跟着大人学说话，一家人在一起，其乐融融。可是，他的母亲不久便因病去世了。幼年丧母本是人生的一大不幸。幸运的是，他身边有一位姑姑给予了他慈母般的关怀和抚爱。

托尔斯泰幼年活泼顽皮又多愁善感、富于幻想，具有敏锐的观察力。他的父亲常常教育小托尔斯泰，对待仆人以及仆人的孩子都要平等，从不让他因为出身高贵而看不起下层人民。

托尔斯泰的姑妈是一位心地善良的女人。她常常领着孩子们去救济贫穷的农民。这个活动是托尔斯泰最愿意参加的，这使他对农民有种亲切感。托尔斯泰敏感地看到周围的生活有快乐、有忧伤，当他看到善良忙碌的家仆穷困痛苦时，他幼小的心灵常悄然萌出羞愧和自责。托尔斯泰13岁时，善良的奥斯坚·萨坚姑妈也不幸去世了，托尔斯泰感到十分伤心。从此，他们兄妹的监护权便交给了彼拉盖娅·伊里尼奇娜姑妈。这位姑妈却是一位喜欢享受生活的人，经常在家里举行豪华的舞会。托尔斯泰对这位姑妈的浪费行为实在看不惯。他经常抱着一本书躲到一片树林里去阅读，在此期间他读了普希金、歌德、狄更斯、卢梭等作家的文学作品。

1844年，托尔斯泰进入喀山大学东方语言系学习，本想将来做外交官，但这时他对文学很有兴趣，并受西欧启蒙思想的影响，爱看卢梭的著作。由于受卢梭学说的影响，再加上这时托尔斯泰兄妹分了家产，庞大的家产需要有人管理，而且托尔斯泰喜爱乡村简朴的生活，于是在1847年他还没毕业就回到家中。但他并没有放弃自己的学习，而是给自己订了一个自学计划。在自己的大庄园中，他想用实际行动对农奴制进行改革，于是他决定把土地分给农奴，可农奴不理解他的用意，不敢要他的土地，这使他十分懊丧，感慨万千。

1848年，托尔斯泰重返大学，准备去参加大学结业考试，但他没有抵挡住上流社会腐化堕落生活的诱惑。在那里，他结交了一帮贵族子弟，整日地打牌、赌博、灯红酒绿，陷入腐化之中，可他内心深处却不停地憎恨自己的这种行为，却又不能自拔。

1851年春天，哥哥从高加索部队回来，托尔斯泰想追求新奇的生活，就跟随大哥开始了军旅生活，还亲历了1853年的克里米亚战争。在高加索，托尔斯泰被那美丽壮观的大自然风光和淳朴的哥萨克风俗民情吸引住了，他的创作灵感自然地迸发出来。军旅途中他开始创作他的第一篇小说《童年》，后来这篇小说在《现代人》杂志一发表，便引起了文坛轰动。

第一次的成功使托尔斯泰坚定了文学创作的决心。之后《袭击》、《少年》相继发表。令人惊叹的是,在塞瓦斯托波尔保卫战的过程中,他一边参加战斗,一边在战斗空隙进行创作,把残酷壮烈的战争场面生动地描述下来,写出了三步曲《塞瓦斯托波尔故事》,一时轰动了俄国文学界。当身着军衣的托尔斯泰走进圣彼得堡的时候,聚集在那里的俄国大作家们都把他当成文学天才来看待和欢迎。

从1863年到1869年之间,托尔斯泰写出《战争与和平》,这部小说一出版便立即销售一空,并且还畅销到了西欧,而他创作的《安娜·卡列尼娜》、《复活》都成了旷世之作。

1881年,托尔斯泰的人生观和行为变得超凡脱俗。他没有为自己在文学上取得的巨大成就而沾沾自喜。相反,他开始对自己的著作深感不满,竟引以为耻。他反思自己的经历,陷入了对人生意义的迷茫之中,为此,他翻阅了大量国内外宗教经典和哲学著作。他发现在东西方文化中,人们对待人生问题共有四种态度:第一种是无知无觉,即根本不考虑人生有什么意义,只是糊涂地活着;第二种是乐天派,即满足于现在的生活享乐,丝毫不关心他人或未来的生活是什么样子;第三种是精力充沛,认识到生活的不合理,然后设法改变这种生活;第四种是弱者的态度,即虽然认识到了生活的不合理,但又没有勇气去改变它。托尔斯泰赞赏第三种态度,勇敢地选择了这种生活方式。

托尔斯泰为自己年轻时的放荡生活感到后悔,据他自己说,那段生活是"很污秽、很罪恶的生活"。酗酒、决斗甚至凶杀等各种能想象得到的罪他都犯过。为此,他虔诚地信仰耶稣基督。

托尔斯泰的思想转变后,认识到劳动人民在人类历史中的重要地位。在庄园里,他经常打水劈柴,到田间去和农民一起割草耕地。农民有了困难他总是尽力帮助。他一直在改变自己的习惯,起得早,多做些体力活,戒酒,喝茶不再放糖,不吃肉。

在托尔斯泰晚年的时候,他把大部分精力放在宣传平等、博爱和消除贫困上。他写了许多这样的小册子,价格低廉,用货车和单轮小车运往各地挨家挨户散卖，仅四年就售出了1200多万册。托尔斯泰的很多朋友曾经有一段时期住在他的家里，用速记法把托尔斯泰嘴里讲出来的每个字都记录下来，甚至连一些极为平常的谈话也不放过，把它们奉为名言。后来，这些所记述的内容，都曾印成许多书大量发行过。

1910年，托尔斯泰因受风寒而得了肺炎，在一个偏僻的火车站离开了人世。

【人物评价】

托尔斯泰是19世纪后期俄国最伟大的文学大师。他的不朽名著《战争与和平》、《安娜·卡列尼娜》、《复活》等使他登上了欧洲批判现实主义文学的高峰。列宁称他为"俄国革命的一面镜子"，高尔基称他是"19世纪所有伟人中最复杂的人"。

【托尔斯泰名言】

如果人们的生活目的不同，生活的内容不同，那么这个不同就会反映到他们的外表上来，他们的外表也将各异。

56. 短篇小说大师——契诃夫

【人物导引】

契诃夫（1860—1904），俄国现实主义文学家。他的作品反映了当时俄国民众的生活方式和心理内容，把俄国沙皇统治下的广大民众刻画得惟妙惟肖，例如《变色龙》、《套中人》等。

【人生经历】

契诃夫出生在俄国南部亚速海边的一个小镇上。小时候，他在父亲的小杂货店里当学徒、学算账并招待顾客。那时，他一有差错，就会招来父亲的一场打骂。儿时的这段痛苦经历，磨炼出了他坚强不屈、不怕困难的性格。

契诃夫9岁时进大冈罗格中学读书，枯燥的功课满足不了他对的知识需求。于是，自己找来屠格涅夫、塞万提斯等作家的作品如饥似渴地阅读起来。他经常瞒过学监，溜进剧院观看《钦差大臣》、《汤姆叔叔的小屋》等名剧的演出。所有这些，都为他后来走上文学创作的道路打下了坚实的基础。

契诃夫19岁时考进莫斯科大学医学系。他开始用安托沙·契洪杰这个笔名在报刊上发表一些短小的文章，这些文章显露出了他的文学创作才能，其中《小公务员之死》、《老爷和小姐》成了当时人们非常喜欢的短篇小说。大学毕业后，他一面行医，一面继续进行文学创作，当年便出版了小说集《梅尔波美娜的故事》。

1885年，契诃夫发表了小说《普利希别叶夫中士》，文中深刻地揭露了沙皇专制统治的残暴无道及愚蠢，在读者中引起了很大的反响。接着又发表了《痛苦》、《变色龙》、《家庭教师》等短篇小说，其中《变色龙》被译成中文，在中国得到广泛传播。1886年契诃夫创作了《万卡》，这部小说深刻揭露了俄国童工的悲惨遭遇，小说主人公万卡儿时便失去父母，被爷爷送到鞋店当学徒，受尽折磨，万卡忍无可忍，终于有一天，他趁老板出门作晨祷的机会，偷偷写信给爷爷，诉说自己的遭遇，并要求爷爷帮他重返家园。然而，他的美好希望破灭了，失去了唯一脱离苦海的机会。

不久，契诃夫写了剧本《伊凡诺夫》，该剧在演出中获得了巨大成功。他的小说集《在黄昏》，获得了科学院颁发的"普希金奖金"。为了探索解救人民于危难的道路，契诃夫于1890年赴萨哈林岛进行实地考察。在那里，他访问了1万多名政治犯，对他们过的那种非人的生活深表同情。他回到莫斯科后，用三年时间完成了《萨哈林岛》一书，于1893年在自由派杂志《俄罗斯思想》上发表了部分章节。他的这些活动引起了沙皇政府的关注，于是高等审判机关派人去岛上调查，并下令改善了囚犯的环境。随后，契诃夫又从莫斯科城迁到郊外80公里处的梅里霍沃庄园，而且担任了该地方自治会的议员，还出资在村里办了一所学校，担任学校的督学。

有一年，由于霍乱流行，契诃夫便重操旧业，担任了本地区的防疫医生，亲自参加扑灭霍乱的工作。《第六号病房》就是在这个时期创作的，文中描写了拉庚医生想改进一团糟的医院状况，但处处碰壁，以至使他由失望到安于现状。当他偶然到第六号病房时，发现一个病人坚决主张为了改变生活而斗争，并采取实际行动，反对压迫、奴役和专制。于是，他们在一起谈论了起来，拉庚医生很喜欢他，很快他们成了谈论哲学的好友。可是不久拉庚医生也被当作疯子，关进了第六号病房……契诃夫以此揭示了沙俄像一所大监狱，人们就像生活在病房里。《第六号病房》演出后，在莫斯科产生了爆炸性的影响。

与此同时，契诃夫又先后写成了小说《妻子》、《跳来跳去的女人》和剧本《海鸥》等。而他的剧本《海鸥》是一部充满活力、勇气和具有大胆改革精神的剧本。该剧上演后便遭到了守旧势力的围攻，演出最终宣告失败，契诃夫精神上受到很大的打击。

1898年，莫斯科艺术剧院再度上演《海鸥》，获得了巨大成功。接着，契诃夫又写了剧本《万尼亚舅舅》。契诃夫于1898年离开了梅里霍沃庄园，迁到了比较温暖的雅尔达。在这里他发表了小说《套中人》。这部作品向人们揭示：只要旧制度存在一天，旧秩序不打破，"套中人"就会不断滋生，生活也就会永远窒息。鉴于他在文学上面的成就，契诃夫被授予俄国科学院文学部荣誉院士称号,接着他又写出一部小说《未婚妻》和一部剧本《樱桃园》。

1904年初,《樱桃园》在莫斯科公演成功。正当人们向他热情祝贺时,契诃夫的病情突然恶化,不久便在德国逝世。

【人物评价】

契诃夫的文风幽默而滑稽,有很大的讽刺意味而又妙趣横生,他的作品其幽默名篇《公务员之死》《胖子和瘦子》、《变色龙》、《套中人》等被翻译成多种语言被全世界人所喜爱。

契诃夫与莫泊桑被称为世界两大短篇小说大师。

【契科夫名言】

困难与折磨对于人来说,是一把打向坯料的锤,打掉的应该是脆弱的铁屑,锻成的将是锋利的钢刀。

57. 伟大的智者——泰戈尔

【人物导引】

泰戈尔(1861—1941),印度著名诗人、作家、艺术家、小说家、思想家和社会活动家。1913年,他获得诺贝尔文学奖,是首位获得该奖的亚洲人。他一生共写了50多部诗集,被称为"诗圣"。还写了12部中长篇小说,100多篇短篇小说,20多部剧本及大量文学、哲学、政治论著,并创作了1500多幅画,谱写了难以统计的众多歌曲。文、史、哲、艺、政、经范畴几乎无所不包,无所不精。

【人生经历】

泰戈尔出生在印度加尔各答，他出生于名门之后。祖父是一位亲王，地位显赫。他的父亲被人们誉为当代的"哲学大师"，这种家庭氛围对泰戈尔影响很深。

那时，民族自治和民族自由运动正在各地如火如荼地展开，这对塑造泰戈尔的性格有很大的帮助。父亲的朋友基本上都是艺术界的英才，很多音乐家、美术家等都是他家的常客，泰戈尔也非常喜欢与这些人交往。

8岁时，泰戈尔被送进学校读书，可是这里的教学都是填鸭式的，泰戈尔十分反感，一年之后他就辍学回家。他的父亲没有怪他，也不勉为其难，就请了加尔各答最有名的家庭教师给泰戈尔授课。家庭教育的科目种类繁多，有文学、哲学、数学、英语、音乐，甚至还有摔跤等。这些知识为他以后的成长打下了良好的基础，并让他锻炼了强健的身体。

泰戈尔12岁的时候，来到了孟加拉。孟加拉美丽而富饶的土地以及深厚的历史文化打动了泰戈尔的心，但是在这里他也看到了英国殖民者对当地人民残酷的压迫统治，他对此深恶痛绝。泰戈尔十分喜欢文学名著，特别是原文著作。这些名著包括梵文、孟加拉文、英文等。

17岁时，泰戈尔就已经熟读印度的古典文学、哲学、宗教等著作。这时父亲要求他到英国学习法律，虽然他不喜欢，但还是去了。这次机会使他系统地了解了西方尤其是英国的文学和艺术，这对泰戈尔的终生创作有了深刻的影响。在英国期间，国内正在进行反对英国殖民地的斗争，泰戈尔也想为本民族做点什么，于是他回国参加了反对英国殖民统治的斗争。一篇篇战斗檄文在他的脑中酝酿而成，发表后在印度大陆引起了深刻的反响。这时他多方面的艺术才能开始显现出来。

在这期间，他写下了抒情诗《暮歌》、《晨歌》、《画与歌》、戏剧《大自然的报复》，长篇小说《王后市场》和《圣者国王》等。这段时期他都沉浸于个人感受中，因此他的作品具有浓重的浪漫主义色彩。1886年诗集《心中的向往》是他的第一部成熟的作品，这时他开始面对生活，面对现实，在形式上他突破了印度诗歌的传统和英国、法国浪漫主义色彩的影响，形成了自己独特的风格。

1905年，泰戈尔投身于民族独立运动，创作了《洪水》等爱国歌曲。《人民的意志》于1950年被定为印度国歌。后来泰戈尔发表长篇小说《戈拉》、《家庭和世界》，热情歌颂了争取民族独立的爱国主义精神。1912年，泰戈尔发表抒情诗集《吉檀迦利》，1913年发表为人们所熟知的《飞鸟集》和《园丁集》。

泰戈尔的一生是在印度处于英国殖民统治的年代中度过的。祖国的沦亡、民族的屈辱、殖民地人民的悲惨生活，都深深地烙在泰戈尔的心上，爱国主义的思想一开始就在他的作品中强烈地表现出来。他虽然出身于富贵家庭，生活在矛盾错综复杂的社会里，但他爱憎分明，创作思想明确，始终跟上了时代的步伐。他曾在民族独立运动高潮时，写信给英国总督表示抗议殖民统治，并高唱自己写的爱国诗歌领导示威游行。他还曾坚决抛弃英国政府所授予的爵位和特权。印度人民尊崇他，热爱他，称他为诗圣、印度的良心和印度的灵魂。

他在漫长的60多年创作生涯里，共写了50多部诗集，12部中长篇小说，100余篇短篇小说，200多个剧本和许多有关文学、哲学、政治的论文，以及回忆录、游记、书简等。其中1921年问世的著名诗集《吉檀迦利》，使泰戈尔获得了诺贝尔文学奖。《故事诗》和《两亩地》是印度人民喜闻乐见、广为传诵的不朽诗篇。脍炙人口的《喀布尔人》、《素芭》和《摩诃摩耶》均为世界短篇小说的杰作。《赎罪》、《顽固堡垒》、《红夹竹桃》等都是针对当时印度社会现实予以无情揭露和鞭笞的著名戏剧剧本。

【人物评价】

泰戈尔是一个优秀的智者,更是一个热爱和平的人。他不但热爱他的民族,更热爱世界上的劳苦大众。

茅盾提起他曾说:"我们敬重他是一个怜悯弱者、同情被压迫人民的诗人;我们更敬重他是一个实行帮助农民的诗人;我们尤其敬重他是一个鼓励爱国精神、激起印度青年反抗英帝国主义的诗人。"

【泰戈尔名言】

生命从世界得到资产,爱情使它得到价值。

58. 苏联社会主义文学奠基人——高尔基

【人物导引】

高尔基(1868—1936),苏联作家。他家庭贫困,但是他不屈不挠地学习,终于成为一代文学大师。他的代表作《海燕》中的名句"让暴风雨来得更猛烈些吧!"激励了无数人奋勇拼搏。

【人生经历】

高尔基,出生于俄国中部诺夫戈罗德的一个木匠家庭。高尔基的父亲为人善良,开朗乐观,而且读过几年书,在当地可以称作有文化的人。

高尔基3岁的时候,父亲在阿斯特拉罕谋得了一个轮船码头管理员的职务。他们一家也搬迁到这座城市。不幸的是,没过多久,

第四章 文学名宿

父亲就因霍乱病去世,母亲只得带着幼小的高尔基回娘家居住。在外祖父家的生活与原来那种和睦、舒适的生活大不相同。在这里,高尔基见惯了恃强凌弱、酗酒打人、胡作非为,两个舅舅为了赚钱,经常发生争吵,甚至无情地厮打。在这个家庭中,只有他的外祖母显得与众不同。她爱唱歌,喜欢给高尔基讲一些神话传说,成了高尔基最贴心的朋友。她对世界表现出的那种无私的爱,给高尔基幼小的心灵带来了光亮。

高尔基就读的库纳文诺城郊小学是专为城市贫民子弟开办的。高尔基在很小的时候就表现出了令人惊讶的语言能力,并曾因此受到了学校的奖赏。然而,没过几年,他的外祖父破产了,高尔基也从此离开了学校。

退学的那年秋天,高尔基被送到商人波尔洪诺夫的鞋店里去当"学徒"。实际上,除了店里的劳动之外,他还得给老板夫妇干所有的家务活。在繁重的工作中,高尔基艰难地熬过了一个冬天。

后来,高尔基被一名叫谢尔盖耶夫的设计师收留做学徒。然而,在这里他们并不教给高尔基任何绘画的手艺,高尔基仍旧得做那些琐碎的杂活与家务。在这种环境中,他实在待不下去了,便离开了那里,跑到伏尔加河堤上与那些装卸工人一起夜宿在码头上,随后他进入父亲生前做木工的那家航运局,在"善良"号轮船上做了一名"洗碗小伙计"。在船上,高尔基认识了厨师哈伊尔·司穆雷。此后,他成了高尔基最好的朋友和老师,对高尔基的一生产生了很大的影响。

曾做过近卫军中士的司穆雷有很多书,他发现高尔基的读书兴趣后,总是不加选择地叫高尔基朗诵给他听。高尔基能从中体味到很多乐趣,他开始对书产生了极大的兴趣。后来,高尔基又被迫回到旧主人谢尔盖耶夫家中。这时候,他读书的欲望却更加高涨。有时,他冒着极大的风险弄到喜欢的书后,就钻到顶室和板棚里去,以便在夜间趁着月光或自制灯盏的光亮阅读。他拜读了福楼拜、司汤达等许多作家的作品。伴随着对艺术与生活的更多理解，高尔基逐渐成熟起来。

1884年，高尔基拿定主意要去读书，上大学，于是他来到喀山。到喀山，他才明白，上大学的理想难以实现。为了生存，他只得干着各种各样的杂活儿，劈柴，搬运货物，生活在那些流浪汉之间。在这里，他不仅耳闻目睹，更是亲自饱尝了底层人民生活的痛苦经历。这些对于他后来的文学创作都提供了真实而重要的参照和素材，也使高尔基的内心充满了对"正义"的无限向往。

1892年，高尔基发表了第一篇短篇小说《马卡尔·楚德拉》。此后，他开始在俄国各种大型杂志上发表作品。他的文学才华渐渐引起了国内外的广泛关注。

19世纪末20世纪初，俄国工人运动高涨，工人的罢工浪潮逐渐席卷了全国，而来自社会底层、深谙人民生活疾苦的高尔基号召人民起来反抗沙皇的黑暗统治，砸碎奴役人的枷锁，争做自由人。

高尔基的作品深深地鼓舞着俄国人民。1901年，高尔基怀着满腔的革命热情，以高亢的浪漫主义的格调，写出了著名诗篇《海燕》。它成功塑造了象征大智大勇的革命者——海燕的形象，并预言革命风暴即将到来，鼓舞人民去迎接伟大的战斗。这是一篇战斗的檄文，无产阶级革命的颂歌。随后，他又创作了《小市民》、《底层》等揭示社会矛盾的几部重要戏剧作品，在当时俄国文坛引起轰动，受到革命人民的热烈欢迎。

在列宁《火星报》的影响下，高尔基开始积极参加革命活动。目睹了沙皇政府对示威群众的血腥镇压后，他积极发表文章，并亲自为起义者筹措武器和经费，积极投入革命斗争的洪流。与此同时他创作出了社会主义文学的奠基之篇《母亲》，成功塑造了世界文学史上第一批自觉的无产阶级革命者的英雄形象。

1905年，为了避免沙皇政府的迫害，高尔基离开了祖国。他先后到法国、美国、英国，并写了大量抨击美国和西欧资本主义制度的作品。此后，高尔基又花了近十年的心血创了作四卷长篇史诗《克里姆·萨姆金的一生》，向人们揭示出了资本主义日薄西山和社会主义必胜的不可抗拒的历史规律。

在夜以继日创作时，高尔基积劳成疾，在1936年6月18日与世长辞。作为伟大的无产阶级作家，苏联社会主义文学奠基人，高尔基的名字将永载史册。

【人物评价】

高尔基是苏联社会主义现实主义文学的奠基人，伟大的无产阶级革命家。他的长篇小说《母亲》是他杰出的代表作之一。他在贫困的环境中，不屈不挠地进行斗争，尽管他没有上过大学，但是他通过自己的努力，终于创造了一个奇迹。他的作品深刻反映了苏联的建立和发展中所遇到的困难，因此他的作品又是苏联社会的一面镜子。

【高尔基名言】

一个人追求的目标越高，他的才能就发展得越快，对社会越有益。

59. 真正的民族脊梁——鲁迅

【人物导引】

鲁迅（1881—1936），原名周树人，字豫才。中国伟大的文学家和思想家、革命家，中国现代文学的奠基人之一。他的作品更是针对时弊，用自己最高音为中国的富强和民主而呐喊。

【人生经历】

鲁迅出生在浙江绍兴一个没落的地主家庭，他的父亲经常卧床不起，而鲁迅是长子，他不得不与母亲背起这个家庭的重担。在家境好的时候，走过街道时别人都会羡慕他，可是当家境衰落后，带来的是别人的冷眼与欺侮，这对幼年鲁迅来说有很大的心理压力。

以后回忆这段经历时，鲁迅还会无奈而沉痛地说："有谁从小康人家而坠入困顿的么？我以为在这路途中，大概可以看到世人的真面目。"

鲁迅的外祖母生活在农村，这让他有机会接触和了解农民的生活，并且与农村的孩子们处得非常融洽。鲁迅一生都把他与农村孩子的这种朴素自然、真诚单纯的关系当作人间最美好的东西，因此在他的笔下有了《少年闰土》这篇文章。

鲁迅12岁的时候进入三味书屋读书，他熟读"四书"、"五经"等儒家经典，还阅读《三国演义》、《水浒传》、《红楼梦》以及《西游记》，对《尔雅音图》、《毛诗品物图考》、《点石斋丛书》、《山海经》等图谱反复观赏临摹，这让鲁迅的童年有了很大的乐趣。

1898年，18岁的鲁迅，怀揣着慈母多方筹措的8块银元，离开家乡进了南京水师学堂。鲁迅来到这里后，发觉南京水师学堂是清朝贵族子弟打闹玩耍的地方，因此鲁迅又改入南京路矿学堂。这个学堂开设了数学、物理、化学等传授自然科学知识的课程。在这期间，鲁迅阅读了外国文学和社会科学方面的著作。这样，既开拓了视野，也增长了见识，特别是严复翻译的英国生物学家赫胥黎的《天演论》中所说的"物竞天择，适者生存"，更触动了鲁迅的心。这是一本介绍达尔文主义的一本书，让鲁迅充分认识到世界的不平衡性，这个世界并不完美而是充满了激烈的竞争；同时他更认识到一个民族、一个国家要想生存，就必须不断地提高自己的实力，要有独立自主、自强的精神。

第四章 文学名宿

鲁迅从南京路矿学堂毕业后,以优异的成绩取得了官费留学的机会。1902年,鲁迅东渡日本,开始在东京弘文学院补习日语,后来进入仙台医学专门学校。他看到中国人被称为"东亚病夫",就想通过医疗来拯救中国。但是没过多久,他的梦想就被现实给粉碎了。因为在日本人眼里,中国人就是"弱智"、"低能儿"的代名词。鲁迅的综合学科考试得到高分时,被日本人认为是担任解剖课的藤野老师把考试的答案透漏给了鲁迅。更有一次,在上课前放映幻灯片的时候,鲁迅看到一个中国人被俄国军队捉住杀头。一群中国人麻木不仁地在一旁看热闹,而当时在课堂上还有几个中国人在嘻嘻哈哈地笑,这让鲁迅心中更是无比愤怒,但更多的是无奈与悲哀,因此他决定弃医从文,因为医学拯救不了那些迷失而麻木的灵魂,他决定用自己的思想和笔杆子来拯救那些堕落而麻木不仁的灵魂。

1906年,当时中国的民主革命处于清政府血腥镇压之下,很多民主人士不得不到日本避难。顿时大批的革命人士聚集日本仙台和东京。这时鲁迅也认识了很多民主人士,并且他也开始了自己的文艺创作。

在东京,鲁迅开始翻译外国文学作品,筹办文学杂志。在当时,鲁迅与他的朋友讨论最多的是关于中国人的人性问题:怎样才是理想的人性?中国人的人性中最缺乏的是什么?病根何在?通过种种思考,鲁迅把个人的人生体验同整个中华民族的命运联系起来,奠定了他后来成为一个文学家、思想家的基本思想基础。然而在当时的革命人士眼里,这些思想大多数人都无法理解,就是在日留学的学生中也很难得到响应。由于他翻译的外国小说只能卖出几十册,结果入不敷出,同时他筹办的文学杂志因为没有资金而不得不搁浅。这时鲁迅在日本的生活都有一定的困难,因此,他不得不回国谋生。

1909年,鲁迅在杭州绍兴教学,辛亥革命后先后在南京临时政府和北京政府教育部任职。黑暗的官场生活让鲁迅感到十分压抑,辛亥革命的失败更是让鲁迅感到无比失望，也让他感到无比孤单。这时陈独秀主办的《新青年》杂志开始向他约稿，于是鲁迅的第一篇白话小说《狂人日记》发表了，这部小说的发表在当时引起了很大的轰动，因为这部小说以狂人的姿态深刻揭露了人吃人的黑暗的封建社会制度，把人性的冷漠和麻木深刻地揭示出来。此后他又连续发表了《孔乙己》、《药》、《风波》、《阿Q正传》等作品。而《阿Q正传》里的阿Q更是被鲁迅先生刻画得淋漓尽致，可以说这个阿Q是世界人共同的阿Q，而阿Q精神胜利法则是人类共同的特点。

1920年，鲁迅先后兼任北京大学、北京高等师范学校、北京女子高等师范学校和世界语专门学校的讲师，成为广大热血青年和爱国青年敬仰的导师。他的住所更是成为广大革命青年的活动场所。在这期间，他不但发表了小说集《呐喊》，还撰写了《彷徨》中的11篇小说，同时还出版了散文诗集《野草》、杂文集《华盖集》和《华盖续集》。为了得到社会进步舆论的支持，鲁迅发起并领导了莽原社与未名社。1925年北京爆发"学潮"后，鲁迅带领进步学生和反动当局利用的一小撮文人进行了斗争，最后取得了胜利。此后，鲁迅在《论"费厄泼赖"应该缓行》一文中明确指出：革命没有最后胜利，就要痛打落水狗，大家就要提高革命的警惕性。1926年3月18日，北京民众3万余人进行爱国的游行运动，段祺瑞政府竟然下令屠杀请愿群众。鲁迅先生的很多学生都在惨案中遇难，他以极其悲痛的心情写下了《纪念刘和珍君》。

在鲁迅和敌人作斗争的时候，他与共产党人结下了深刻的友谊，在方志敏被害前夕，他把自己的手稿《可爱的中国》、《清贫》等交给了鲁迅，由他转交给共产党。这充分显示了鲁迅不惧风险，勇于与敌人作斗争的冒险精神。在1930年，他写下了《三闲集》、《二月集》、《且介亭杂文集》等八本杂文集和一本《故事新编》。这些作品有对国民党反革命分子的无情讽刺，有对法西斯分子愤怒的批判，有对新生革命力量的支持与指导，他以革命的乐观精神承担了自己惊醒世人的伟大任务,把国人民族性中的劣根性挖掘出来进行抨击,让国人尽早地从麻木不仁中醒来。在他逝世的时候,上万民众为他送行,在他的身上盖着一面写有三个大字——"民族魂"的旗帜。

【人物评价】

鲁迅是中国人的脊梁。他通过自己的观察,深刻地把中国人潜在的劣根性挖掘出来,让世人警惕,他更是一座不朽的精神丰碑。

毛泽东在《新民主主义论》中称鲁迅是"中国文化革命的主将,不但是伟大的文学家,而且是伟大的思想家和伟大的革命家"。

【鲁迅名言】

横眉冷对千夫指,俯首甘为孺子牛。

60. "硬汉"作家——海明威

【人物导引】

海明威(1899—1961),美国著名的小说家。他创作的小说《老人与海》把他的思想以及他的性格表现得淋漓尽致。他年轻的时候面临过死神的威胁,因此他对战争极度憎恨,《永别了,武器》就是他在20世纪20年代的时候写的。

【人生经历】

海明威出生于美国芝加哥。父亲是位医生,母亲爱好艺术,当过教师。当他尚在襁褓中的时候，一次小手术意外地导致了他左眼的残疾，留下了终身的遗憾，但这丝毫没有影响到以后他对生命的热情。海明威尚不足3岁时，父亲便开始带他出去打猎或钓鱼，母亲也鼓励他说，这是他展示自己是一个"小男子汉"的好机会。海明威从小就精力充沛，十分健壮。受父亲的影响，他对大自然特别热爱，喜欢追逐生命中的一切冒险和刺激，喜欢尝试各种新奇的挑战。这种热爱和兴趣伴随了海明威一生。他的母亲对音乐、美术的良好感受力以及对语言文学的爱好，也伴随了海明威一生。少年时期的海明威高大英俊，是校足球队队员。他学习成绩好，又多才多艺，既是乐队大提琴手，又是学校周刊的编辑。1917年毕业前夕，海明威到堪萨斯市的《星报》当记者。

不久，海明威参加了红十字会组织的志愿救护队，当了一名汽车司机。不幸的是在一次分发食物时被炸伤，在医院里过了19岁生日。受伤的经历，使他终生难忘，也使他体会到初恋的种种甜蜜。

1919年，海明威回国当了一家杂志的编辑。在这期间，他还被当作英雄到处演讲。两年后，海明威作为多伦多《明星日报》驻欧记者，重返欧洲。在这里他认识了许多侨居巴黎的著名作家，还得到他们不少的指点和帮助。

暴力和死亡、战争的创伤、爱情的波折使海明威向成熟男人迈出了重要一步，也使他日后的文学创作着力表现这样一些主题。不久，他相继发表了作品：《在我们的时代》、《太阳照样升起》、《永别了，武器》。

在《永别了，武器》中以初恋对象为原形塑造了凯瑟琳，同时也使他明白：爱太容易失去，做为一个好男人应该寻找不会失去的东西——这就是勇气和尊严。这部作品特有的情景交融、电文式对话和内心独白，加之，简约精练的文体，于有意无意之间完全构成了所谓的"海明威风格"。

后来海明威从欧洲返回美国，先后在佛罗里达州的基威斯特岛

第四章 文学名宿

和古巴哈瓦那郊区居住。他喜欢到处游历，包括去西班牙看斗牛，到非洲打猎，出海捕鱼等。在西班牙爆发内战时，他曾先后几次亲赴西班牙，不仅报道战况，还与民主力量并肩作战，几番为西班牙民主政府集资捐款。同时，他发表了剧本《第五纵队》。内战结束后，他回古巴创作他的著名长篇小说《丧钟为谁而鸣》。四五十年代的海明威已成了媒体关注的焦点，许多美国记者常常把海明威描写为饮酒、打猎和捕鱼、拳击的能手。从一些照片上看，他总是面带笑容，手上拿着酒杯，身旁挂着一条大鱼或躺着一只大猎物。他也喜欢这种形象，因为这无疑具有男子汉豪放粗犷的魅力。他在现实生活中还不断地制造些传奇。

1941年，海明威和他的夫人来到中国。他们在上海逗留了一个多月，从各个方面了解中国的抗战情况。后来，他们又在第七战区的前线生活了一个多月，游览了桂林，到重庆向国民党军政人员了解情况。他回国后所写的报道主要是关于美、苏、日之间的国际关系分析。他明确指出，美日之间爆发战争的可能性。1944年他被《柯里厄》杂志派往欧洲当战地记者，在这期间他曾经率领一支游击队参加解放巴黎的战斗，因违反日内瓦会议关于记者不得参加战斗的决定，海明威出庭受审，结果宣告无罪。

从1925年海明威第一个短篇小说集《在我们的时代里》问世起，海明威一直追求一种永恒的东西，这就是人的坚毅品格和顽强精神，它具体体现在作品里的就是那些不可摧毁的"硬汉子"形象这是海明威人格的写照。后来海明威发表了两部作品，一部是《过河入林》，一部是《老人与海》。

《老人与海》把压力下的主角优雅的风度和硬汉的精神表现到了极致。文中描述一个叫桑提亚哥的渔民连续打鱼84天，却一条鱼也没捕到，第85天，他决定走得远远的，去捕一条大鱼。他孤身一人出海，终于钓到一条大马哈鱼，却在回归的路上被一群鲨鱼袭击，老人与鲨鱼搏斗了三天三夜，结果两手空空回到岸上。他虽然失败了，但在对待失败的风度上桑提亚哥占了上风。无疑，海明威把他毕生的探索抽象地融进这篇小说，把大千世界的万般不幸以及人们对待不幸的态度全部浓缩在这部作品里。因此，瑞典科学院赞扬他在作品中把勇气作为中心主题，并授予海明威1954年诺贝尔文学奖。

多年来，海明威在生活和创作里崇尚与命运抗争的勇气，经过生活的沧桑他已得出了自己的独特看法：智者、强者是天生的孤独者。晚年的海明威患有高血压、糖尿病、铁质代谢紊乱等病症，以至于他的精神陷入了长久的忧郁。这种忧郁无法排除掉，不久他就开枪自杀了，让人们不得不为这个"硬汉"扼腕叹息。

【人物评价】

海明威是极富有冒险精神的小说家，他在游猎和冒险中度过了自己的一生，因此在他笔下的主人公都是是一系列的"硬汉"，而他更是以永不言败的形象永远留在人们心中，人们尊称他为现代小说之父。

【海明威名言】

一个人并不是生来要被打败的，你尽可以把他消灭掉，可就是打不败他。

61. 法国浪漫主义文学的领袖——雨果

【人物导引】

雨果（1802—1885），法国浪漫主义文学运动的领军人物。他的文学思想深深影响了广大的法国民众，他的《巴黎圣母院》更多地描写了人性的可贵，讽刺了那些虚伪的宗教上层人物。他年轻的时候站在保皇党一边，但是随着世界观的改变，站在了劳苦大众的身边，因此他的作品反映了人民对自由、对民主的渴求。在他逝世后，尽管教会严厉禁止人们去送葬，可是很多人都去为这个伟大的诗人、小说家送行。

【人生经历】

雨果诞生在法国东部的贝藏松城，父亲是拿破仑手下的将军，母亲是个天主教徒、保皇主义者。父母常因政治观点不同而发生争吵，这些对雨果的思想有很大影响。

童年的雨果受母亲的影响很大，同情保皇党，对革命充满了敌视情绪。他的大部分童年时光随母亲在意大利和西班牙度过。由于母亲接受的是自由教育，爱好文学，尤其是伏尔泰的作品，她的这一爱好对雨果的一生影响很深。

1809年，雨果和哥哥欧仁被母亲送到巴黎一家私塾，他们在那里学习拉丁语和希腊语。课余时间，兄弟俩就在花园里玩耍。在学习和游戏中，雨果的想象力不断得到丰富、发展。1811年，在父亲的安排下，雨果兄弟俩在马德里贵族学校学习了一年。第二年雨果的父母由于感情不合而分居，雨果兄弟俩随母亲回到巴黎，这时他们不再上学，由私塾的老师到家里给他们上课。这一时期，兄弟二人读了许多有益的书籍。母亲酷爱读书，她对儿子的读书兴趣也十分放心，任他们自己选择读物。他们完全沉浸在书海之中，连续博览了老胡野约尔图书馆的全部藏书：莫里哀、卢梭、伏尔泰、狄得罗、瓦尔特、司各特的著作等，不管是戏剧、小说、诗歌，还是游记和惊险作品，无所不读。书读多了，雨果也越来越想自己动笔写点什么，他尝试着写了不少诗歌。

14岁时，雨果写了一部悲剧《伊尔塔敏纳》，他还在自己的日记中写下"我要成为夏多勃里昂，要不就一事无成"的豪言壮语。少年的雨果敢于向当时红极一时的桂冠诗人、法国消极浪漫派的创立者提出挑战，显示出雨果的勇气和魄力。他写下这个誓言不久，法兰西学士院出诗题进行征文比赛，他写了一首长篇《读书乐》，列举了历史上大量事例，雄辩地证明：在最艰苦的生活条件下，学习如何使人变得高尚起来。结果，这个年仅15岁的诗人获了大奖，被誉为"卓绝的神童"，这个消息各个报纸都作了报道。

17岁那年，雨果同哥哥合办刊物《文学保守者》，开始创作小说，写了中篇小说《冰岛魔王》。20岁时，他把少年时代的诗歌以《欲歌和杂诗》为名出版，他的这本诗集深受国王路易十八的称赞，决定褒奖这位年轻的保皇党诗人，赐给他1000法郎的年俸。雨果一生都很感激母亲。雨果在母亲的引导、培育下，依靠自己的勤奋和天资聪慧，叩开文学的大门。

母亲对雨果要求十分严格，经常教给他做人的道理。一次，雨果看见一套时髦的服装，非常喜欢，便向母亲吐露了心愿，母亲却教导雨果说："一个人的价值在于他的才学，而不在于他的衣着。"雨果一直把这句话铭刻在心里。1821年，雨果的母亲因肺炎逝世，第二年，他的哥哥又患了疯癫病。这时，穷困潦倒已同母亲分居多年的父亲回来照料患病的儿子，雨果在和父亲朝夕相处中对这位拿破仑时代的老将军有了更多的了解。

随着雨果在文学上的成功，残酷的封建统治使他日益醒悟，雨果的政治观点也开始有了改变，1827年，雨果发表剧本《克伦威尔》，这标志着雨果走上了同保皇主义思想的彻底决裂的道路，并标志着雨果世界观的转变。此后，从19世纪20年代末到30年代初，许多绚丽多彩的诗歌、戏剧、小说从雨果笔下像泉水般涌流出来。1831年，雨果出版了浪漫主义的杰作、反封建反教会的长篇小说《巴黎圣母院》。小说以它紧张奇异的故事情节、色彩斑斓的人物描写、性格夸张的人物形象、华丽活泼的语言震撼了法国。

随着1831—1834年间几次工人起义的失败，雨果在政治上却采取了同现实妥协的态度。这个时期，雨果在政治上的徘徊，影响到他所写的作品，从此，他在文学创作上沉默了很长一段时间。

1851年拿破仑三世发动军事政变，实行军事独裁，雨果坚定地站在共和派一边参加反政变的斗争。拿破仑三世对他恨之入骨，下令悬赏通缉他，雨果每天更换住处以逃避暗探的追捕，最后化装逃出巴黎，开始了19年的流亡生活。流亡期间，他拒绝了一次又一次的收买，也拒绝了拿破仑三世的"大赦"。在艰难的岁月中，他写了政论《小拿破仑》，诗集《惩罚集》《历代传说集》，长篇小说《悲惨世界》《海上劳工》《笑面人》，它们如同一把把匕首，揭露着专制统治的虚伪与罪恶。在诗歌《最后的话》中，雨果表达了自己的斗争决心："如果只剩下1000个人，我定是其中之一；万一只剩下100个人，我还是不会放下武器；如果只剩下10个人，我就是那第十名；如果只剩下1个人，我就是那最后一人！"

1870年，普法战争爆发，法国战败，接着巴黎爆发革命，推翻了拿破仑帝国，但政权落在资产阶级政客手中。由保皇党人组成的国防政府立即宣布向普鲁士投降，并与普鲁士签订了《停战和巴黎投降协定》。在国难当头的关键时刻，雨果结束了长达19年之久的流亡生活，赶回巴黎，受到人民群众的热烈欢迎。为了捍卫祖国的尊严和主权，雨果自告奋勇，以68岁的高龄报名参加了国民自卫军。他捐出稿费，铸造了两门大炮，一门命名为"维克多·雨果"送往前线，打击侵略者，给法国军队带来极大的鼓舞。

1871年，巴黎公社起义失败了，反动政府对人民进行残酷的大屠杀，面对政府军的血腥镇压，雨果挺身而出，在《凶年集》里，他痛斥审判公社社员的法官。他的长篇小说《九三年》充满了良心，充满了伟大的人道主义精神。

雨果在其生命的最后时间，仍然创作不懈，他先后完成了4部诗集，两部政论和一部戏剧。1885年5月22日，83岁的雨果与世长辞。这消息震动了法国和欧洲，他的灵柩在巴黎凯旋门下停了一昼夜，群众围住一直不肯散去。法国人民为雨果举行了国葬，以表示对这位伟大诗人、作家和民主战士的尊敬。上百万人高唱《马赛曲》，不顾大主教的抗议，把雨果的遗体送到法国伟大的墓地——先贤祠安葬。

【人物评价】

雨果是法国浪漫主义文学的领袖，是驰名世界的19世纪法国大诗人、文豪和伟大的政治活动家，他的文学著作《巴黎圣母院》《悲惨世界》等都是人类文化的瑰宝。

【雨果名言】

当命运递给我一个酸的柠檬时，让我们设法把它变成甜的柠檬。

世界上最宽阔的东西是海洋，比海洋更宽阔的是天空，比天空更宽阔的是人的心灵。

62. 钢铁战士——奥斯特洛夫斯基

【人物导引】

尼古拉·阿列克塞耶维奇·奥斯特洛夫斯基（1904—1936），苏联作家。在沙皇统治时期，他不屈不挠地英勇斗争。苏联成立后，他忍受住病痛的侵袭坚持社会主义建设，后来他全身瘫痪，双目失明，但是他没有放弃，没有绝望，用钢铁一样的意志完成了伟大的著作——《钢铁是怎样炼成的》。

【人生经历】

奥斯特洛夫斯基诞生于俄国一个酿酒工人家庭。父亲总是很忙，很少有时间关照孩子，母亲起早贪黑地操劳家务并抚养四个孩子，一家人过着十分贫苦的生活。

奥斯特洛夫斯基自小就爱好学习。他刚满4岁时，就寸步不离学习功课的姐姐们左右，有时得到老师的允许后，他就坐在姐姐们上课的书桌后面，十分安静地用心听老师讲解，就这样在不知不觉中学会了读书，可他真正的上学时间只有三年。由于他在课堂上对地球上生命的创造提出过问题，反驳了"上帝创造说"，受到神学教师的强烈指责，并被学校开除。而这时，家里也没有能力拿出钱供他读书了。

奥斯特洛夫斯基虽然十分想读书，可是为了生存，他只好去做工。他曾在火车站的食堂里做过伙计。在那里他每天要承担8—10个小时的繁重劳动，夜里还得加班，受侮辱和打骂是家常便饭。

奥斯特洛夫斯基十分热心政治活动。1918年，谢别托夫卡一度被德国人侵占，当时的革命组织被迫转入地下。奥斯特洛夫斯基经常冒着生命危险去联系地下工作者们，有时整天在外张贴革命传单。十月革命胜利后，他以极大的热情参加了保卫新政权的斗争，这时他还不到15岁。

1920年，在一次战斗中，一颗炮弹的气浪把奥斯特洛夫斯基从马背上摔了下来。他的脊椎骨受了重伤，他晕了过去，等他清醒过来后，发现身边一个战友也没有了。他翻身爬起来顾不得伤痛，立马去追赶自己的部队。他终于追上了部队，这时部队正和敌人进行一场激烈的战斗，奥斯特洛夫斯基不顾一切地加入战斗。作战过程中，一颗炮弹的碎片打到了他的头部和肚子上，他又一次晕了过去。两个月后，当他在军队医院里刚能起床时，他就清醒地意识到，这次受伤的后遗症是十分严重的，而且今后还会更加严重。这次战争使他的右眼失明了，更可怕的是折磨人的头疼开始了，由于震伤，脊椎骨也在隐隐作痛。医生坚决禁止他到工地上去劳动，但他还是去了。他们住在一所半倒塌的、寒冷的小学校里，在这里，奥斯特洛夫斯基忍着膝关节的巨痛，和共青团员们奋战在烂泥里。不久他患了感冒和伤寒，病情严重，同志们只好将处于昏迷状态中的奥斯特洛夫斯基送回家里调养。在母亲的精心照料下，他的身体一天天好起来。于是，他又参加了在第聂伯河上抢救浮运木材的紧张劳动。由于长时间地站在齐膝深的冰水中，他又一次染上重病，这次他被医疗委员会定为一级残废。

1924年，奥斯特洛夫斯基由于工作出色，成为一名光荣的俄共（布）党员。可是不久，他的健康状况再次恶化，他不得不离开自己所钟爱的工作岗位，从此，他便永远地病倒在床上了。但是躺在病床上的奥斯特洛夫斯基，并没有悲观失望。他为自己选择了一条全新的道路，一条难以想象的、艰苦卓绝的漫长道路，就是写作。经过一段辛苦的写作之后，他终于完成了一部关于科托夫骑兵旅及英雄们征战事迹的中篇小说。可是不幸的是，这部小说在他的战友们读过后，在寄回给他的旅途中丢失了。于是，多日的辛劳和倾注的深厚感情，顷刻间化为泡影。

由于这次打击，加上奥斯特洛夫斯基夜以继日地紧张地阅读与写作，年仅23岁的奥斯特洛夫斯基终于因为劳累过度再次旧病复发，并最终导致全身瘫痪，右眼的发炎也很快地感染了左眼，最后双目都失明了，他躺在床上，身体虚弱到了极点。这时，他仍没有放弃写作，他希望写出一部伟大的作品，他开始动笔写《钢铁是怎样炼成的》。他把稿子写好几篇，然后让妻子再重抄一遍，由于他每天只能躺着、摸着写，有时字都会重叠在一起，要辨认都十分困难，因而抄写速度非常慢。为了加快速度，他将硬纸板割成带有一条条漏孔格子的夹子，写的时候，将稿纸放进夹子里，就能顺着格子写出整齐、清晰的字句来了。这样写一段时间后，奥斯特洛夫斯基病得连手也不能握笔写字了，他只好每天等妻子下班后，由他口述，妻子笔录。这样，经过他多年坚忍不拔的努力，《钢铁是怎样炼成的》终于完成了。

小说出版以后，受到了国内外广大读者的热烈欢迎和高度赞扬，并被翻译成了多种文字出版。它的主人公保尔·柯察金成了全世界人们佩服的英雄，鼓舞了千千万万的读者。保尔·柯察金关于人生意义的独白："生命属于人们只有一次。人的一生应当这样来度过：当人回首往事时，他不因虚度年华而悔恨，也不因碌碌无为而羞愧。这样，在临死的时候，他就能够说：'我已把自己的整个生命和全部精力都献给了世界上最壮丽的事业——为全人类的解放而斗争。'"这段独白早已成为无数人激励自己不断前进的座右铭。

继《钢铁是怎样炼成的》之后，奥斯特洛夫斯基除了发表大量具有高度思想性和强烈战斗性的政论、演说词，还着手创作了另一部长篇小说《暴风雨所诞生的》。遗憾的是，由于身体各部分机能的损坏，这部巨著只完成了第一卷，奥斯特洛夫斯基便与世长辞了,时年32岁。

【人物评价】

奥斯特洛夫斯基是人类心理的天才描绘者,性格描写的巨匠,他稳稳地抓住了生活的本质和时代的脉搏,为了人类社会的进步而呐喊。他在残疾之后坚持写作,使他作品的主角——保尔成为世界著名的英雄形象。

【奥斯特洛夫斯基名言】

人的美并不在于外貌、衣服和发式,而在于他的本身,在于他的心。要是人没有心灵的美,我们常常会厌恶他漂亮的外表。

人生最宝贵的是生命,生命属于人只有一次。一个人的生命应当这样度过:当他回忆往事的时候,不会因为虚度年华而悔恨,也不会因为碌碌无为而羞愧;在临死的时候,他能够说:"我的整个生命和全部精力,都已经献给了世界上最壮丽的事业——为人类的解放而斗争。"

第五章 发明创造

人类的文明、社会的进步,离不开伟大的发明创造。发明创造改变了人们的生活,提高了人们的生活质量,他们是走在这一领域前沿的人,他们的探索发明照亮了人类前进的道路。

63. 几何学之父——欧几里得

【人物导引】

欧几里得（约前330—前275），古希腊最享有盛名的数学家。欧几里得将前7世纪以来希腊几何积累起来的丰硕成果整理在严密的逻辑系统中，使几何学成为一门独立的、演绎的科学。他写的《几何原本》是任何一个科学家所必备的，爱因斯坦曾说："一个人当他最初接触欧几里得几何学时，如果不曾为它的明晰性和可靠性所感动，那么他是不会成为一个科学家的。"后人更称欧几里得为"几何学之父"。

【人生经历】

欧几里得早年曾求学雅典，深受柏拉图思想的影响。欧几里得30岁时已经名扬天下，很多人都知道他是几何学大师，因此托勒密王也想拜在他的门下，成为他的弟子。应托勒密王的邀请，欧几里得来到亚历山大城。在亚历山大城，他建立了自己的一个学园，在这里长期工作。欧几里得睿智而朴实，追求真理而勤奋不已，托勒密王感觉几何有点难学，因此曾经问欧几里得除了学习《几何原本》之外，还有没有其他可以快速掌握几何的途径。欧几里得回答说："在亚历山大城有皇家专门走的路，在乡下有专门为老百姓走的路，可是在知识智慧这样的领域，只有吃苦背学这条捷径。"

欧几里得十分反感知识的实用主义，因为这样往往追求不到真理，探索不到奥秘。一个学生才开始学第一个命题，就问欧几里得学了几何学有什么用,能得到很多金钱么?欧几里得很厌烦地说:"给他几块钱币让他走吧,这就是他想在学习中得到的东西。"

有一次,欧几里得与妻子吵架,妻子愤怒地说:"收起你乱七八糟的图形吧,难道它能为你带来面包和牛肉么?"欧几里得只是笑了笑,说道:"你知道什么!我现在所写的东西,以后将价值连城!"妻子嘲笑着:"难道你想我们来世还在一起吗?笨蛋。"欧几里得无语,妻子气急地拿起他写的《几何原本》的部分纸张投入了火炉。欧几里得赶忙去抢,可是只剩下一些灰烬。据说被烧掉的是《几何原本》中最精彩的一章,而这是一个无法弥补的遗憾。在学园里,欧几里得总是谆谆教导学员,只要是虚心刻苦学习,他都十分高兴。在他的学园里,他建立了以他为首的几何学派。

经过历史岁月的打磨,除欧几里得的《几何原本》外,《已知数》是唯一保存下来的希腊文纯粹几何著作,《图形的分割》现只存《光学》,是欧几里得早期的几何光学著作之一,他大量著作都已失传或者散落。

《几何原本》主讲几何,但涉及了数论、无理数理论等课题。欧几里得使用了公理化方法(公理就是大家都认可的,不需要证明),在演绎推理中,每个证明必须以公理为前提,或者以被证明了的定理为前提。《几何原本》是古希腊数学发展史上的顶峰。它作为教科书使用了两千多年。在这些数学教科书中,它是出类拔萃的,并且很快取代了以前的几何教科书。由于《几何原本》是用希腊文编成的,后来被翻译成多种文字,在古藤堡发明活字印刷术之后,被翻译成上千种版本。《几何原本》最初是手抄本,以后译成了世界各种文字,它的发行量仅次于《圣经》位居第二。19世纪初法国数学家勒让德把欧几里得的原作用现代语言写成了几何课本,成为现今通用的几何教材。

【人物评价】

徐光启曾说过:"此书(《几何原本》)为益,能令学理者祛其浮气,练其精心;学事者资其定法,发其巧思,故举世无一人不当学。"

【欧几里得名言】

在几何里,没有专为国王铺设的大道。

64. 东方世界的探索者——马可·波罗

【人物导引】

马可·波罗(约1254—1324),意大利旅行家。16岁时跟随父亲来到中国,他是世界历史上记载的最著名的探险先驱,他把在中国的游历写成了《马可·波罗游记》,这部游记影响了哥伦布、达·伽马等一大批航海家。

【人生经历】

马可·波罗,出生于意大利的水上城市威尼斯。当时的威尼斯是欧洲贸易的中心。马可·波罗的父亲是个巨商,在世界各地做生意。

小时候的马可·波罗,只要见到有出海的大船回港,便积极地向船上的海员打听父亲的消息。只要父亲归来,马可·波罗就缠着父亲给他讲旅游中的故事。那个关于中国元朝元世祖忽必烈皇帝的故事,使马可·波罗十分好奇。他暗暗下定决心,自己有机会一定要到那个神秘的东方去看一看。

第五章 发明创造

　　幸运的是，1271年夏天，马可·波罗的父亲和叔叔又要启程到中国去了，因为他们来的时候已答应元朝忽必烈皇帝，他们再回中国时，要请罗马教皇在欧洲选派有学问的贤人100名，并由他们带往中国。忽必烈要求这些贤人不仅要精通基督教教义，还要精通礼、乐、射、御、书、数等六艺，以便和中国的贤人互相辩论，以论证基督教是否是正确的信仰。同时，忽必烈还要求他们顺便到耶路撒冷圣地去一趟，把耶稣基督的坟墓前点着的油灯中的灯油，弄一点捎去。已经16岁的马可·波罗也参加了这次东方之行。

　　聪明好学的马可·波罗对所经各地都热心地进行研究和考察。他每在夜晚休息的时候，都跑到商队里边去，打听各国的故事。每到一个城市，马可·波罗就会跑到寺院和大会堂，询问有关它们的故事和来历。他详细调查所到之处的风土人情，有什么动植物，出什么特产以及买卖、居民的生活和宗教信仰等情况，而且还把它们都记录在笔记簿上。于是马可·波罗一路下来，听到了许多有趣的故事，像诺亚方舟、会移动的山岳和城市、蒙古王爷偏爱肥胖且鼻子扁平的王妃、热死大队人马的城市、夜里活动的豹狼、血色红宝石的故事、暴风雪和沙漠的幽灵等一系列稀奇古怪的故事，远比探险小说刺激得多。当马可·波罗看到元朝每隔40公里就设有一个驿站的制度时，他非常佩服，也把这种驿传方法详细地记了下来。他们历尽千难万险，经过长途跋涉，终于在1275年来到大蒙古高原上的上都，拜见了威武的忽必烈皇帝。

　　这时的马可·波罗已经是一个彬彬有礼、聪明且见多识广的年轻小伙子了。忽必烈很喜欢他，当即就要他在元朝宫廷里当了自己的侍从。聪明好学的马可·波罗，很快便掌握了汉语、蒙古语等多种语言文字，并逐渐熟悉了当地的风俗礼仪。忽必烈知道马可·波罗喜欢旅行，便委派他出访南方各地，调查民俗，回来时便高兴地听马可·波罗讲述所见所闻的有趣故事。他还曾让马可·波罗当了三年的扬州总管。马可·波罗在元朝大都期间，正好赶上忽必烈准备征讨日本，他了解到日本国内积蓄有很多黄金，连宫殿的屋顶、石基、房间的地板、门窗，都铺着厚厚的黄金，他还听说日本生产很多桃红色的美丽大珍珠。日本人在死了以后，习惯在火葬前，让死人嘴里含着一颗珍珠和其他很多稀奇的宝石，马可·波罗对此感到十分吃惊，便把这事也记录下来。由此，后来欧洲人都认为在中国的东方，有个叫日本的黄金国。后来哥伦布探险目的之一，也是在寻找这个黄金国。

马可·波罗在中国住了17年，经过深入调查了解，写了大量笔记。后来，由于思乡心切，又加上父亲身患重病，希望落叶归根，他们便以护送阔阔真公主西嫁波斯为由向忽必烈辞行。忽必烈对马可·波罗的离去感到十分惋惜和不舍，但最后还是同意了他的请求。临走的时候赐了他很多的金银财宝，并吩咐他和故乡的人们会会面后，赶快再回来。马可·波罗一路护送阔阔真公主到波斯后，辗转回到威尼斯。

马可·波罗成了威尼斯甚至意大利全国闻名的百万富翁，他所讲述的神奇的东方故事吸引了许多人去听。他在威尼斯娶妻生子，幸福地过了三年。这时，却发生了威尼斯和另一个城市争夺世界海上霸权的战争。由于时局动荡不安，所有商船都必须改为军舰参战。马可·波罗作为威尼斯的富商，也不能幸免。可是这场战争却以威尼斯的失败而告终，马可·波罗不幸被俘。不过，这也促成了他的《马可·波罗游记》的诞生。

当时和马可·波罗同一牢房的囚犯中有一个名叫鲁斯梯谦的比萨人，他是东罗马帝国传奇故事《圆桌武士传奇》、《特立斯丹传奇》等名著的作者。他对马可·波罗的冒险故事极感兴趣，建议两人合作，把马可·波罗的经历写成一本书。马可·波罗便写信叫家人把自己以前的笔记簿都寄来。于是，由马可·波罗讲述，鲁斯梯谦根据他所讲的内容，加以润色著述下来。半年以后，终于完成这部闻名于世的巨著《马可·波罗游记》。不久，交战的双方讲和，交换俘虏，1299年，马可·波罗又回到了故乡威尼斯。

后来，欧洲的地理学家根据这本书绘制了早期的"世界地图"，而这本书记载的事件更成为促成哥伦布去探险的一大动力。

【人物评价】

《马可·波罗游记》是西方社会介绍东方世界的第一本著作，引发了西方人对于东方的探索，同时它带来了哥伦布探索世界的动力，为以后东西方世界的交融拉开了帷幕。

【马可·波罗名言】

那些走过的冗长的路，用那单调的旋律唱出陌生的歌，我说那是童年里落单的寂寞，悲伤得没有终点。

65. 探险大师——哥伦布

【人物导引】

克里斯托弗·哥伦布（约1451—1506），意大利著名航海家，他开辟了伟大的新航路，把东西方世界紧密地联系起来，这加强了世界文明的交流与合作，同时为西方资本主义原始的资本积累和海外市场的扩大奠定了基础。

【人生经历】

哥伦布出生在意大利热那亚一个著名的纺织家庭。他从小没有读过什么书，但是对航海事业的热爱和对财富占有的欲望驱使他到海上成就一番事业。

哥伦布对马可·波罗的《马可·波罗游记》中所描写的中国和日本等亚洲国家十分感兴趣。书中，马可·波罗说中国、日本、印度那些亚洲国家遍地都是黄金，遍地都是珠宝，那是一个天堂般的地方，这勾起了哥伦布对航海事业的狂热。

当时哥白尼的地球日心说以及大地球形说比较流行，因此哥伦布认为从欧洲西航可达东方的印度和中国。因此他开始游说各方侯爵及国王，让他们出资支持自己去东方探险。可是，尽管大地球形说比较流行，但是理论还不是完善，也没有牛顿的地球引力论的支持，因此人们都拒绝了他。同时，哥伦布在葡萄牙学到了很多航海知识，知道怎样使用罗盘、海图和各种新航海仪器，怎样利用太阳、星星的位置来确定船的位置，并且随船参加了多次的远洋航行。但对他有更大感召力的可能是关于北欧海盗的故事，而北欧海盗原意是"居住在海湾的人"，也译作"维京人"。在800—1500年间，由于人口增长很快再加上内部政治动乱，北欧地区一些善于航海的瑞典人、丹麦人、挪威人，往往结队出海去寻求新的生路。他们在海上横行霸道，拦截抢劫来往商船，还袭击别国海岸地区进行掠夺，所谓"海盗时代"就是对这一时期的称呼。

由于西方国家资本主义的发展，急需对外扩展以进行资本主义的原始积累，西方国家除需要东方国家的丝绸、瓷器、茶叶外，最重要的是香料和黄金，而香料更是欧洲人起居生活和饮食烹调必不可少的材料，而香料的需求量很大，本地又不生产，并且这些商品主要经传统的海、陆联运商路运输，因此经营这些商品的集团反对哥伦布开辟新航路的计划。但哥伦布狂热地相信自己可以闯出一条抢先到达东方的航路。他经常在信中提起："我日夜祈求从上帝那里得到产金的土地，因为黄金是一切商品中最宝贵的。黄金是财富，谁占有黄金，谁就能获得他在世上所需要的一切，同时也就取得了把灵魂从炼狱中拯救出来并使灵魂重享天堂之乐的手段。"因此哥伦布为实现自己的计划，游说了十几年。直到1492年，英明的伊莎贝尔一世认识到了开辟新航路的重要性，于是说服了国王，并答应哥伦布在占领区可以作为该区的总督，可以从掠夺品中得到一些分成。

1492年8月3日，哥伦布率领"圣玛丽亚"号、"平塔"号和"尼尼亚"号3艘船、船员90人，从西班牙西南海岸的帕洛斯港启航，经加那利群岛西驶。10月12日哥伦布一行发现了巴哈马群岛中的瓜纳阿尼岛，接着发现古巴的东北海岸，继转东航又发现海地岛，并称之为"埃斯帕尼奥拉"意为"小西班牙"。他在海地岛寻找黄金，筑纳维达德堡，派人驻守，旋即返航，于1493年4月15日返抵帕洛斯。

1493年9月25日，哥伦布怀着在新发现地区殖民和寻找黄金的目的，又率领约1500人分乘17艘船只，满载牲畜、农具、种子和粮食，从加的斯出发，第二次前往美洲。11月3日发现多米尼加岛，接着又发现瓜德罗普岛和波多黎各等岛，然后驶抵海地岛，但他们登上岛的时候纳维达德堡已被当地印第安人夷平，于是另筑伊莎贝拉堡，建立西班牙在美洲的第一块殖民地。当地印第安人被驱使到金矿从事奴隶劳动，有的被捕捉运回欧洲贩卖。1496年哥伦布返回西班牙，其弟留在海地岛，另建圣多明各城作为西班牙新的殖民据点。

1498年5月30日，哥伦布又率领由6艘船只和200人组成的船队，分两组从圣卢卡尔启航，他命令3只船直接驶进海地岛，哥伦布率领其他3只经佛得角群岛向西航行，于8月1日发现特立尼达岛，8月5日在委内瑞拉帕里亚半岛登陆，这是欧洲人第一次踏上南美大陆，安排好一切后，哥伦布返回圣多明各。由于第一块殖民地——海地岛上的西班牙人互相倾轧争权夺利，他不能稳定局势。1500年9月，哥伦布连同他的两个弟弟被强行押回西班牙，事后虽然获释，但哥伦布却失去统辖其所发现土地的权力，这也说明哥伦布是一个良好的冒险家不是一个优秀的行政官员。

　　1502年5月9日，哥伦布率领4艘船只和约150人从加的斯出发，企图在古巴和帕里亚半岛之间的海面上尽快找到通往"印度"的航道。1502年6月15日，哥伦布发现马提尼克岛然后沿海地岛南海岸西行，经过牙买加向中美洲进发，再沿洪都拉斯南驶，越过尼加拉瓜和哥斯达黎加，最后抵巴拿马的达连湾。因为再也没有向西的航道，哥伦布只得于1503年6月折回牙买加岛，经圣多明各，于1504年11月7日回到西班牙圣卢卡尔。1506年5月20日，哥伦布死于巴利亚多利德，而哥伦布去世留下的航海日记和信件，成为研究航行美洲的重要史料。

【人物评价】

　　哥伦布出生在15世纪末16世纪初欧洲商业资本主义发展和封建制度瓦解的转变时期，他对美洲的发现顺应了欧洲资产阶级掠夺新财富、发展资本主义的迫切要求，虽然在拉丁美洲实行殖民奴役制度，给印第安人带来了沉重的灾难，但却促进了世界资本市场的形成，促使大量金银财富流入欧洲，扩大了资本主义原始资本积累，推动了欧洲资本主义的发展，加速了欧洲封建制度崩溃。

【哥伦布名言】

　　我日夜祈求从上帝那里得到产金的土地，因为黄金是一切商品中最宝贵的。黄金是财富，谁占有黄金，就能获得他在世上所需要的一切，同时也就取得了把灵魂从炼狱中拯救出来并使灵魂重享天堂之乐的手段。

66. 向封建神学挑战的勇士——哥白尼

【人物导引】

哥白尼（1473—1543），波兰著名天文学家。他把自己的一生都贡献给了人类的天文事业，他推翻了古老的"地球中心说"而被教会判为异教徒，但是他没有妥协，依然发表了《天体运行论》，为以后天文学的发展作出了很大的贡献。

【人生经历】

哥白尼，出生在波兰托伦市，在10岁时父亲死于一场瘟疫，由舅父瓦琴洛德主教抚养。上中学时，哥白尼就十分喜爱天文观测，并帮助老师作星空观测，老师有很多藏书，让小哥白尼大开眼界，上中学时哥白尼的成绩很优秀。

哥白尼先后在波兰克拉科夫大学、意大利波伦亚和帕多瓦大学学习医学、教会法、绘画和天文学等。由于克拉科夫大学受文艺复兴运动的影响，进而使新兴资产阶级的人文主义和经院哲学两派学生之间的争论很激烈。而哥白尼在天文学教授勃鲁采夫斯基的教导下，通过对星空的观测计算，发现托勒密体系所说的"地球宇宙中心论"存在很多问题。他发现按照托勒密的解释，会得出一个荒谬的结果：月亮的体积时而膨胀时而收缩，满月是膨胀的结果，新月是收缩的结果。

1497年3月9日，哥白尼和玛利亚在进行观测，他们精确地测算金牛座被月亮所挡住的时间，证明那一些没隐没的缝隙是月亮亏食的一部分，而金牛座是被月亮本身的阴影所掩盖，月球的体积并没有缩小。这样，托勒密的学说就被哥白尼打开了一个缺口。虽然哥白尼的学说是正确的，但是在"科学是神学的婢女"的封建时代，托勒密的"地球宇宙中心论"及其他学说成为封建统治者的神学理论基础，并且教会不允许违背这个学说，否则就会被视为"异端学说"被审判监禁，甚至用火活活烧死。但是面对这样的危险，哥白尼没有停下对宇宙的观测和研究，他下定决心要改革天文学体系，使之建立在正确的学说之上。

由于家庭原因，哥白尼在克拉科夫大学学习三年就退学到意大利学习"教会法"了。舅舅务卡施认为，要同在波兰北部骚扰的十字骑士团作斗争，就必须精通"教会法"。哥白尼认为保卫国家是义不容辞的责任。他还说："没有任何义务比得上对祖国的义务那么庄严，为了祖国而献出生命也在所不惜。"同时为了生活上的开支，哥白尼便做了教士。1496年秋，哥白尼到了意大利，作为教士，哥白尼的业余时间非常充足，他便把教会上面的一座塔楼作为宿舍，并作为天文观测站，这样经过多年的研究，哥白尼把他的"太阳中心学说"写出了一个提纲，简单地命名为《试论天体运行的假设》。这篇文章便在与哥白尼志同道合的朋友中间传开了。这篇文章宣布："所有的天体都围绕着太阳运转，太阳附近就是宇宙中心的所在。地球也和别的行星一样绕太阳作圆周运转。它一昼夜绕地轴自转一周，一年绕太阳公转一周……"

他曾这样说："我清楚地知道，一旦他们弄清楚我在论证大体运行的时候认为地球是运动的，就会竭力主张我必须为此受到宗教裁判……"这时哥白尼又经过测算、补充、修订，最后才把作品命名为《天体运行论》，但由于教会以及原来学说的地位，哥白尼犹豫着迟迟不愿意发表《天体运行论》。

直到1539年春天，在青年学者雷迪卡斯以及朋友们的支持下，哥白尼才同意发表。1541年，雷迪卡斯把修改稿带到纽伦堡，请神学家奥幸德匿名写了一篇前言，奥塞安德尔教士又假造了一篇前言，前言中说这些不过是对行星运动的一种推测和预算以及对星表的设想，这时哥白尼已经病入膏肓，便请奥塞安德尔代为出版。由于书前面的两篇虚假前言瞒过了很多人，因此《天体运行论》的发行很少有人问津。1543年，当一本印好的《天体运行论》送到哥白尼手里的时候，他已经不行了，享年70岁。

【人物评价】

哥白尼用"太阳中心说"推翻了亚里士多德和托勒密的"地球中心说"，沉重打击了以教会为首的封建的神学观，打破了"科学是神学的婢女"这一现象，使自然科学从神学的桎梏中解放出来。虽然他的"太阳中心说"有一定的局限性，但是他没有放弃宇宙中心说和宇宙无限论。后来，在他的基础上，出现了开普勒第三定律以及牛顿的万有引力定律，这为人类的发展创造了条件。因此，恩格斯在评价哥白尼以及他的"天体运行论"时说："自然科学借以宣布其独立并且好像是重演路德焚烧教谕的革命行动，便是哥白尼那本不朽著作的出版，他用这本书来向自然事物方面的教会权威挑战，从此自然科学便开始从神学中解放出来。"著名的思想家罗素评价哥白尼："哥白尼虽是一位波兰教士，但他抱着真纯无瑕的正统信仰，他的正统信仰很真诚，他不认为他的学说与《圣经》相抵触。"

【哥白尼名言】

人的天职在勇于探索真理。

没有任何义务比得上对祖国的义务那么庄严，为了祖国而献出生命也在所不惜。

67. 近代科学之父——伽俐略

【人物导引】

伽利略（1564—1642），意大利物理学、天文学家。伽利略在力学方面发现了加速度，在天文学方面发明了望远镜，更确定了"日心说"的地位，鉴于对后世科学的发展，人们称他为近代科学之父。

【人生经历】

伽利略于1564年2月15日诞生于意大利西海岸比萨城一个破落的贵族家庭，他的父亲是一个很不得志的音乐家。伽利略小时候就智慧过人。11岁时在教会学校学习，17岁时，便进入著名的比萨大学，按照父亲的意愿，开始学医。

比萨大学是所古老的大学，学校图书馆藏书丰富，这很合伽利略的心意，但是伽利略对医学并没有多大兴趣。他很少上课，一上课就对教授们授课的内容提出这样那样的疑问，使教授们难于回答。在教授们的眼里，伽利略是个很不招人喜欢的坏学生。不过，伽利略只是兴趣不在医学，他很喜欢数学、物理学等自然科学，并且以怀疑的眼光看待那些自古以来被人们奉为经典的学说。由于家庭经济困难，伽利略没有拿到毕业证书，便离开了比萨大学。在艰苦的环境下，他仍坚持科学研究，攻读了欧几里得和阿基米德的许多著作，作了许多实验，并发表了许多有影响的论文，从而受到当时学术界的高度重视，并被誉为"当代的阿基米德"。

伽利略25岁时就做了比萨大学的数学教授。两年后，伽利略

第五章 发明创造

因为著名的比萨斜塔实验,触怒了教会,失去这份工作。伽利略离开比萨大学后,于1592年去威尼斯的帕多瓦大学任教,一直到1610年。这一段时期是伽利略从事科学研究的黄金时期,在这里,他在力学、天文学等各方面都取得了非凡成就。

1610年,伽利略把他的著作以通俗读物的形式发表出来,取名为《星空信使》。这本书在威尼斯出版后,轰动了当时的欧洲,为伽利略赢得了崇高的荣誉。同时伽利略被聘为"宫廷哲学家"和"宫廷首席数学家"。1611年到罗马并担任林嗣科学院的院士。

伽利略在帕多瓦大学工作的18年间,最初把主要精力放在他一直感兴趣的力学研究方面,他发现了物理上重要的现象——物体运动的惯性;作过有名的斜面实验,总结了物体下落的距离与所经过时间之间的数量关系;他还研究了炮弹的运动,奠定了抛物线理论的基础;关于加速度这个概念,也是他第一个明确提出的。甚至为了测量病人发烧时体温的升高,这位著名的物理学家还发明了第一支空气温度计,而伽利略发明的望远镜,经过不断改进,放大率提高到30倍以上,能把实物放大1000倍。

伽利略所写的《关于两种世界体系的对话》一书,严重威胁了"地心说",威胁了教会的统治,因此年老的伽利略被送到罗马进行审判,当法官用火刑威胁伽利略要他放弃自己的信仰,否则就要对他处以极刑。在审讯和刑法的折磨下,伽利略被迫在法庭上当众表示忏悔,同意放弃哥白尼学说,并且在判决书上签了字。"为了处分你这样严重而有害的错误与罪过,以及为了你今后更加审慎和给他人做个榜样和警告,"穿着黑袍的主审法官当众宣读了对伽利略的判决书,"我们宣布用公开的命令禁止伽利略的《关于两种世界体系对话》一书;暂时正式把你关入监狱内,根据我们的意见,以及使你得救的忏悔,在三年内每周读七个忏悔的圣歌……"

伽利略晚景凄凉,但他始终相信,真理永远不灭,宇宙的法则不因为教会的阻挠而改变。

1642年1月8日,伽利略逝世。

1980年,罗马教廷宣布取消对伽利略的审判。

【人物评价】

他的发明主要体现在以下三个方面:

1. 力学

伽利略是第一个把实验引进力学的科学家。他利用实验和数学相结合的方法确定了一些重要的力学定律。1582年前后,他经过长久的实验观察和数学推算,得到了摆的等时性定律。1589—1591年间,伽利略对落体运动作了细致的观察,从实验和理论上否定了统治千余年的亚里士多德关于"落体运动法则",确立了正确的自由落体定律。尤其是加速度概念的提出,在力学史上是一个里程碑。这为牛顿正式提出运动第一、第二定律奠定了基础。

2. 天文学

伽利略是利用望远镜观测天体取得大量成果的第一位科学家。这些成果包括:发现月球表面凹凸不平,木星有四个卫星(现称伽利略卫星),太阳黑子和太阳的自转,金星、木星的盈亏现象以及银河由无数恒星组成等。他用实验证实了哥白尼的"日心说",彻底否定了统治千余年的亚里士多德和托勒密的"地心说"。

3. 哲学

伽利略一生坚持与唯心论和教会的经院哲学作斗争,主张用具体的实验来认识自然规律,认为经验是理论知识的源泉。他不承认世界上有绝对真理和掌握真理的绝对权威,反对盲目迷信。他承认物质的客观性、多样性和宇宙的无限性,这些观点对发展唯物主义的哲学具有重要的意义。

【伽利略名言】

生命犹如铁砧,越被敲打,越能发出火花。

真理不在蒙满灰尘的权威著作中，而是在宇宙、自然界这部伟大的无字书中。

68. 蒸汽机之父——瓦特

【人物导引】

詹姆斯·瓦特（1736—1819），英国著名的发明家，英国工业革命时期的重要人物。英国皇家学会会员和法兰西科学院外籍院士。他对当时已出现的蒸汽机原始雏形作了一系列的重大改进，发明了单缸单动式和单缸双动式蒸汽机，提高了蒸汽机的热效率和运行可靠性，对当时社会生产力的发展作出了杰出贡献。他改良了蒸汽机、发明了气压表、汽动锤。后人为了纪念他，将功率的单位称为瓦特，常用符号"W"表示。瓦特是国际单位制中功率和辐射通量的计量单位，常用符号"W"表示。

【人生经历】

瓦特，1736年出生在英国格拉斯哥市的一个小镇，由于瓦特从小身体不是太好，过了入学的年龄，还待在家里。

瓦特在家里的这段时间经常与爷爷在一起，爷爷在数学、测量学以及航海学方面知识渊博，而他父亲是航海技术工人，而且在小镇上开了一家仪器制造的小商铺。这对瓦特来说是一个良好的条件。他没事回到家里便跟父亲来回折腾那些仪器，因此瓦特很小就积累了许多技术制造与测量方面的知识，也培养了他发现问题和解决问题的能力。这奠定了瓦特在制造方面的动手能力与他以后的发展基础。

　　瓦特入学后，学校的知识远远不能满足他对知识的需求，因此他在学校总是很努力地看书或默默地思考，这样他在人们的心目中是一个沉默寡言的孩子。有时候他碰上自己不懂的东西，便会仔细地观察，甚至待上一天的时间。一天他在与邻家的小女孩儿玩的时候看到放在火炉上的水壶，水壶里沸腾的水"咕咕"顶着壶盖上下地波动，瓦特很好奇，虽然在别人眼里这是很正常的事情，没有什么大惊小怪的，但是瓦特总想弄清这是为什么，同时他还把小手放在壶塞上，蒸腾的水又把他的手顶了起来，这让瓦特更惊奇了，他不明白这力量的来源。这件事情一直伴随着他。

　　由于瓦特身体不好，没有毕业就提前退学了。但是，他在家里坚持自学了天文、数学、化学、物理学和解剖学等。瓦特17岁时到格拉斯哥大学旁的一家钟表店里当学徒。由于小时候他就接触仪器制造，学习仪器测量知识，再加上他的好奇与好学，逐渐在店里成了有名的技术能手，甚至格拉斯哥大学里面的仪器坏了都要找他修理，逐渐他在格拉斯哥大学里成了名人。

　　在21岁时，瓦特已经很出名了，因此格拉斯哥大学给他提供了一个仪器实验员的职位，负责修理制造和改造仪器。这样他接触的知识和著名学者多起来。由于瓦特敬业、虚心，格拉斯哥大学提供资金让他单独开了一个小店儿。在这期间他开始思考自己小时候关于水壶的问题以及开发蒸汽机的可行性问题。后来在朋友罗宾逊教授的引导下，瓦特开始了对蒸汽机的实验，但是由于瓦特从来没有见过一台可以运转的蒸汽机，试验的都是自己制造的蒸汽机模型。

　　1763年，瓦特得知格拉斯哥大学有台纽科门蒸汽机正在伦敦修理，他请求学校取回这台蒸汽机并进行了修理。但是这台蒸汽机只是勉强可以工作，效率很低。经过大量实验，瓦特发现80%的蒸汽热量都耗费在维持气缸的温度上。1765年，瓦特把冷凝器与汽缸分离开来，使汽缸的温度一直维持在开始注入蒸汽时的温度。但是要

第五章 发明创造

制造一台蒸汽机没有试验资金，还是没有办法把模型转化成真正的蒸汽机。

著名的卡伦钢铁厂的拥有者约翰·罗巴克开始赞助瓦特。有了钱，瓦特开始了新式蒸汽机的试制，并成为公司的合伙人，但是新的问题又出现了，由于活塞与气缸制作得相当粗糙，当时的钢铁技术又不是很发达，所以制造的结果很不满意。另外由于相关的技术专利申请需要国会的认可，因此大部分的资金都花费在相关程序上，只有少部分资金用在蒸汽机的制造上，并且罗巴克的公司开始走下坡路，大量资金短缺，不能使实验与制造正常运行。不得已，瓦特又找了份运河测量员的工作，一下做了8年。不久，罗巴克破产，相关专利都由一家铸造厂的老板马修·博尔顿接手。而博尔顿对瓦特的蒸汽机也十分感兴趣，他把瓦特找来，开始了两人长达25年的合作关系。

由于博尔顿掌握着大量的钢铁制造专利和技术专利，同时还具有大量资金，这使瓦特得到了更多的资金和技术支持。终于在1776年，第一批新型蒸汽机制造成功并应用于实际生产。但是这批蒸汽机只能用在抽水泵上，虽然这样，瓦特还是赢得了大量的订单。同时瓦特还在继续研究如何使蒸汽机能为绝大多数机器提供动力。不久，瓦特公司的雇员威廉·默多克发明了一种曲柄齿轮传动系统，这使蒸汽机能更好地为其他机器提供动力支持，广泛地扩大了蒸汽机的应用范围。在1782年，瓦特的双向式蒸汽机取得专利，并把功率单位定位为马力，由于瓦特对蒸汽机改进作出了重大贡献，被选为皇家学会会员。

在以后，瓦特又对蒸汽机作了一系列改进：从双汽缸到节气阀门与离心节速器；从三连杆组到高压蒸汽，这使得蒸汽机功率是瓦特见到的第一台蒸汽机功率的5倍。1808年，瓦特成为法兰西学士院的成员，1814年，又被选为法国科学院外籍院士。在1819年8月25日，这位影响后世的蒸汽机发明家在希斯菲德逝世。后人为了纪念他，将功率的单位称为瓦特,常用符号"W"表示。

【人物评价】

罗尔特在其所著的《詹姆斯·瓦特》一书中曾写道:"瓦特蒸汽机巨大的、不知疲倦的威力使生产方法以过去所不能想象的规模走上了机械化道路。"

【瓦特名言】

最好是把真理比作燧石,它受到的敲打越厉害,发射出的光辉就越灿烂。

69. 生物科学的创始人——查·达尔文

【人物导引】

查尔斯·达尔文(1809—1882),英国博物学家、生物学家。他提出的"物种进化论"学说以及"物竞天择,适者生存"的生物进化学说,对后世产生了深远影响,被人称为生物科学的创始人。

【人生经历】

达尔文出身于富裕的医生家庭,小时候除了喜欢看书以外还非常喜欢研究蚂蚁,有时甚至可以看一天。在他16岁时,老达尔文准备让儿子继承自己的衣钵,把他送进了爱丁堡医学院。但两年之后,他认为自己不适合从事医生行业,所以退学了。后来,达尔文听从父命，进了剑桥大学学神学。虽然他也不喜欢神学，但仍然顺利地拿到了毕业证书。

在剑桥大学期间，达尔文巧遇了当时有名的植物学教授亨斯洛。亨斯洛精通植物学、昆虫学、化学、矿物学和地质学，长期不断地观察和研究自然。达尔文正是在他的帮助和指导下，才成为一个真正的自然科学家。

1831年，当植物学家亨斯洛被要求推荐一名年轻的博物学家参加"贝格尔"号的环球航行时，他推荐了忘年交达尔文。达尔文的父亲竭力反对儿子参加航行，怕影响儿子在神学上的发展。在达尔文的一再恳求下，老达尔文终于作出让步，表示他若能找到一个可敬的人支持，就可以去。达尔文找到了舅舅、他未来的丈人来说服父亲，并侥幸通过了以苛刻著称的费兹洛伊船长的面试，于1831年年底随"贝格尔"号开始环球航行，途经大西洋、南美洲和太平洋，沿途考察地质、植物和动物。一路上达尔文做了大量的观察笔记，采集了无数的标本运回英国，为他以后的研究提供了第一手资料。

五年之后，"贝格尔"号绕地球一圈回到了英国。但是在1858年夏天，达尔文收到了华莱士的信，迫使他不得不提前发表自然选择理论。因为达尔文读了华莱士的论文，见到他自己的理论出现在别人的笔下时，其震惊和沮丧可想而知。他的第一个念头，是压下自己的成果，成就华莱士。但是他的朋友、地理学家赖尔和植物学家虎克都早就读过他有关自然选择的手稿。在他们的建议下，达尔文把自己的手稿压缩成一篇论文，和华莱士的论文同时发表在1859年林耐学会的学报上，但这两篇论文并没有引起多大的反响。在赖尔和虎克的催促下，达尔文在同一年又发表了《物种起源》（篇幅只是他准备多年的手稿的1/3），文中用大量资料证明了形形色色的生物都不是上帝创造的，而是在遗传、变异、生存斗争中和自然选择中，由简单到复杂、由低等到高等，不断发展变化的，生物进化论的提出，摧毁了唯心论和物种不变论，这篇学说征服了整个科学界。

【人物评价】

达尔文的物种起源学说标志着19世纪人们对生物界和人类在生物界中的地位的看法发生了深刻的变化。他的"物竞天择,适者生存"更是表明了人类的进化历程,恩格斯将"进化论"列为19世纪自然科学的三大发现(能量守恒和转换定律、细胞学说、进化论)之一。

【达尔文名言】

乐观是希望的明灯,它指引着你从危险峡谷中步向坦途,使你得到新的生命新的希望,支持着你的理想永不泯灭。

70. 医护鼻祖——南丁格尔

【人物导引】

南丁格尔(1820—1910),英国女护士,生于意大利。她在世界上首创了护理学,把她自己的一生贡献给了人类的健康。她任劳任怨,不管病人有多脏有多恐怖,她都认真包扎护理,使他们脱离了死亡的魔影。在她的影响下成立的国际红十字会更是意义深远,作用巨大。

【人生经历】

南丁格尔,出生在佛罗伦萨一个旅居意大利的英国商人家里,集财富与学问于一身的父亲和名门出身的母亲都喜欢旅行,足迹踏遍

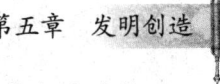

欧洲各个名胜古迹,南丁格尔就是父母在意大利旅行期间出生的。

南丁格尔从小生长在富裕优越的环境中,接受了父母的完美教育。她的父母为人慈善,常常施舍穷人,在他们的熏陶下,南丁格尔从小就产生了要为穷人、病人服务的思想。后来,渐渐长大的南丁格尔逐渐对自己的生活意义产生了怀疑,开始思索一些社会问题。一次在与姐姐商谈心事时,南丁格尔说出了自己的心里话:"我觉得我们现在这样的生活,不是我所想要的,每天弹弹琴,跳跳舞,打扮得花枝招展的,最后嫁给一个有钱有势的人,这种生活并没有意义。"

母亲发现南丁格尔很不对劲。她想:"这孩子从小爱动物、爱花草,主动亲近贫病人家,性格和一般孩子不一样。长大后,这种差异更加明显。最近她几乎整天关在房里,或躲在没人的地方,究竟在愁些什么呢?"当母亲听父亲说:"南丁格尔近来比从前更认真读书,她已读完欧洲各国的历史和政治史,还要进一步研究社会问题。"母亲怀疑地说:"万一哪一天,南丁格尔想发起什么社会运动的话,那可怎么办?"父亲对此不以为然:"我并不想把孩子训练成社会改革家,我只是想尽量让她接受些高等教育。不会像你说的那样严重,南丁格尔从小就喜欢深思,最近大概又遇到什么问题,一时想不通罢了。"但此时的南丁格尔的确在为自己的未来作打算,可她还在犹豫不决。她一方面不想让父母对自己感到失望;一方面又想改变自己的生活状态,做一些对人类有意义的事情,但这些事情在当时并不为社会所认同。一次,她在圣坛前作祷告时,好像听到了上帝在对她说:"你不要犹豫,既然想为世人做一些事,就不要在意别人的看法,勇敢些,献身于贫穷患病的人们吧……"那天她以兴奋的心情,在日记中写着:"上帝在召唤我去工作。"南丁格尔感到救死扶伤是上帝指派给自己的神圣使命,命运已经注定。终于,南丁格尔找到一个机会对父母吐露自己的愿望:"从小我就梦想将来成为护士,陪伴在病人的旁边,照顾他们和减轻他们的痛苦,只有这样的生活才能使我感到幸福与快乐。"

父母听到南丁格尔的话，顿时惊呆了。因为在她所处的时代里，女孩子外出工作就会被人看不起，不管你的理由多么神圣、多么崇高，凡是到社会上工作的女性就不会被人尊敬，而在当时的行业里，护士被视为最卑贱、最污秽的工作。在人们心目中，从事"护士"的都是卑贱、贫苦的老妇人。她们没有受过教育，衣着随便，头发杂乱不堪，做事马马虎虎，举止粗鲁，一手拿着洋葱，一手握住酒瓶，一边啃辛辣的洋葱，一边猛灌低劣的烈酒，天天烂醉如泥。即使最简单的医疗工作，也不能放心让她们去做。她们不但不能减轻病人的痛苦，反而加速病人的死亡。这种令人难以置信的状况，确是当时医护界的真实写照。南丁格尔对这种情形十分了解，但她总是感到自己有一种无法推卸的重任。父母的反对除了让她感到心情沉重外，并没有动摇她的决心。

1851年8月，南丁格尔到"知识妇女疗养所"任监督职位。虽然，她只在开塞威特受过三个月的实际训练，可是，她曾经参观过许多医院，也读过不少医学和卫生方面的书籍，对于医院的改革很有心得，她提出许多革命性的建议，如为病人装设紧急呼唤铃，用升降机运送病人的饮食等。她的才干，让大家刮目相看。1854年，对南丁格尔的命运有影响的克里米亚战争爆发了。伦敦《泰晤士报》的一篇社论报道，法国伤兵接受法国修女看护，而英国的伤兵却无人照料，许多伤兵宁愿死去，也不愿活着受罪。南丁格尔的心被震动了，要求自愿奔赴前线，陆军部勉强同意让她负责护理工作。1854年10月21日，南丁格尔带着38名护士组成的医疗队向前线出发。

野战医院混乱、悲惨的状况令南丁格尔一行大吃一惊：医院里到处都是伤兵，病房地板上，甚至走廊上到处都是横七竖八躺着的患者，窗外是满地的污秽和垃圾，还有腐烂的死狗。病人们穿的都是血迹斑斑的破烂衣服，吃的是士兵们自己放在大锅里煮的过烂而失去原味的食物。到了夜晚，病房里老鼠乱窜，臭虫、虱子成灾，简直是活地狱。

第五章 发明创造

南丁格尔并没有被困难吓倒。她用满腔的热情,果断地取消了使局面混乱不堪的办事制度和程序,进行大胆地改革。她们每天工作近20个小时。很快,医院的状况便被她整顿得焕然一新,伤员的死亡率由原来的40%下降到27%。

许多伤病士兵感受到身边发生了像梦境一样的变化。伤员们激动地说:"这所医院就是我们的天堂,南丁格尔小姐就是照顾我们的天使。"有许多士兵干脆称呼她为"克里米亚的天使"。南丁格尔不仅是一位热情、认真、负责的护士,而且还是一个懂得病人心理的护理专家。她眼看着那些即将痊愈的士兵们,沉溺于不良的游乐,而失去生活规律,毫不珍惜自己的生命时,心里感到十分伤心和失望。为了能让那些精神空虚的伤员安定情绪,不再酗酒闹事,她主动拿出钱来在医院附近创建了图书馆和娱乐所,购置足够的报纸、杂志和富于趣味性的书籍,以及有益于身心的娱乐器材,并教导士兵们具备正确的观念和使用器材的方法,以防止他们被不良嗜好所吸引。她甚至鼓励士兵进行储蓄,尽管她的计划令许多军官感到惊讶,却被士兵接受了。南丁格尔的这项计划有着双重的意义,除了使士兵生活正常化,也使后方的家眷们知道他们勇敢的亲人在前线过着富足的生活。后来南丁格尔的故事就如神话般地传开了,后来连反对她的英国绅士们都不得不承认,南丁格尔在护理行业上创造了不可思议的奇迹。

1856年,克里米亚战争结束了。英国政府已把她当作英雄。伦敦方面正进行着隆重的欢迎仪式,准备迎接克里米亚的天使、军人的大恩人——南丁格尔。可是南丁格尔却对这份荣誉表现得很淡薄,她不想兴师动众,便巧妙而委婉地回绝了大家的欢迎,自己改个名字,悄悄地回家了。1860年,她用公众捐助的南丁格尔基金在伦敦泰晤士河边的圣·托马斯医院创办了"南丁格尔护士学校",这是世界上第一所正式的护士学校。从此,由南丁格尔开创的战地护理事业和护理学校开始在全世界推广。

正是由于南丁格尔的功绩和影响,1869年红十字会在日内瓦成立。为了护理事业，南丁格尔终身未嫁，她把毕生的精力都用在了护理事业上。为了纪念南丁格尔，人们在伦敦市中心为她竖立了一尊雕像，还把她的生日5月12日定为"国际护士节"。

【人物评价】

她出身名门，她把自己的全部精力完全献给了人类的护理事业，开创了护理学，成为护理学和国际红十字会的鼻祖，并成立了世界上第一所护士学校，为人类的健康立下汗马功劳。

【南丁格尔名言】

工作是治疗人类所有顽疾和厄运的最有效的药剂。

71. 发明大王——爱迪生

【人物导引】

爱迪生（1847—1931），美国科学家、发明大王。他从小喜欢发明喜欢创造，他发明了电灯、电影、留声机、复印机等并在化工、建筑、医疗等领域有1000多项发明专利。这是迄今为止世界上拥有最多专利的发明家，因此被后人誉为世界发明大王。

【人生经历】

爱迪生生在美国中西部的俄亥俄州的米兰小镇。他的童年既幸福又艰难，幸福的是父母都努力支持他进行发明研究；艰难的是因

第五章 发明创造

为家庭环境不是太富裕，没有足够的钱让他进行学习和研究。爱迪生仅上过三个月的小学。在家的时候母亲教他读书写字，把他学习的基本功打得很扎实。

爱迪生稍大一点时，便在火车上卖报赚取生活费。一次他边卖报纸边作实验，在火车激烈的震动下，一个瓶里的白磷把车厢烧了，为此他被别人打成了聋子。这是爱迪生一生中最大的困难，但是他没有因此放弃科学，始终如一地把自己的理想都付诸实施。

一天，爱迪生在火车站散步，看见一个小孩在铁轨旁边玩耍，这时火车马上就要开过来了，爱迪生一个箭步飞过去把小孩救了，而这个孩子就是火车站站长的孩子。这个站长也不富裕，为了感谢爱迪生，便决定把无线电技术教给爱迪生。爱迪生对无线电技术爱慕已久，不久就学会了无线电发报技术，站长让爱迪生在车站做发报工作，由于晚上发报的时候一小时一次，爱迪生就用自己的小聪明改造了一番，他让发报机在钟表每小时打钟的时候自己发，然后自己睡觉去，最后被其他人查出来，爱迪生就失业了。

由于没有工作，爱迪生四处流浪，最后回到了家乡。他在家刻苦学习，看的书包括物理、化学、数学等，这为他以后的发明奠定了基础。后来他感觉自己的实力足够的时候。又开始了流浪的生活，给别人兼职做发报工作。1869年，爱迪生来到纽约，他在等候面试的时候，办公室的一台发报机坏了，而爱迪生轻轻松松就修好了，由于他在这里是唯一能够修理发报机的，因此他获得了一份薪水丰厚的工作。

不久，爱迪生与公司同事波普成立了一家公司，专门经营电气仪表类的科学用品。这时爱迪生发明了印刷机，这是世界上第一台印刷机，当爱迪生把印刷机带给华尔街的一家大公司的老板时，本来想要3000美元，但是老板直接给了他4万美元，这让爱迪生十分高兴，并且这笔资金让爱迪生有更多的本钱去经营自己的公司。

爱迪生用这笔钱造了一个实验室，并且招了一批助手，还建造了自己的工厂。这样，他自己的事业开始一步步发展起来，他的助手后来在他的培养下，大部分都成为发明高手。在这期间他发明了油印机、复印机，还在发报机的基础上进行了改进，发明了二重四重电报机，最后还发明了世界上第一台英文打字机。

不久爱迪生在纽约成立了最先进的实验发明中心，这就是我们常说的爱迪生发明工厂。这里的设备都是当时最先进的，有的是爱迪生自己设计制造的，有的是在其他的地方购买的，爱迪生还从各地聘请了许多知名专家，顿时，这个实验中心人才济济。这里的人都有各自的项目，他们有时候进行交流，有时候独自进行研究，他们的项目既系统复杂又种类繁多，但是大都与我们的生活息息相关，有的项目人们却根本看不懂。

早在1809年，英国化学家戴维发明了电弧光灯。从此，人类进入了用电照明的时代。但是弧光灯有一个缺点，就是在照明的时候容易发出噪音，并且特别耀眼，所以很不适宜在室内使用。当时有很多科学家已经注意到这个问题，但是这个问题始终没有得到很好的解决。1878爱迪生开始在电灯领域进行研究。在研究了之后，爱迪生认为自己有信心改进弧光灯的缺点，同时还能提高它的优点。但是当时爱迪生没有多少钱，因为他的资产大部分都投入研究里面去了，最后他宣布，谁能资助他，那么他就能改进弧光灯，比现在弧光灯的性能要好上百倍。这时正好有个大富豪，他属于一个财团的代表人，表示愿意支持爱迪生，前提就是爱迪生的发明专利归他们，同时为他们财团挣钱。

开始的时候，爱迪生是用一些碳化物质作的实验，但是根本没有效果，最后又用金属以及其他合金，但是都失败了，只要是能够用到的东西，爱迪生都会拿过来实验一番，可是爱迪生实验了将近1600多种物质都没有成功，而这时他的助手们则取得了很好的成果，也就是现代灯泡的雏形，用一个真空玻璃球，找一个细丝做灯丝。

在这段实践里，只要是爱迪生实验过的东西他都会记在自己的笔记本上，失败将近1600多次，足足记载了200多本。就这样，实验了将近三年的时间，除了知道一些不可能成为灯丝的金属以及灯泡需要密封的真空状态之外，离爱迪生成功还是有一定的距离。1880年的夏天，爱迪生拿着把扇子来回扇着，然后继续作实验，可是到最后手头没有材料了，爱迪生干着急。这时他看了下扇子，就用扇子上的竹丝做为灯丝来实验，但这次实验却成功了。后来，爱迪生创办许多商业性的公司，这些公司后来合并为著名的通用电气公司。爱迪生的兴趣是无边的，不久又发明了矿石搅拌机、蓄电池、喷火器、潜水镜等。他活了84岁，但是他的专利却达到1000多个。

1931年爱迪生逝世，终年84岁。他逝世时，纽约城熄灯3分钟，来哀悼这位带给人类光明的大发明家。

【人物评价】

爱迪生是世界上伟大的发明家，一生之中发明的东西超过1000多个，他勤奋努力，刻苦钻研，用自己的一生诠释了自己对科学的追求，他发明的东西对于现代人来说至关重要，比如灯泡、电影、复印机、打字机、蓄电池等，是现代科学所必备而不可缺少的东西，也就是说，如果没有爱迪生，那么也许人类的世界还是充满了黑暗，因此人们尊称他为发明大王。

【爱迪生名言】

人生太短暂了，要多想办法，用极少的时间办更多的事情。

发明是百分之一的聪明加百分之九十九的勤奋。

天才就是百分之一的灵感，加上百分之九十九的汗水。

72. 让人类翱翔天空的发明家——莱特兄弟

【人物导引】

威尔伯·莱特（1867—1912）和奥维尔·莱特（1871—1948），美国人，他们首次实现了无动力飞机到动力飞机的成功转化，首次实现了飞机的成功飞行，让人类不再望"空"兴叹，终于可以在天空自由地飞翔。

为了纪念莱特兄弟，后人建立了"莱特兄弟航空纪念所"以及"莱特兄弟奖章"，人们尊重和敬爱莱特兄弟，并称他们为飞行之父。

【人生经历】

在莱特兄弟小的时候，由于他们的祖父是车轮制造商，所以他们在制造方面很感兴趣。有一天他们的爸爸给兄弟俩买了一个人造飞螺旋，这是莱特兄弟首次见到的人工制造并且可以飞行的东西，他们对这个飞螺旋十分感兴趣，这也是他们为什么要参与制造动力飞机的一个原因。

刚开始的时候莱特兄弟就观察鸟在空中飞行，研究其中的原理，然后用画笔参照自己的理解把鸟飞行的过程画下来，然后开始制造人工滑翔机。1900年10月，莱特兄弟终于制造出了他们第一架滑翔机，并把它带到海边进行试飞。由于这里地方开阔，风力很大，很适合进行滑翔机的试飞。但是开始的时候滑翔机飞翔的高度

第五章　发明创造

才1米左右，可以说是失败的。第二年，莱特兄弟在以前滑翔机的基础上又进行了改进，这次还是在海边进行试飞，试飞时飞行高度在200米左右，这让莱特兄弟俩着实高兴了一把。但他们并不仅仅局限于滑翔机，因为那时的滑翔机在空中飞行不了多长时间，并且飞行距离也非常短，这就要求人们在动力方面进行思考，同样莱特兄弟把飞机的动力锁定到柴油机上面。

莱特兄弟最始的想法就是在滑翔机上安装一台柴油机，但是他们经过测量发现滑翔机最大的承受重力是92公斤，但是柴油机最小的重量也在200公斤。这让莱特兄弟很头痛。幸好当时的一位工程师十分支持他们，制造了一台大约80公斤的柴油机，但是仍然存在问题，如飞机的具体构架如何，柴油机怎么把动力输出去等。最后经过反复的试验，他们决定在机顶上安装螺旋桨，用柴油机带动螺旋桨为飞机提供动力支持。但是在实验的时候不能每次都到大海边来实验，最后他们模拟户外环境，发明了一个风速在12米/秒的风洞，风洞的发明是航天史上的重大突破，是后世进行航天实验不可或缺的实验条件。1903年9月，莱特兄弟带着装有发动机的飞机来到海边试飞，但就是飞不起来。此后经过多次的实验试飞，效果都不理想。

当时美国政府非常重视飞机的发明，便让一位名叫兰莱的发明家进行飞机制造的工作，但是在一次试飞的时候飞机失事坠入大海，试飞以失败而告终。莱特兄弟听说后，到兰莱那走了一趟，没想到学到了很多的知识，他们了解到飞机的零部件、操作等，也知道了制造飞机的很多细节。

1903年，莱特兄弟带着改造好的飞机又来到海边，开始的时候他们在地面架起两根铁轨并让铁轨形成一定的坡度，然后威尔伯像操纵滑翔机那样打开发动机让飞机边转动螺旋桨边向前滑行，但是飞机刚离开地面不到2米左右就一头栽了下来。幸好飞机和人都没有问题，两人开始检查飞机，可是螺旋桨以及柴油机还有操作方面都没有问题，那么飞机为什么飞不起来呢？最后还是奥维尔分析到飞机不能在斜坡上进行飞行，要在平行的轨道上滑行，让飞机依靠螺旋桨转动的力量飞起来，而不是在斜坡上面滑下来，因为这时候的飞机还没有获得足够的动力使螺旋桨转动起来。

莱特兄弟用了几天的时间，找到了一处宽阔的平地，把铁轨架好，12月17日又一次开始了实验飞行。开始的时候飞机升高了将近4米，然后开始向前平行飞行，大概有20米的时候飞机安全降落，但是高度没有变化。兄弟俩十分兴奋，因为以前的实验要么是飞机起不来，要么是向前不飞行，但是这次却有了突破性进展。过了一会儿，兄弟俩决定再进行一次飞行，而效果却是出奇地好，高度为80米左右还可以长久飞行，这下让两人吃了一颗定心丸。在第三次飞行的时候高度竟然达到了259.75米，已经远远超过了两人的预计估算，飞行时间为59秒。莱特兄弟跑到报社说，自己已经制造出了飞机，并且高度在200多米，但是报社的编辑根本就不相信，因此当时还没有多少人知道莱特兄弟的飞机已经制造成功。

不久，莱特兄弟把注意力放在发动机的身上。经过实验两人认为把大型发动机装在机身上面至少可以乘坐两人。在造出来之后，两人决定进行试飞，在城市上空飞行了一个多小时。当时的市民看见城市上面有人驾驶着鸟一样的东西在飞，顿时议论纷纷。当两人让飞机降落到地上的时候，众人顿时围了上来，大家开始直传这一消息。

1906年美国的《先驱论坛报》刊登了一篇文章，题目为"飞行者还是撒谎者？"1908年莱特兄弟在妹妹凯瑟琳·莱特的帮助下把一架飞机带到法国，并在空中进行了飞行表演，顿时整个城市都轰动了。他们在美国也举行了类似的飞行表演，也获得了举大的成功。美国政府对此非常关注，决定在莱特兄弟的公司订购一批飞机用于国防事业。虽然俩人因为飞机制造的一些专利与一些人打官司，但法庭把专利判给莱特兄弟。不幸的是1908年奥维尔·莱特在飞行表演的时候出现了"空难",导致海军上尉塞尔弗里奇死亡,奥维尔失去一条腿。尽管如此,他们的公司在妹妹凯瑟琳·莱特的帮助下事业蒸蒸日上,1912年威尔伯因病去世,弟弟奥维尔因哥哥的逝世伤心不已。1948年,奥维尔在凯瑟琳·莱特去世的同一年也离开了人世。

【人物评价】

飞机的发明制造对现代人类的文化发展起到了不可估量的作用,它穿山越岭,使地形不再是阻碍人类穿越的因素,实现了货物的快速流通,使人类加强了交流与合作,同时也为人造航天器飞向外太空打下了基础,由于飞机对后世产生了巨大的影响,因此莱特兄弟被尊为飞机之父。

【莱特名言】

我相信飞行是可能的。

73. 无线电之父——伽利尔摩·马可尼

【人物导引】

马可尼(1874—1937),意大利电气工程师和发明家,世界上无线电通信技术的发明人。无线电通信技术的发明为世界各个方面的通信联系带来个很大的方便和实惠,让人类尽早进入了无线电通信时代,这为航海、航空、军事战争、异地空间联系提供了非常迅捷、快速的条件。因此，1909年马可尼获得诺贝尔物理学奖。后人称之为无线电之父。

【人生经历】

马可尼，1874年生于意大利博洛尼亚市一个很富裕的家庭，这使马可尼能够获得良好的教育和培训。1888年，赫兹在他的学术论文《论动电效应的传播速度》中已经证明了电磁波的存在，这为马可尼发明无线电通信技术提供了契机。

1894年，20岁的马可尼开始对赫兹的理论进行实验并开始了对无线电研究，他发现电磁波可以远距离地以光速传播，这使他联系到船只上就可以用这种信号进行传播，这样可以使船只在必要的时候发信号求救。

在大学的时候，马可尼就对无线电装置进行研究，一位大学教授在指导学生作实验时，来到马可尼面前说："你知道吗？赫兹证明，电磁波可以像光一样在宇宙中传播，同样具有反射性！"马可尼听完后，恍然大悟。在下课后，马可尼交给老教授一张画着长了翅膀的字母飞越在大海上空的鱼。他对教授说："就让电磁波来穿越海洋吧！"教授满意地点点头："那你就追寻你的梦想吧！"马可尼认真地钻研了麦克斯韦和赫兹的电磁学说，假如电磁波真的像光一样的传播，那么在没有障碍物的情况下，电磁波就可以在地球上来回地传播。如果真的有障碍物，那么当中可以建造一些使电磁波信号增强的设备，这样电磁波就可以成为真正意义上的全新的通信工具。就这样，他在学校就开始研究电磁波的设备问题。开始的时候就200米的距离，但是一直没有动静，他没有灰心，没有丧气，埋头苦干。就这样他接连十年没有停下对电磁波的研究，终于在1895年制造出了大约2000米的无线设备，并且在实验当中运用接通天线的方法，使电磁波得到了增强，实现了一定距离下的电磁波

第五章 发明创造

传输，这时马可尼距离成功没有多远了。

1896年，马可尼在英国作了该装置的演示试验。当时英国当局非常重视无线电装置的发明，因为通过无线电，不但在军事上面，在其他方面，比如交通运输、航海求救、国内远距离通信等都可实现瞬间传输。因此，在英国当局的大力支持下，马可尼反复研究更长距离的无线电发射接受装置。他认为无线电有多个频道，并且把无线电分成多个调频，在发射和接受的时候在同一个频道就可以实现同步协调。并且把发射塔提高到一定的高度就可以使中间的障碍物减少，让无线电的信号达到清楚传播的程度。这时，马可尼成立了自己的公司。他想实现远距离最大化的电磁波实验，因此便带领助手来到英国海港对面的英吉利海峡，这时的他毫无悬念地实现了电磁波的传输。这证明了他的猜想是正确的，但是这种距离下的传播还没有太大的实用性。为了追求更远距离的传播，他又携助手来到加拿大的圣约翰斯，开始的时候他用氢气球带着电线飞到高空，天空距离地面的高度大概在100米左右，可是英国那面一直没有信号。这时氢气球不知道什么原因爆炸了，马可尼急得团团转。最后助手建议他用风筝把天线绑在上面，然后放飞。马可尼很纳闷为什么英国那面没有信号，他想到了高度问题，因此一下把风筝放到了130米左右。不料，接收器开始"滴答、滴答"地响起莫尔斯电码，顿时在场的人都欣喜异常。这证明无线电信号已经穿越了大西洋，设备已经发明成功，可以正式投产了。

开始的时候人们对无线电还将信将疑，这时，一艘海上轮船安装了无线电设备，正巧在海上遇难。人们对无线电还不是太了解，但还是在绝望中发出了希望的"SOS"，当时人们组织海上搜救人员赶到出事地点，全船人员除几个人以外全都获救，这下马可尼的无线电开始真正被人们认同。这给马可尼的公司带来巨大的经济利润，同时他于1909年，获得诺贝尔物理学奖。这一年，他才35岁。

当时马可尼还一直在无线电领域进行研究,他发射的无线电信息成功地穿越6000英里的距离,从爱尔兰传到阿根廷,整个欧洲几乎都可以接受到无线电。同时他还研究了声音利用无线电进行传播的问题,证明声音也是可以通过无线电传播的。首次进行世界上的第一次广播,是在1905以后才得以实现的。

【人物评价】

马可尼发明的无线电通信在现代世界中极其重要,它可以用于新闻、军事、科研、警务及海上搜救等同时可以让汽车、轮船、飞机、航天飞机之间相互通信。实现瞬时通信,这为世界的发展提供了很好的契机。后人为了纪念他,将他称为无线电之父。

【马可尼名言】

我愿意告诉诸位,倘使诸位能够尽心竭力的干一件事,是一定可以成功的。

第六章 艺术大师

优秀的艺术是全人类的,它能带给人视觉、听觉上美的享受,能让人抛开一切烦恼,获得心灵、思想上的慰藉。他们是站在艺术顶端的大师,带给全人类视觉、听觉上的享受。

74. 巨人中的巨人——达·芬奇

【人物导引】

达·芬奇（1452—1519），意大利文艺复兴时期著名的美术家、建筑家、美学大师。他自小生活在环境优美的佛罗伦萨郊区的芬奇镇，他的画风优美，是继古希腊以来最伟大的画家，恩格斯则佩服地说："他是巨人中的巨人。"

【人生经历】

达·芬奇于1452年出生在佛罗伦萨，他的父亲是一个公证人，在家庭经济上比较富裕，这保证了达·芬奇能够获得良好的教育。达·芬奇的童年是在祖父的农庄里度过的。这培养了他对大自然的热爱。达·芬奇喜欢音乐，但是他在美术方面的天赋却更高，因此人们都称他为"绘画神童"。父亲将达·芬奇送往佛罗伦萨，拜著名的绘画大师弗罗基奥为师，开始系统地学习造型艺术。这时的达·芬奇只有14岁。弗罗基奥的艺术作坊是当时佛罗伦萨著名的艺术中心，经常有很多艺术大师在这里聚会，探讨自己的心得体会。达·芬奇在这里结识了一大批知名的人文主义者、艺术家和科学家，开始接受人文主义的熏陶。

弗罗基奥为达·芬奇上的第一课就是要求他开始画鸡蛋，但是这时的达·芬奇对画鸡蛋这种训练方法不屑一顾，认为画鸡蛋太简单、太轻松了，所以他就没有认真地画。弗罗基奥检查作业的时候，看见达·芬奇画的鸡蛋歪七扭八的，弗罗基奥就耐心地说："你

第六章 艺术大师

看看这鸡蛋的表面，它是由多种不同的层面组成的，这既简单又复杂，画鸡蛋是基本功，没有基本功，你怎么可能成为一个绘画大师呢？"达·芬奇顿时无语，从此他开始专心地学习，即使最简单的绘画他都会画到自己满意，感觉比较完美了为止。

达·芬奇在20岁时，他高超的绘画和雕刻技艺让著名的绘画和雕刻大师都称赞不已。这时的他开始用自己的雕刻刀和自己的画笔描述自己的心灵世界，也在描述自己对大自然美的看法。

在艺术创造方面，达·芬奇解决了造型艺术三个领域——建筑、雕刻、绘画中的重大课题，他解决了纪念性中央圆屋顶建筑物设计和理想城市的规划问题，同时他还解决了雕刻家深感棘手的骑马纪念碑雕像的课题，纪念性壁画和祭坛画在他的画笔下艺术性的得到了充分的发挥。

达·芬奇的艺术作品不仅能够完全反映出人物的基本外貌，还能把人物的各种情绪渲染得淋漓尽致，画中的人物仿佛就是一个活生生的个人，就是一个完美的整体。有一次他帮老师弗罗基奥在一副名为《约翰为基督洗礼》的画中画了一个小天使，结果他的水平完全超过了弗罗基奥的水平，这让他的老师不禁惊喜万分。在达·芬奇的绘画里最著名的就是壁画《最后的晚餐》、祭坛画《岩间圣母》以及肖像画《蒙娜丽莎》。这三幅画是达·芬奇最著名的作品，更是欧洲艺术界最伟大的作品。特别是《蒙娜丽莎》历经四年才完成，人物的表情更是达到了无可复加的地步。人们在看《蒙娜丽莎》的时候把她的右手称为美术史上最美的一只手。

《最后的晚餐》是达·芬奇绘制在格拉齐教堂圣餐厅的墙壁上的画。达·芬奇让所有人物座成一排面向外，耶稣基督坐在最中间，而犹大与众门徒分隔开，画在餐桌的对面，处在孤立被审判的位置上。由于达·芬奇对人的形象和心理作过深入的观察和研究，所以能从人物的动作、姿态、表情中洞察人物微妙的心理活动并表现出来。

【人物评价】

达·芬奇是一位天才，一个艺术型的天才，他涉猎于绘画、雕塑、建筑、历史、美学、哲学等领域，是文艺复兴时期涉猎最广、成就最大的一个人。同时他思想深邃，博学多才，他把艺术、科学、感性、理性完全融为一体，达到了天人合一的境界。他继承并发扬了前人的创作手法，把艺术推到一个前所未有的高度。人们更是称赞他为文艺复兴时代最完美的代表人物。

【达·芬奇名言】

荣誉在于劳动的双手。

铁不用就会生锈，水不流就会发臭，人的智慧不用就会枯萎。

75. 音乐神童——莫扎特

【人物导引】

莫扎特（1756—1791），出生在有"音乐之乡"之称的奥地利维也纳。莫扎特很小的时候就表现出了极强的音乐天赋，能敏感地分辨音乐，6岁时就获得了"神童"的称号，他的作品有《费加罗的婚礼》、《魔笛》、《安魂曲》等，奠定了现代协奏曲的形式。

【人生经历】

莫扎特，于1756年出生在奥地利维也纳附近一个叫萨尔茨堡的小城，父亲奥波德是萨尔茨堡大主教乐队的小提琴手。幼年的莫扎特就显露出超人才华,被誉为世界上少有的音乐"神童"。

莫扎特3岁时就对音乐表现出了浓厚的兴趣。4岁时开始跟父亲学钢琴,还经常向家人或来客主动地弹奏一曲。莫扎特5岁时就弹得一手好钢琴了,他能操一把小提琴与父亲及其朋友一起,凭直接视谱,将6支三重奏曲演奏下来。萨尔茨堡这个小城里人们都知道奥波德家有一个音乐小天才。

莫扎特6岁以后的音乐作品就已经有自己的风格了,只需根据开头几个小节,就可以断定是莫扎特的作品。优美高雅、信心十足、生气勃勃、结构严谨、豪迈奔放,是这位音乐神童作品的独特艺术风格。

莫扎特的父亲发现儿子的确在音乐方面具有才华,为了让莫扎特开阔眼界,便带着6岁的莫扎特和他姐姐周游德、奥、法、英、意等国,开始了长达10年的旅行演出活动。他们所到之处都受到了热烈的欢迎,尤其是莫扎特的表演常常让观众听得入迷。"太美了,简直是太美了!""再来一曲,再来一曲!"在观众的欢呼声中,莫扎特常常要加演好多曲子,观众还仍然不舍离去。8岁的莫扎特在英国演奏时,遇到了音乐大师巴赫。巴赫非常喜欢这位音乐天才,于是亲自指导他演奏和作曲。这一年,莫扎特写了三首交响乐和几首奏鸣曲。12岁时,他就为维也纳歌剧院写了歌剧《假傻姑娘》;14岁时,他为意大利米兰歌剧院写了歌剧,并亲自指挥演出,连演20场,场场爆满。这轰动欧洲的出色的成绩,使得莫扎特14岁就获得了意大利音乐中心——鲍伦亚学院院士的称号。

据说当时发生了一件趣事:莫扎特在罗马教皇的音乐厅里听到《圣经》里的一首圣歌《主啊,怜悯我们吧!》,这是一首非常珍贵的乐谱,是一首从不外传的珍藏品,违者开除教籍。但是,莫扎特听了一遍以后,便能把这首曲子演奏下来了,他甚至凭着记忆将曲子完整地写了下来,而只错了三个音符。从此,这首"绝密的圣歌"再也没有什么神秘性了。

莫扎特的父亲花费十年的时间在各国游历演出，有他自己的用意。那就是：一方面希望通过巡回演奏展示莫扎特惊人的天赋，以便获得皇家的赏识，赐予莫扎特一官半职；另一方面也希望通过周游列国，让莫扎特广泛接触各国作曲家和演奏家，从他们身上以及作品中，吸收新的作曲风格和各种音乐形式。这十年的旅行演奏，使莫扎特名闻遐迩，并在作曲上日臻成熟。在这期间，莫扎特将各国的音乐风格消化吸收，加以整合，逐渐形成个人的风格。

17岁之后的莫扎特，必须开始面对现实生活中的种种压力和贫穷的困扰。尽管他有旷世奇才，也免不了背负凡人俗世的种种困扰。莫扎特首先受雇于新任的大主教柯罗瑞多，履行宫廷乐队长的义务，然而保守封闭的小镇生活，加上不识英才的苛刻雇主，都让莫扎特无法忍受。他只好请求离职，由母亲陪同他再次出游德、奥、法各国，希望能另谋新职。然而此行非但未能如愿以偿，还导制母亲因旅途劳顿而病死在巴黎公寓。他不得已再次受雇于柯罗瑞多，可这次受雇仍未能持久，他再次与柯罗瑞多决裂。次年，不顾父亲的反对与康丝坦采结婚，从此开始在维也纳定居，此时已25岁的莫扎特终于开始了独立自主的艺术家的生活。

俄国李奥波阿尔教授曾说过："要是你想成为一个优秀的音乐家，那么，你生来就应该是贫穷的，因为在贫困者心中，有一种说不出的、极其神秘、最美丽的，可以增强人们力量、思考力、同情和慈爱心的元素。"的确，莫扎特就是这么贫穷的人，他甚至买不起木炭来温暖他居住的破屋。在寒冷的冬天里，他只好把手插进穿在脚上的毛袜里取暖片刻，然后再继续工作。

莫扎特生命中异常艰辛的阶段，恰恰是在作曲上达到最成熟的阶段，他的几部最重要的歌剧如《费加罗的婚礼》、《唐·乔凡尼》、《魔笛》、《女人心》等脍炙人口的歌剧和众多的小夜曲都创作于此时。莫扎特的音乐常常被人们称作"永恒的阳光"，因为他的音乐即使在表现痛苦和悲伤时，也似乎含有天真纯洁的微笑。

他那优美、机智的旋律总是充满明朗、淳朴的气质，他那典雅、热情的乐思像清泉一样纯洁、透明、自然、流畅而喷涌不尽。莫扎特的音乐给予人们的是经过锤炼后的纯真，他那面对严峻生活而永不泯灭的童心让人分外感动。

莫扎特在维也纳的生活充满了矛盾，一面是辉煌的成就，另一面是失望和潦倒。在维也纳的最后十年，是他作为自由音乐家进行创作的最重要时期，也是他以对艺术、对自由的执着信念向社会抗争的十年。自由对莫扎特来说同时意味着贫困，但莫扎特不怕贫困，坚忍地忍受着贫困的煎熬。

然而贫困却过早地夺去了莫扎特的生命，1791年12月，莫扎特病逝于维也纳，年仅35岁。在他去世的时候，屋中没有一根木材取暖，病倒在床的妻子无法为他送葬，而临死前，他仍默吟着自己心爱的歌剧《魔笛》的旋律，在音乐的庇护下他默默闭上了眼睛。

美国音乐学者约瑟夫·马克利斯说得好："在音乐历史中有这样一个时刻：各个对立面都一致了，所有的紧张关系都消除了。莫扎特就是那个灿烂的时刻。"

【人物评价】

罗马尼亚作曲家艾涅斯库曾说："莫扎特的音乐如同火山斜坡上的葡萄园，里面火热，充满了翻腾的岩浆，外面却是一片宁静、清新、甜美的景象。"

【莫扎特名言】

贫穷造成了饥饿，也造就了英雄。天下最可贵的，莫如时日；天下最奢侈的，莫如浪费时日。

76. 乐圣——贝多芬

【人物导引】

贝多芬（1770—1827），德国著名的音乐家，年轻时他患有耳疾，晚年时双耳失聪。在这样的情况下他发出生命的最强音——扼住生命的喉咙。他的作品有《英雄交响曲》、《命运交响曲》、《田园交响曲》、《哀格蒙特》、《悲怆》、《月光曲奏鸣曲》等等。他是古典乐派最后的代表人，同时又是浪漫乐派的创始人，与海顿、莫扎特一起被后人称为"维也纳三杰"。因为贝多芬对世界音乐的发展有着巨大贡献，被后人尊称为乐圣。

【人生经历】

贝多芬于1770年生于德国波恩一个平民家庭，他的父亲是该地宫廷唱诗班的男高音歌手，他对贝多芬的管教很严格，在贝多芬小的时候就对他进行系统的训练，使他能够像莫扎特一样在6岁的时候就进行全欧洲的演出表演。贝多芬从4岁起就开始练习羽管键琴和小提琴，并表现出了一种音乐家的天赋。并且在这一年首次登台表演，在表演中，贝多芬发挥得相当出色，获得了很大的成功，被人们视为第二个莫扎特。

贝多芬11岁时发表了第一首作品《钢琴变奏曲》。更令人惊讶的是贝多芬13岁时就参加了宫廷乐队，任首席风琴师和古钢琴师。1787年，贝多芬有幸跟随莫扎特、海顿等人学习作曲。

1792年，贝多芬来到音乐之都维也纳，这时的维也纳有很多音

第六章 艺术大师

乐艺术家,在这样浓厚的艺术氛围中,贝多芬的音乐才能突飞猛进地提高。他将自己的信念与自己的信仰结合在一起将之融入音乐作品当中;同时在音乐表现上他的作品多样化,有歌剧、奏鸣曲、钢琴曲等,在其九部交响曲中以《第三交响曲》、《第五交响曲》、《第六交响曲》、《第九交响曲》最为著名。

《第三交响曲》原来是贝多芬命名的《拿破仑交响曲》,因为拿破仑结束了当时法国的混乱局面建立了共和体制,在贝多芬心里拿破仑是摧毁专制、实现共和的英雄。于是贝多芬听便作了《拿破仑交响曲》准备献给拿破仑。可是拿破仑称帝后,贝多芬大怒,把乐谱撕毁,最后贝多芬把这首交响曲命名为《英雄交响曲》。过了很长时间,贝多芬的怒气才渐渐平息,这部作品于1804年12月,才在维也纳罗布科维兹亲王的宫廷里演出。在出版总谱的时候,上面印着:英雄交响曲为纪念一位伟人而作。因此,《第三交响曲》也称为《英雄交响曲》。由于这首交响曲演奏得十分成功,贝多芬卓越的才华不但得到大众的认可,同时也得到了王子罗伯克洛茨和王妃的称赞,更得到了海顿的高度评价。

1804年,贝多芬演出首获成功。他的前途不可限量,很多人都知道贝多芬的名字。但不幸的是,贝多芬开始感觉自己的耳朵开始慢慢失聪。这是一个巨大的痛苦,这比死神剥夺自己的生命更加恐怖,因为音乐是贝多芬一生的追求,贝多芬把它看得比生命都更加珍贵。慢慢地,他开始消沉,虽然贝多芬自己可以理解音乐,但听觉还是不好恢复。他失去听觉,痛苦时不想与别人交谈,更深怕别人说自己是个聋子,怕别人说自己写不出优秀的作品,因此他放弃了自己最喜欢听的宫廷音乐会。但是灵感和贝多芬内心的思想没有消失,出于音乐的诱惑,贝多芬还是成功地站了起来。他发出不向命运低头的最强音——扼住生命的喉咙,尽管他听不到别人说的,但那些音符在他的心里仿佛有生命一般,他完全能够在心里听到音符的高低、强弱,更能知道一部完整音乐作品的音效和它在别人听来所能表达的效果。

一天,贝多芬到一家餐馆吃饭,他忽然想起了自己的事情,同时感觉灵感源源不断,感觉十分强烈,因此便在菜谱后面开始作曲。慢慢地他就完全沉浸在美妙的旋律中。当侍者看到贝多芬投入的样子,不忍心打扰他。过了一个多小时侍者终于来到贝多芬身边小心地问:"先生,上菜吗?"贝多芬吃了一惊,立刻掏钱结账。侍者很惊讶:"先生,您还没吃饭呢!""不!我确信我已经吃过了。"贝多芬抓起写满音符的菜谱,走了出去,传说《命运交响曲》就这样在菜谱上诞生了。

贝多芬没有妻子,没有结过婚。据说贝多芬40岁的时候,对一个名叫特蕾泽·玛尔法蒂的女学生十分有好感,因此便作了一首曲子,没有曲名只有标题——献给特蕾泽。这首曲子一直存放在特蕾泽那儿。后来德国音乐家诺尔在整理贝多芬的作品的时候在特蕾泽房子里发现了这首曲子的手稿。在后来出版的时候诺尔错把曲子的标题写成"献给爱丽丝"。这首曲子就是流传至今的《献给爱丽丝》。

【人物评价】

"扼住生命的咽喉"是贝多芬一生的写照,尽管已经失聪,可是还能谱写出一章章优美的旋律和乐曲,也许这在其他人眼里根本就是不可能发生的事情,但是,贝多芬做到了。

【贝多芬名言】

痛苦能够毁灭人,受苦的人也能把痛苦毁灭。

我要扼住命运的咽喉,它妄想使我屈服,这绝对办不到。

77. 圆舞曲之王——小约翰·施特劳斯

【人物导引】

小约翰·施特劳斯（1825—1899），奥地利的维也纳作曲家、指挥家、小提琴家。他们家族世代都是音乐大师。他的成就更是在他的父亲之上。他的《蓝色多瑙河》成为全世界人民喜爱的音乐作品。

【人生经历】

小约翰·施特劳斯的父亲也叫约翰·施特劳斯，人们称他为老约翰·施特劳斯，老约翰·施特劳斯与写过114多首圆舞曲的约瑟翰·兰纳一起奠定了维也纳圆舞曲的基础。小约翰·施特劳斯的成就比他父亲大，被誉为"圆舞曲之王"。因此他的音乐继承了其父和兰纳等前辈的传统。

小约翰·施特劳斯从小爱好音乐，他小的时候，父亲指挥的乐队经常在家里排练，耳濡目染，他在7岁时就写出了第一首圆舞曲。可是父亲极力反对儿子学音乐，因为他不愿意看到孩子跟自己一样辛苦。老约翰·施特劳斯常为应付演出而搞得疲于奔命。这种永不得闲的日子使他心情焦躁，终生不得安宁。因此，小约翰·施特劳斯幼年时未能学习音乐，而被送去学商业。他16岁后曾在家里学习当银行家的课程。但是，他依然酷爱着音乐，并得到了母亲的支持，他母亲暗中请老约翰·施特劳斯乐队领班教他拉小提琴，后来还请教会里当乐长的约瑟夫·德列克斯勒教他作曲。

小约翰·施特劳斯18岁时，因为父亲不要他学音乐，甚至告到法院，结果儿子胜诉。这一年，他尝试写宗教音乐，但是他感到与自己的个性格格不入。他一直喜爱与人民生活密切相关的轻音乐，尤其是奥地利人民喜闻乐见的维也纳圆舞曲，以至于后来他的才华在此得到极大的发挥。1844年，他19岁，经过几番周折后终于组织了一个乐队，于10月15日在当时第一流的舞蹈场所举行了第一次演奏。在这场演奏会上，他正式登台指挥。演出的作品有他创作的《寓意短诗圆舞曲》及其他的三首圆舞曲，而《寓意短诗圆舞曲》在听众"再来一遍"的强烈要求下，竟连续重奏了19遍。可以说，这次演出获得了极大的成功。第二天，维也纳一家报纸写道："好好休息吧，兰纳。晚上好，老施特劳斯。早上好，年轻的施特劳斯。"这足以表明年轻的施特劳斯时代到来了。小施特劳斯的音乐活动得到了维也纳市民的支持，他组织的乐队开始与父亲的乐队分庭抗礼，甚至他们也能到外地巡回演出了。

1846年，贝多芬表面上已和父亲和解，但他拒绝加入父亲的乐队，依然率领着自己的乐队进行演出活动。1848年爆发欧洲革命时，年轻的施特劳斯怀着真挚而激动的心情加入了革命队伍，他身穿国民自卫军制服，用琴弓指挥《马赛曲》。同年，他第一次出国巡回演出到罗马尼亚，他代表奥地利人民向奥地利领事说："人民要求民主和自由，不需要你这样的官吏。"从19世纪60年代初开始，他开始着手创作规模较大的演奏会用的舞曲体裁。他所作的许多优秀的维也纳圆舞曲大部分是在这一时期创作出来的。而《蓝色多瑙河》自1867年2月15日在维也纳剧场首次演出之后，便引起了很大的轰动。这首名曲很快就受到全世界热爱生活、爱好和平的人们的欢迎。在维也纳，人们称赞它是"奥地利的第二国歌"。

19世纪70年代是小约翰·施特劳斯创作轻歌剧以及大型舞曲的时期，他之所以要创作轻歌剧，主要是受法国作曲家奥芬巴赫和奥地利作曲家索贝的影响。从70年代初到90年代末，他一共创作36部轻歌剧，其中《蝙蝠》和《吉普赛男爵》已成为维也纳轻歌剧的代表作。他只用了42天就完成了《蝙蝠》这部作品；《吉普赛男爵》

在他60岁生日前夕上演,连续演了84天。直至今天,这些剧作仍在世界各地的大剧院里经常演出。小约翰·施特劳斯是个多产作曲家,他的作品号码编到479号。他的轻歌剧欢快、热情、幽默而格外富于韵律性。以明朗、舒展的旋律著称的小约翰·施特劳斯的维也纳圆舞曲,对其他体裁的专业音乐创作也产生了重要的影响。

1899年6月3日,小约翰·施特劳斯因患肺炎在维也纳逝世,享年73年。维也纳人民为他举行了有上万人参加的盛大的葬礼。直到100多年后的今天,他那富于生活气息的、优美动听的、反映人民热爱生活的思想感情的作品,仍然受到全世界人们的喜爱。

【人物评价】

小约翰·施特劳斯是奥地利著名的作曲家、指挥家、小提琴家,他把华尔兹这种原本只属于农民的舞曲形式提升为哈布斯堡宫廷中的一项高尚的娱乐形式,使华尔兹这种圆舞曲开始在欧洲各国盛行,鉴于他对流行圆舞曲的贡献,人们称他为圆舞曲之王。

【小约翰·施特劳斯名言】

只有音乐让我忘记一切,因为这个时候我能很专心地去面对它。

78. 雕塑大师——罗丹

【人物导引】

罗丹(1840—1917),法国著名雕塑家,他的《青铜时代》、《思想者》、《雨果》、《加莱义民》和《巴尔扎克》等作品都有新的创造,曾受到法国官学派的抨击。他善于用丰富多样的绘画性手法塑造出神态生动、富有力量的艺术形象。他画了许多速写,别具风格,并有《艺术论》传世。罗丹在欧洲雕塑史上的地位,正如诗人但丁在欧洲文学史上的地位。罗丹和他的两个学生马约尔和布德尔,被誉为欧洲雕刻"三大支柱"。

【人生经历】

罗丹生于法国一个贫穷的基督教家庭。他的父亲是一名警务信使,母亲是穷苦的平民妇女。罗丹从小喜爱美术,其他功课却很糟糕。在姐姐玛丽的支持下,失望的父亲不得不同意把他送进巴黎美术工艺学校。姐姐玛丽靠自己挣得的工钱来供给他食宿费,因此罗丹从小就深深地敬爱他的姐姐。

14岁时,罗丹上了一所工艺美校随荷拉斯·勒考克学画,在上学的这段时间,他常去卢浮宫临摹大师的名画。由于买不起油画颜料,罗丹转到了雕塑班,并从此爱上了雕塑。勒考克又介绍他到当时法国著名的动物雕塑家巴耶那里去学习,使他受到良好的基础训练。经过三年艰苦而勤奋的学习后,罗丹踌躇满志,准备投考巴黎美术学院。勒考克把罗丹介绍给当时著名的雕塑家曼德隆,让他作为推荐人在罗丹的入学申请书上签字,但这也没用,罗丹落选了。第二年依然落选。第三年,一个老迈的主持人在罗丹的名字旁边干脆写上:"此生毫无才能,继续报考,纯系浪费。"就这样,未来的欧洲雕刻巨匠,竟被巴黎美术学院永远拒之门外。这对渴望成为雕塑家的罗丹来说,是一个沉重打击。更大的打击接踵而来,罗丹心爱的姐姐玛丽因失恋而入修道院了。两年之后,她柔弱的精神和肉体承受不了失意而又清寒枯索的生活,因病去世。罗丹的精神在这双重打击下彻底崩溃了,他毅然走上姐姐的路,当了一名修道士。

但是罗丹强健的肉体供给他源源不断的欲望,其中创作欲望在一颗艺术家的心中燃起了难以遏制的火焰,使罗丹陷入内心的矛盾和痛苦中。善良而明达的修道院院长埃玛尔,从罗丹受压抑的表情上看出了他的心思。他创造条件让罗丹有机会去画画和雕刻。当他看到罗丹确有才气后,就劝说罗丹还俗,去继续其雕塑事业,"用艺术为上帝服务"。

罗丹用一颗被抚慰而充满感激的心在修道院为埃玛尔院长做了一件雕像,这件雕像显示出23岁的罗丹已经具备当一个雕塑家的洞察力、技巧和手劲儿。

罗丹重新回到勒考克身边,在他的帮助和支持下,开始了边工作边自学的奋斗生涯。雇不起模特儿,他就请一个塌鼻的乞丐毕比给他当模特儿。乞丐的丑陋使罗丹看到了在其被磨损的脸上,有着人类所共有的愁苦和凄凉,同时他也想到了那位终生辛苦劳作而孤独的雕塑大师米开朗基罗。于是在罗丹的眼中生活的美丑和艺术的美丑有了不同意义。

罗丹在创作时注意光在作品表面的表现,将其所要展现的思想内涵溶入作品中去,使雕塑艺术成为一种强有力的语言,因为人们在思想上所感受的内容要远远超过视觉感受。罗丹不仅是一位雕塑大师,同时又是一位伟大的老师。他的学生或者助手,哪怕是仅仅有过交往的,都在艺术上深受罗丹的影响。但罗丹作为老师从不在艺术观点上束缚学生们,因此他的学生都因自己的独特风格而脱颖而出。他们学习的是罗丹的创作精神,所以其中出类拔萃者甚多,有些日后与老师齐名。

罗丹的一生是被人攻击和嘲讽的一生,同时也是被人理解和支持的一生。但他始终以一种伟大的人格正确地面对这一切。罗丹一生都在攀登,终于登上米开朗基罗之后的又一高峰。

【人物评价】

罗丹坚信:"艺术即感情。"他的全部作品都证明了这一观念,都深刻揭示了人类的丰富情感。以此而论,罗丹是最杰出的浪漫主义雕刻大师。他没有浪漫派中容易见到的那些弊病,如肤浅的热情，空洞的夸张，虚假的内涵；他偏爱悲壮的主题，善于从残破中发掘出力与美。这使他的艺术作品具备博大精深的品格，既使人动情，又启人之思。他同情底层劳动人民，热爱自己的祖国，将其毕生投入对艺术执着追求和人生种种痛苦的思索中去。他开创了一个全新的时代，创作了一种全新的艺术手法，把人类引进了一个新的艺术时代。

【罗丹名言】

生命之泉，是由心中飞涌的；生命之花，是自内而外开放的。

艺术之源，在于内在的真，你的形，你的色，都要传达情感。最主要的是感受，爱憎，希冀，吟哦，生活。要做艺术家，先要从做人开始。

79. 印象派大师——凡·高

【人物导引】

凡·高（1853—1890），荷兰后期印象画派代表人物，是19世纪人类最杰出的艺术家之一，虽然他只活了37岁，可是他的作品却很丰富，例如：《向日葵》、《蝴蝶花》、《吃土豆的人》等都是绘画艺术里的珍品，在后世人来看，更是无价之宝。

【人生经历】

凡·高出生在荷兰北部的一个牧师家庭里。从小他的性格就孤僻怪异，沉默寡言还腼腆羞怯。凡·高9岁时就表现出了绘画天

第六章 艺术大师

赋。他画过实物速写,并临摹过家中的石板画。由于家境困窘,因此凡·高没有上美术学校的机会。中学毕业后,凡·高到海牙一家美术商店卖画。不久他又到巴黎总店和伦敦分店卖画。这时,年仅16岁的凡·高在艺术方面已经有了很深的造诣,这使他在辨别画的能力上有了质的飞跃。

一天,一个贵夫人为自己的新居购画。她喋喋不休地胡乱发着议论,并且尽挑一些庸俗的画。这个贵夫人挑了低俗的画,嘴里还自鸣得意地说:"我的眼力不错吧!"这使凡·高非常气愤,忍不住接口说:"即使我闭上眼睛,也比现在挑得好。"这个贵夫人听了大怒:"小乡巴佬,你懂得什么?老板呢?老板呢?这就是你们店里的学徒么?哼!"贵夫人气愤地离开了店铺。这时凡·高的老板狠狠训了他一顿。凡·高却说:"怎么能为了赚钱向这种愚蠢的人卖画?为什么这种不懂艺术的人来买画,而那些真正有艺术鉴赏能力的穷人却没有钱买画来装饰自己的房子呢?"这件事情发生没有多久,凡·高就十分厌烦地辞职回家了。凡·高的父亲对凡·高无奈地说:"既然你作画不成,那就去学神学吧!"开始的时候,凡·高是打死也不去,最后在叔叔的劝说下,凡·高考进了阿姆斯特丹大学神学系,但是慢慢地他就对神学失去了兴趣,因为这些都是一些死记硬背的东西,并且对穷苦的老百姓没有任何的帮助。不久,他就收拾了自己的行囊不辞而别。他来到比利时比森特等牧师开办的学校,听说在这个学校待上三个月就可以获得文凭。由于的凡·高的语言组织能力不是太好,因此,在他毕业的时候,没有给凡·高发毕业证,这让凡·高十分难过。这时皮森特牧师见凡·高很可怜,就对他说,给你一个实习的机会,只要在实习中表现得良好就可以转正,成为正式的神职人员。没过多久,凡·高就登上南下的列车,开始了自己的工作。

当凡·高来到比利时博利纳日矿区时就感到当地人的生活实在太悲惨了。他第一次感到宗教是那么没用,上帝在物质面前是那么苍白无力。这时他就把自己的内衣、袜子、外套、毯子等都分给了穷困的工人，每天帮助工人洗衣煮饭，给别人治病，即使是教会发给他的工资也被他散发一空。可是不久，这里又发生了一次矿难，这下让凡·高更是大伤脑筋。不久，教会的人过来视察他的工作，看到凡·高如此狼狈的样子，顿时勃然大怒，认为他让教会丢尽了脸面。教会停发他的工资，凡·高的生活顿时陷入窘境。

无奈的凡·高整日在矿区游荡。一次，正当他在矿区百无聊赖的时候，看见一个矿工在灰蒙蒙的路上走着，这时他的灵感来了，便画下了自己的第一幅作品《博利纳日的矿工》。当然作画时他没有考虑解剖学、透视学以及人物的比例等问题，他仅仅是按照自己所思所想去画。这时他才真正认识到自己已经走到了艺术世界的大门口，凡·高心里既快乐又幸福。

凡·高已经开始对艺术着迷了，弟弟提奥的生活并不是很富裕，但还每月都接济他。凡·高知道作画时必须有一定的文化知识和文化底蕴，要不就会流于庸俗。因此他刻苦钻研一些大文学家的名著，例如有莎士比亚、狄更斯、雨果等世界文豪的名作，都一一被凡·高铭记在心。提奥每个月都会寄给凡·高150法郎，他用这些钱购买纸笔、动物解剖图、人体骨骼复制图以及绘图所用的染料。凡·高努力地学习画画，这样自己可以靠卖画为生，同时也可以为弟弟省下一笔钱。20岁时，凡·高来到海牙，自己租了一间房子，在房子里面疯狂地挥洒，但是染料贵得已经超出凡·高的承受能力。这时弟弟提奥仍旧寄钱给他，凡·高用这部分钱买染料，作画。

凡·高最初的作品非常低沉，最后他在低沉中转移了自己的风格，用自己的疯狂和兴奋把自己的苦楚表达出来，因此他的精神分裂状况也慢慢地表现出来。

1885年凡·高完成了早期名画《吃马铃薯的人》，从这时候开始凡·高就已经确立了自己的作画风格。高更看过凡·高的画后就直接对他说："你的这些画，他们仿佛要从画布上跳下来，当我看着你的作品——这对我可不是头一次，我就开始感到一种无法控制的兴奋，我的感觉是，如果你这幅画不爆炸，我肯定会爆炸。"高更还直接问凡·高是否患有癫痫病。

这时凡·高的精神分裂已经初现端倪。在这期间，凡·高以惊人的速度挥洒着自己的才气，在1886年他画了4幅画，1887年他就画了12幅，1888年竟然高达46幅画，而每幅画都是画中的精品，这足以见证了凡·高的才气与魅力，但是在他的一生之中他仅仅卖出了一幅画。1888年12月，他用刀子把自己的左耳割了下来，然后他又画下了自己的自画像。那包扎起来的左耳是凡·高对命运疯狂的叫嚣，也是对自己命运的抗争。没多久，凡·高用手枪自杀了，享年37岁。几个月后，曾经热爱他、资助他的弟弟提奥也死去了。

【人物评价】

凡·高的一生留下了丰富的作品，对后来美术的发展产生了深刻的影响。他的艺术对20世纪表现主义影响甚深。

【凡·高名言】

画家怕空白的画布，但空白的画布却怕真正有热情的画家。

80. 京剧大师——梅兰芳

【人物导引】

梅兰芳（1894—1961），原名梅澜，别名梅畹华，又名鹤鸣，祖籍江苏泰州，生于北京。著名京剧表演艺术家，擅长旦角，

"梅派"创始人。受家庭熏陶,梅兰芳从小学戏,到青年时代就已经在京剧表演艺术上打下了深厚的功底。成名后,梅兰芳不断探索创新,终成一代京剧大师。

【人生经历】

梅兰芳出生于京剧世家,祖父梅巧玲是有名的京剧演员,旦角。伯父梅雨田是著名的琴师、笛师,为京剧、昆曲伴奏。父亲梅竹芬也是京剧演员,不幸的是,梅兰芳四岁那年父亲就去世了。虽然父亲早逝,但是梅兰芳在家族长辈的熏陶下,从小就喜欢看戏、听戏,并且喜欢上了戏曲表演。

梅兰芳八岁时,正式开始学戏,学旦角。旦角,戏曲中的女性形象,男孩子学旦角,就要扮演女性,唱、念、做,都要模仿女性,包括用假嗓说唱。梅兰芳天赋条件并不好,这就需要付出更多的努力刻苦练习。一开始,老师教了多时,他学不会。一次,有一位老师见他学得慢,生气地说:"不行,你不是学这个的料,祖师爷没给你这碗饭吃!"听到老师这话,梅兰芳脸红了,他暗下决心,一定要学出样子来。自此,梅兰芳更加刻苦练习,他用心琢磨,反复学、反复练。别人练一个唱段六七遍就会了,他却要练上二三十遍。渐渐地,他的嗓子练得圆润甜美,唱出来字正腔圆。

梅兰芳小时候,视力不好,有点近视,眼皮下垂,眼神当中缺少神气。可是旦角在台上的眼神很重要。为了练好眼睛的神气,他想到了一个办法,他弄了几只鸽子,每当鸽子飞起来后,他就紧盯着鸽子,眼睛随着鸽子飞翔而转动。天长日久,他的眼睛练得神气十足,直到老年,在舞台上演出,还是光彩照人。

有些人认为,梅兰芳的艺术成就归功于他的天赋条件好,其实更主要原因在于梅兰芳的刻苦学习,努力钻研。天赋再高,没有后天的努力恐怕也会一事无成。

梅兰芳十岁登台演戏,十四岁搭"喜连成"的戏班,正式参加演出。"喜连成"后来改名叫"富连成",是我国非常有名的京剧科班,培养了众多京剧名家,像侯喜瑞、马连良、谭富英等。梅兰芳在这个戏班里演戏,收获很大,不仅学了不少戏,而且还丰富了自己的表演经验。

梅兰芳刚开始登台,主要演唱工戏,演出的段子主要有《二进宫》、《三娘教子》、《祭江》、《玉堂春》等。梅兰芳嗓子好,唱得字正腔圆,所以颇受欢迎。随着社会的进步,观众的欣赏水平提高了,自然而然对京剧的要求也高了,不再满足于原有的京剧演唱形式,这就要求对京剧的表演形式进行改革,要加进一些其他的元素,比如有内容、有表演的戏。

梅兰芳意识到这一点后开始琢磨:只演重唱的青衣戏,不能满足观众要求了。要把戏路放宽才好。于是,他有意识的学习偏重身段、表情和武工的戏,如《穆柯寨》、《樊江关》、《虹霓关》等,果然大受欢迎。与此同时,梅兰芳也会博采其他戏种,融入到自己的表演当中。比如昆曲,是一种古老的剧种,表演起来优雅丰富,梅兰芳向昆曲前辈艺人学习,把这种表演方式融入到自己的表演当中。像《春香闹学》、《游园惊梦》等剧,颇受欢迎。

不到十年的功夫,梅兰芳就在北京唱红了。后来,他到上海等地演出,也一炮打响。在梅兰芳之前,京剧的旦角戏不如老生戏"吃香",所以旦角一般不唱"压轴"戏。可自从梅兰芳唱红后,这种现象改变了,旦角戏能唱"压轴"戏了。很多人到戏园子看戏,就是为着梅兰芳来的。梅兰芳唱出名堂,甚至超过了好多京剧前辈,京剧大师谭鑫培当时这样评价梅兰芳:"如今胡子(老生带胡子)唱不过旦角啦!"

既然是旦角,就要把旦角的戏路拓宽,让旦角在舞台上更美。梅兰芳凭着深厚的艺术功底,对传统剧目进行创新,在旦角的装扮上下功夫,这一创新增加了舞台视觉效果。梅兰芳很快排练出《孽海波澜》、《邓霞姑》、《一缕麻》、《童女斩蛇》等戏,结果大获成功。

　　这一大胆尝试，梅兰芳为京剧演现代戏开出了一条路。他又趁热打铁编演了部分古装戏。传统京剧在旦角化妆上较为简单，加之缺少舞蹈，所以舞台效果很差。梅兰芳在排练新戏中，从装扮、头饰上突破，扮相也十分华丽美观。不仅在装扮上大胆改变，在演出形式上，梅兰芳也精心设计，他为许多角色设计了舞蹈。如《天女散花》中的长绸舞，《霸王别姬》中的剑舞，《西施》里的羽舞，《太真外传》里的盘舞，《嫦娥奔月》里的花镰舞，《廉锦枫》里的刺蚌舞，等等。从此，载歌载舞，声情并茂，绚丽多彩，成了梅兰芳演戏的一大特点。

　　梅兰芳读了曹植的《洛神赋》后，就想把洛神搬上戏曲舞台。在朋友的帮助下，梅兰芳成功的编出了京剧《洛神》。在剧中，梅兰芳扮演的洛神，驾着云雾，身披长纱，宛如天神下凡。尤其是川上相会一场，三层高台上，洛神和众仙女边唱边舞，把观众引入了多彩的神话世界，美轮美奂。

　　1927年，北京《顺天时报》举办京剧旦角评选活动。梅兰芳与尚小云、程砚秋、荀慧生获前四名。被称为"四大名旦"。

　　梅兰芳还是让京剧走向世界的先行者。1929年底，经过长时间的精心准备，梅兰芳决定带领他的剧团漂洋过海到美国访问演出，传播中国的京剧艺术。不料就要动身的前两天，美国朋友打来电报，说美国经济危机，市场不景气，恐怕演出难以达到预期效果，不如推迟赴美行程。梅兰芳苦苦思索了一番决定如期赴美。他对美国的朋友说："欢送会已经开过，船票已买好，如果又不去，我的声誉必会一落千丈，我也会情绪低落的。"

　　知难而进，这对梅兰芳来说是一次冒险！

　　1930年1月，梅兰芳带领他的剧团如期到达美国。第一天演出结束后，他对在美国讲学的南开中学校长张彭春说："今天的戏，美国人看懂了吗？"

第六章　艺术大师

张彭春说："看不懂,情节太细了。"

梅兰芳说："张先生,请你一定帮我挑选剧目,挑选能让美国人看得懂的剧目。换而言之,如果我的演出失败了,不是我自己的事,这对中国的文艺也没有光彩呀!"张彭春二话没说积极帮助梅兰芳筹划演出剧目、演出方式,梅兰芳果断地改换了剧目,又加强了舞台的布置,突出了东方戏曲艺术之美。结果,演出大获成功。

1935年,梅兰芳率团到前苏联进行艺术交流、访问演出,同样获得了极大的成功,有时谢幕竟达十八次之多。梅兰芳成功的出国演出,使中国的京剧艺术从此走向了世界。他也因此成为一位有巨大影响的文化使者。

梅兰芳不仅是京剧大师,更是一位有着崇高民族气节的文艺大师。1937年8月13日,日军进攻上海,得知蜚声世界的京剧第一名旦梅兰芳住在上海,就派人请梅兰芳,梅兰芳马上携家率团星夜乘船到香港躲避。到香港后,梅兰芳深居简出,不愿抛头露面。他把主要精力用在画画上,偶尔也会练练太极拳、打打羽毛球,同时还会学英语、看报纸、看新闻。即便如此,这种清静的生活也没维持多长时间。1941年12月,日军侵占香港,梅兰芳担心日本人会来找他演戏,他与妻子商量后,决心采取一项大胆举措:蓄须明志,罢歌罢舞,坚决不为日本人和汉奸卖国贼演出。他对朋友说:"别小瞧我这一撮胡子,将来可有用处。日本人要是蛮不讲理,硬要我出来唱戏,那么,坐牢、杀头,也只好由他了。"果然,香港的日本驻军司令酒井看到梅兰芳留蓄胡子,惊诧地说:"梅先生,你怎么留起胡子来了?像你这样的艺术大家,怎能退出舞台艺术?"梅兰芳回答说:"我是个唱旦角的,如今年岁大了,扮相也不好看,嗓子也不行了,已经不能再演戏了,这几年我都是在家赋闲习画,颐养天年啊!"酒井听罢,气哼哼地走了。不过,酒井也是个狡猾的家伙,他不相信梅兰芳会就此不演戏了。没过几天,他派人找梅兰芳,一定要他登台演戏,以表现日本统治香港后的繁荣。正巧,此时梅兰芳患了严重牙病,半边脸都肿了，根本无法登台演戏，酒井获悉后无可奈何，只好作罢。梅兰芳知道日本人不会轻易善罢甘休，香港也是是非之地，第二天，梅兰芳立即坐船返回上海，回到阔别三年的上海老家。

梅兰芳在抗战期间断然蓄须明志，不为日本人演出，表现了一代艺术大师不屈不挠的刚强骨气。

新中国成立后，梅兰芳任中国戏曲研究院院长，定居在护国寺街1号。（现梅兰芳纪念馆）

1952年12月，梅兰芳出席在奥地利首都维也纳举行的世界人民和平大会。

1953年10月，梅兰芳当选中国戏剧家协会副主席。

1955年1月，梅兰芳出任中国京剧院院长。

1957年6月7日，国际舞蹈协会主席海尔格来到北京授予梅兰芳荣誉奖章。

1959年5月25日，在北京人民剧场上演创编新戏《穆桂英挂帅》。

1961年5月31日，在中国科学院为科学家们演出《穆桂英挂帅》，这是梅兰芳先生舞台生涯中的最后一次演出；7月9日，任命梅兰芳为中国戏曲学院院长；8月8日凌晨5时，梅兰芳在北京病逝。享年67岁。

【人物评价】

老舍曾这样评价梅兰芳：他不仅是京剧界的一代宗师，继往开来，风格独创，他的勤学苦练，自强不息的精神，他的爱国爱党，为民族争光的热情，也是我们一般人都应学习的！

欧阳予倩：梅兰芳是"真正的演员，美的创造者。"

丰子恺看过梅兰芳的演出后这样评价：看到梅兰芳在《龙凤呈祥》中以孙夫人之姿态出场的时候，连忙俯仰顾盼，自扪其背，检验是否做梦。

【梅兰芳名言】

输不丢人，怕才丢人！

我们在坚持工作之外，还必须养成坚持休息的习惯。

我是个拙笨的学艺者，没有充分的天才，全凭苦学。

81. 现代著名画家、美术教育家——徐悲鸿

【人物导引】

徐悲鸿（1895—1953），原名徐寿康，现代画家、美术教育家，江苏宜兴人。徐悲鸿少年时便刻苦学习绘画，临摹碑帖。后留学法国，归国后长期从事美术教育工作，先后任教于国立中央大学艺术系、北平大学艺术学院和北平艺专。1949年后任中央美术学院院长。徐悲鸿先生擅长人物、走兽、花鸟，尤以画马享誉国内外。

【人生经历】

徐悲鸿出身贫寒，自幼随父亲学习四书五经、诗文书画。徐悲鸿的父亲徐达章是一位全才的私塾先生，能诗文、善书法、通绘画。母亲鲁氏是一位勤劳淳朴的女性。由于父亲是乡里的"文化人"，经常受人之邀作画，以此换取一点收入贴补家用。

徐悲鸿9岁起正式跟随父亲学习绘画。徐悲鸿学画最初是临摹，每天午饭后都要临摹晚清名家吴友如的画作一幅，在临摹过程中学习调色、设色等绘画技能。十来岁时，已经能帮父亲在画面的次要部分填彩敷色，偶尔还能为乡里人写写春联。

徐悲鸿13岁时便随父辗转于乡镇村里，替人画画赚取一些微薄

的收入接济家用。随父亲背井离乡的这段时间虽然艰辛,却丰富了徐悲鸿的人生阅历,开拓了其艺术视野。17岁时,徐悲鸿决定走出家门,独自到外面闯荡一番,他选择了当时商业较为发达的上海卖画谋生,此番闯荡的主要目的是想学习西方绘画。谁知,徐悲鸿到上海没多久,父亲因劳累过度病倒了,作为长子,他不得不返回老家照料病重的父亲。由于徐达章多年流浪江湖卖画,病势很重,全身浮肿,不久就去逝了。父亲去世,可家里却连安葬父亲的费用都没有,无奈,徐悲鸿含泪向亲戚借钱,热心的陶留芬先生不但送来钱财,还亲自帮助操持安排了丧事。安排完父亲的丧事后,徐悲鸿呆呆坐在那里,不知该如何才好。但是,他马上意识到,这个家就要靠自己了,自己就是家里的顶梁柱,因此不到二十岁的他过早地体会到了生存的艰辛和人世的无常。

为了养家糊口,徐悲鸿再次决定到上海去寻找出路。好在他的一位同乡徐子明先生当时任教于上海的中国公学。在徐子明先生的帮助下,复旦大学校长答应为他安排一个工作。当这位校长见到一脸稚嫩的徐悲鸿时,就悄悄对徐子明说:"这还是个孩子,如何工作?"由于徐子明先生赴北京大学任教,徐悲鸿工作的事也就不了了之了。天气渐冷,身上无钱,徐悲鸿在失望中又回到家乡。

回家后的徐悲鸿继续以画画谋生。当时,在贫穷的农村,靠画画根本无法谋生,于是他再次决定去上海寻找出路。他本打算到商务印书馆,为中小学教科书画插图,但是由于种种原因,却未能成行。后来在友人的帮助下,徐悲鸿考入法国天主教会主办的一所大学,这为徐悲鸿日后赴法留学打下了一定的法语基础。在此期间他认识了著名的油画家周湘、岭南画派的代表人物高奇峰、高剑父,在画作上得到了他们的赞许和指点,这对徐悲鸿来讲,至关重要,既增强了他的创作信心,又增长了他的绘画技巧。

在上海,徐悲鸿结识了康有为。康有为是著名的维新派领袖,在康有为艺术观念影响下,徐悲鸿认为唐代吴道子、阎立本、李思训，五代黄筌，北宋李成、范宽等人的写实绘画代表了当时的绘画最高水平。在康有为的支持下，徐悲鸿观摩各种名碑古拓，潜心临摹《经石峪》、《爨龙颜碑》、《张猛龙碑》、《石门铭》等，深得这些碑帖精髓，绘画书法大有长进。

在上海生活的这段时间，徐悲鸿书画日臻成熟，渐渐画出了名气。后来，北京大学"画法研究会"聘请徐悲鸿为导师，在京期间，他相继结识了蔡元培、陈师曾、梅兰芳及鲁迅等各界名人。受这些人的影响，加之新文化运动思潮的熏陶，徐悲鸿逐渐树立了民主与科学的思想。

1919年，在北洋政府的资助下，徐悲鸿赴法国留学，进入巴黎国立美术学校学习素描、油画。在留学期间，徐悲鸿一边留学一边游历西欧诸国，潜心研究西方美术艺术。抵欧之初，徐悲鸿便迫不及待地参观了英国的大英博物馆、国家画廊、皇家学院的展览会以及法国的卢浮宫美术馆，并目睹了大量文艺复兴时期的一些优秀作品。徐悲鸿感到自己过去所作的中国画是"体物不精而手放佚，动不中绳，如无缰之马难以控制。"留学期间，弗拉芒格先生是徐悲鸿的绘画老师，徐悲鸿开始接受正规的西方绘画教育。弗拉芒格擅长历史题材的人物画，其绘画风格不注重刻画细节而注重色彩的和谐搭配与互衬，这一风格对徐悲鸿日后油画风格的影响很大。

在巴黎国立美术学校，徐悲鸿眼界大开，他如饥似渴的进行西洋绘画基本功训练，决不浪费一点时间。上午在学校学习，下午去叙里昂研究所画模特儿，还要挤出时间来观摩各种展览会。由于徐悲鸿勤奋学习，他的绘画水平进步很快。更幸运的是，他结识了著名画家柯罗的弟子艺术大师达仰，达仰也愿意结交这位好学的中国年轻人，所以徐悲鸿每个星期日都会携画到达仰画室求教。达仰"勿慕时尚，毋甘小就"的艺术思想对徐悲鸿的影响很大，使得他能踏踏实实地钻研欧洲文艺复兴以来的学院派艺术，既有古典艺术严谨完美的造型特点又掌握了娴熟的绘画技巧。4年之后，徐悲鸿的绘画水平已达到与欧洲同时期的艺术家相媲美的程度。

　　留学期间，徐悲鸿的留学经费一度中断。趁此机会，徐悲鸿到德国柏林，向著名画家康普求教，到博物馆临摹著名画家伦勃朗的画作。为了提高写生能力，徐悲鸿经常去动物园画狮子、老虎、马等各种动物。当徐悲鸿重新获得留学经费后，马上返回巴黎国立美术学校继续学习。他陆续创作了一系列以肖像、人体、风景为主题的优秀的作品，如《抚猫人像》、《持棍老人》、《自画像》等。

　　在欧洲的最后阶段，徐悲鸿先后走访了比利时的布鲁塞尔，意大利的米兰、佛罗伦萨、罗马及瑞士等地。欧洲绘画大师的佳作令他眼界大开，美丽的异国风光令他陶醉。徐悲鸿结束了长达8年的留学旅欧生涯，他满载而归，也成就了他此后一生的审美意向、创作理念和艺术风格。徐悲鸿学业结束回到了自己的祖国，这一年他32岁。他用满腔的热情，投身于祖国美术教育事业，应聘为中央大学艺术系教授。他还参与了田汉、欧阳予倩组织的"南国社"，积极倡导"求美、求善之前先得求真"的"南国精神"。他陆续创作出取材于历史或古代寓言的大幅绘画，这些画作以古喻今，让人能够从中感受到画家强烈的爱国之情。

　　1933年1月，应法国国立美术馆之邀，徐悲鸿赴巴黎举办中国近代绘画展。5月10日正式开幕，法国教育部长、外交部长及各界名人3000多人参加，报刊发表200余篇评论。紧接着，徐悲鸿又应意大利的邀请在米兰举办中国近代绘画展。并先后在比利时、德国柏林和法兰克福举办徐悲鸿个人作品展览。1934年5月1日，徐悲鸿在前苏联红旗历史博物馆举办了中国近代绘画展。画展期间，他应邀到前苏联美术协会、美术院校等多处进行绘画交流。

　　鉴于徐悲鸿在国际美术界的声誉，1940年春，印度诗人泰戈尔邀请他赴印度国际大学讲学并为圣雄甘地画了一幅速写像。他先后在圣蒂尼克坦和加尔各答举行画展，所得款项均捐献祖国救济难民。1941年徐悲鸿在吉隆坡、槟榔屿、怡保三个城市举办画展，所得10余万元美金全部捐献救济难民。

1949年3月，郭沫若同徐悲鸿等人赴巴黎（后改在布拉格）出席保卫世界和平大会。在回国途中的车厢里，徐悲鸿为田汉、丁玲、郑振铎、邓初民等人画了素描像。徐悲鸿积极参与了新中国国旗、国徽、国歌的征集审定工作，当时国歌从数以千计的投稿中难以定稿，在毛泽东召开的讨论会上，徐悲鸿提出了以《义勇军进行曲》代国歌的建议。这个建议立即得到周恩来的支持，其他参与审定工作的人纷纷发言表示赞成，很快在第一次中国人民政治协商会议上正式通过。中国人民政治协商会议闭幕后，周恩来总理亲自任命徐悲鸿为中央美术学院院长，不久，又当选为全国美术家协会主席。

徐悲鸿留给后人的画作很多：《九方皋》、《奔马图》、《群马》、《春山十骏图》、《珍妮小姐画像》、《负伤之狮》、《愚公移山》、《巴人汲水》、《巴之贫妇》、《漓江春雨》、《天回山》、《田横五百士》等。

1953年9月26日，一代绘画大师徐悲鸿因病逝世，享年58岁。按照徐悲鸿生前遗愿，夫人廖静文女士将其一生节衣缩食收藏的唐、宋、元、明、清及近代著名书画家的作品1200余件，图书、画册、碑帖等1万余件，全部捐献给国家。

【人物评价】

徐悲鸿先生是中国百年艺术史上"丹青巨擘，教育巨子"，他对中西方的审美和文化差异进行了比较，提倡对民族艺术加以取舍、改良，形成了自己的艺术改良理论："古法佳者守之，垂绝者继之，不佳者改之，未足者增之，西方画之可采入者融之。"

【徐悲鸿名言】

人不可有傲气，但不能无傲骨

人到了山穷水尽的地步，而能够自拔，才不算懦弱。

每个人的一生都应该给后代留下一些高尚有益的东西。

82. 水墨画大师——齐白石

【人物导引】

齐白石（1864—1957），是中国画坛上最具有传奇色彩的画家，"齐"派艺术的创始人，他的国画开创了很多艺术手法，将近代中国绘画（写意画）推到了一个前所未有的高度，对新中国的书画发展起到了巨大的推动作用。1955年，民主德国授予他民主德国艺术科学院通讯院士称号，1956年，世界和平理事会决定授予他为1955年度和平奖金奖获得者。

【人生经历】

齐白石出生在湘江之滨的一个贫苦农民家庭。自幼就因先天性的营养不足而体弱多病，但是他聪明好学，7岁时，他就能将祖父教的300来个字背得滚瓜烂熟，牢记于心。

齐白石的外祖父在枫林亭附近设了一所启蒙馆。他就在这里开始了自己的学习生涯。在他16岁时，家里人考虑他身体单薄，重活也干不了，便想让他学一门轻松一点的手艺，加上齐白石自己喜欢画画，经人介绍，他便到当地一个叫周之美的雕刻匠那儿学习雕花技艺。

齐白石虽然从未中断过画画，但对于精美的仕女画、花卉、走兽图案画，还从未见过和描习过，所以兴致特别高，学得也特别用心。周之美也特别喜爱这个聪明好学的徒弟，没有儿子的他，把齐白石当成亲生儿子看待，常对人夸他。在周之美的教导下，白石在家乡也渐渐有了名气。不久，他就出师了，开始靠自己的雕花手艺

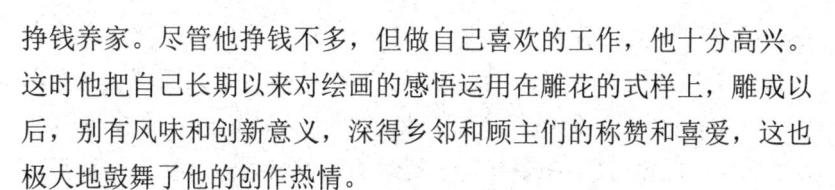

挣钱养家。尽管他挣钱不多,但做自己喜欢的工作,他十分高兴。这时他把自己长期以来对绘画的感悟运用在雕花的式样上,雕成以后,别有风味和创新意义,深得乡邻和顾主们的称赞和喜爱,这也极大地鼓舞了他的创作热情。

20岁时,齐白石在顾主家做工时,偶然发现了一部残破不全的《芥子园画谱》,可以说,这本书为今后齐白石终身追求的绘画艺术打下了基础。他如饥似渴地用半年的时间就把这本画谱一幅一幅地全部临摹下来,又细心地装订成16本。经过这次大规模、正规地临摹,齐白石无论技法还是艺术性上,都有了长足的进步。特别是将这些绘画技法用于雕花工艺时,他的雕花名气渐渐连他的老师周之美也赶不上。这时齐白石已经成为他家乡最有名的雕花匠了。

虽然齐白石雕花技艺已颇负盛名,可他仍然入不敷出。为了补贴家用,齐白石利用自己的手艺做一些小玩意到杂货铺去售卖,闲时还为乡邻画些佛像什么的。由于他的画既有文人的些许韵味,又离百姓的生活很近,所以深受欢迎,以至于后来找他画画的人比雕花的还要多。1889年,齐白石的一位远房本家建议他去学画人像,这位本家认为画人像比画神像有出息,齐白石动心了。

自此,27岁的齐白石先后拜颇有才学的私塾先生胡沁园和陈少藩为师。针对齐白石的特殊情况,他的老师安排他一面读书学画,一面卖画养家。在以胡沁园、陈少藩为主流的湘潭文化名流的熏陶下,齐白石眼界大开,他的画艺、诗才得到充分的发展。齐白石以卖画养家的愿望实现了。从此,他扔掉斧锯钻凿一类的家伙,改行专做画匠了。几年下来,齐白石不但画像技艺有了很大提高,他还在传统绘画的基础上创造了一些新技法,创作了大量富有诗情画意的作品。他不独画像,还画山水人物和花鸟虫鱼,仕女画画得最多,比如木兰从军、文姬归汉等题材,画得很美,当时有"齐美人"之誉。

30岁时齐白石开始苦练治印。起初他跟王仲言、黎松安等人学过一些初步的篆刻技术,后来又得到治印名家黎铁安的指教,从此，他的刻印更是提高了不少。从1902年起，齐白石多次出游南北各地，前后达五次之多。年近旬岁的齐白石游历了大江南北的名山大川。每到一处，他不仅了解当地的风土人情，画了许多速写作品，还拜访、结识了许多有真才实学的画界名人，鉴赏、临摹了许多秘籍、名画、书法、碑拓等艺术品。这样大大开阔了他的胸怀和艺术视野，提高了他的审美和鉴赏能力，也使他的学艺大为长进。自此，齐白石逐渐由民间画师步入文人画家行列，更被誉为"印坛泰斗"。1908年起，游历归来的齐白石一直在湖南境内潜心作画、刻印，有时探亲访友，有时用卖画刻印所得的钱维持家用。通过10年的刻苦磨砺，基本上形成了齐白石朴实、自然的创作风格。

由于战乱，57岁的齐白石不得不背井离乡。他来到北京的法源寺住下，仍然靠卖画刻印为生，但是很少有人问津，他的生活极为贫困。但他不断地从黄宾虹等人的画中吸取营养，最终创出了中国画工笔草虫和写意花卉相结合的独特风格，终于在陈师曾的提携下名声大振。这时齐白石的刻印形成了一种独特的风格，后来他拜师于湘潭大名士王湘绮，成为他门下"王门三匠"之一。

【人物评价】

他把传统中国画推到了一个新的高峰。他的绘画、诗句、书法、篆刻更是登峰造极，专长花鸟，笔酣墨饱，力健有锋，尤工虾蟹、蝉、蝶、鱼、鸟，他的每幅作品都水墨淋漓，十分酣畅，到处洋溢着自然界生气勃勃的气息。他由一个民间艺术家成为一代大师，在绘画中他吸取了吴昌硕的一些风格并继承了传统民间美术的风格，成为20世纪富有乡农气息的中国画家。

【齐白石名言】

画画小计，人拾者则易，创造者则难，拾得者半可得皮毛，欲自立成家，至少辛苦半世。

83. 视觉艺术派大师——毕加索

【人物导引】

毕加索（1881—1973），西班牙著名的视觉艺术派画家。在家庭的影响下，他走上了成为艺术家的道路，他的画风浓郁而富有立体感，在绘画艺术上开创了自己独立的门派。毕加索还是一位多产画家，他的作品将近有3.7万件，同时还是被罗浮宫艺术馆收藏最多作品的艺术家。

【人生经历】

毕加索刚出生时，是一个浑身青紫的男婴。助产士以为这是个死胎，便撂在桌子上忙着照料产妇去了。幸亏他的叔叔当地有名的布拉斯科医生及时赶到。他经验丰富，判定婴儿并没死去，便立即着手抢救。过了好一阵子，婴儿才脱离窒息状态，"哇"地一声哭了出来，开始呼吸人世间的气息。这个被宣判为死婴的孩子便是后来举世闻名的艺术家毕加索。

毕加索来到世界上不久，便显露出他与绘画艺术的天然渊源。据说小毕加索学会的第一个音节就是"匹兹"，毕加索好像是在向母亲索要一支铅笔，以便用它涂涂画画。小毕加索的确很早就喜欢用笔在纸上画一些纠缠不清的螺旋形，他常在父亲的画室找乐趣。一次他父亲嫌他太吵闹，给了他一张纸和一支笔，任由他胡乱涂画，可不一会儿，他竟完成了一幅"作品"，递给父亲，等待夸奖。他父亲看着纸上潦乱的线条，不知是何物，小毕加索居然发音含混地告诉父亲这是一块小甜饼。

　　自然，小时候对毕加索影响最深的是父亲。他看到儿子对画画很有兴趣，就对他进行训练。他先教毕加索观察和思考能力，接下来让毕加索学会吃苦，练习基本功。毕加索常常坐在父亲的画室里，一边认真观察，一边认真画画，画坏了从头再来。在父亲的指导下加上自己的勤奋，毕加索进步很大。

　　毕加索6岁时，父亲把他送进马拉加最好的一所公立学校读书。此时毕加索对绘画艺术的兴趣与日俱增，同时他对普通教育的反感和抵制情绪也在与日俱增。他对学校安排的课程总是打不起精神来，作业马马虎虎，能逃则逃，考试能躲则躲。父亲对此忧心忡忡，生怕儿子的前途毁在这里，于是想方设法又把他转学到一家管理较严格的私立学校去。可他依然如故，没有任何改观。少年毕加索一进学校就垂头丧气，好像被关进了监狱。有一次，因为他把鸽子带进教室照着画被老师发现，挨了一通批评。他便赌气拒绝上学，后经他父亲反复向学校求情，最后总算对毕加索作出让步，允许他将鸽子放在书桌里面，默不作声地照着鸽子画，以免影响其他同学上课。然而毕加索还是做不到不扰乱课堂秩序。有时他完成了一幅得意之作，便忍不住拿出来炫耀一番，作品会在同学手中传来传去。一次老师发现后，很不高兴，等到他扫了一眼手中的作品，批评的话却堵在了喉咙中，因为老师也惊叹于毕加索的绘画技艺。他想："将这样一个小天才关在课堂里学他不爱学的东西的确受罪，也是一种浪费。"

　　后来，毕加索终于考进拉科鲁尼阿的达古阿达工艺学校，就读于人物绘画班。在这四年里，毕加索开始接触正规的美术教育并尝试了一些严肃的创作。在拉科鲁尼阿的日子里，他别出心裁地创办了一种画报式的书信，以此同自己的亲朋好友联系，因为他的真情实感只愿也只能诉诸画笔。在画报中，他报道了当地的面貌和趣事，当遇到风雨交加恶劣气候时，他画了一男一女挤在一起，雨伞和裙子在风雨中飞舞。文字说明是："狂风大作，把拉科鲁尼阿吹到九霄云外。"他还在画报的封底正经地登一些广告，诸如"求购纯种鸽子"之类。

第六章 艺术大师

1895年，毕加索考进了巴塞罗那的美术学院。为了他更好地学习，全家也迁到这里。毕加索轻松地从初级班跳到高级班，但那些因循守旧的老师无论如何也提不起他的兴趣，他又"旧病复发"开始逃学。他并不是在逃避他不会也不想会的那些东西，而是此时他已把别人远远抛在后面。美术学院的校长在看了毕加索的几幅作品后，终于理解了这个班上年龄最小的学生经常缺课的原因。1896年，毕加索完成了三幅作品《第一次圣餐》、《唱诗班的男孩》、《科学与仁慈》，其中《科学与仁慈》在当年的全国美展上获得好评，并在马拉加全省美展上捧得了金像奖。

在一片鲜花与掌声里，毕加索离开了巴塞罗那。在那位救了自己一命的叔叔的资助下，他来到了首都马德里，顺利地考上了圣费尔纳多皇家学院。但一进学校，毕加索又感到失望了。他对学校教育感到失望，他受不了那里的空洞、教条和死气沉沉，又开始旷课了。除了去学校的画室，他几乎放弃了所有的课程，天天泡在马德里最著名的美拉多美术馆，或者就到户外写生。

那位对侄子的前途寄予厚望，一心希望侄子成名成家、光宗耀祖的医生叔叔听说毕加索逃学的事以后，便中断了对毕加索的接济。这样一来，毕加索的生活陷入了困境之中。他买颜料的钱没有了，肚子也饿得咕咕叫。更不幸的是，饥寒交迫中他患上了猩红热病，幸运的是他活了下来，他卷起行李，回到了巴塞罗那父母身边。

此时，思想正统的父亲看不惯毕加索的行为也开始冷落他，但母亲鼓励和支持他，他又重新燃起了对艺术追求的信心。为了感激母亲，他把自己作品的署名改为母亲的姓——毕加索。

19岁的毕加索十分向往当时世界艺术的中心——巴黎，再加上他与家庭之间出现了一道裂痕，他感到心灰意冷，他决定到巴黎去闯世界。动身之前，他还为自己画了一幅自画像。虽然他的生活非常的艰辛，但他并没被困难所吓倒，在艺术上仍然孜孜不倦地探索着。他画出了一系列以蓝色为基调的绘画作品，比如《卡沙格马斯的葬礼》、《蓝宝》等，由于这段时期毕加索穷困潦倒，生活不如意，使得他这一时期的作品都充斥着代表着忧郁、苍茫的蓝色。人们把这段时间称为他的"蓝色时期"。也正是在此期间，他积蓄了抵抗困难的勇气和激情，开始了他不知疲倦的创作。这位穷困潦倒的画家，在当时除了他的才能外，几乎是一无所有。1904年后，毕加索在他称为"洗衣坊"的巴黎马特尔山的斜坡上的拉维格南街13号连续住了五年。毕加索在这里经历了他的"玫瑰色时期"，并开创了举世闻名的立体主义绘画。"洗衣坊"的生活条件十分恶劣，可是，在这里毕加索第一次堕入情网，穷困潦倒的生活从此充满阳光，一幅题为《沉思》的作品是这种生活的真实写照。这幅水彩画中，一位青年男子正坐在床边，若有所思地注视着一位熟睡的体态丰满的女子。毕加索的潜台词似乎是：无论多么贫穷，只要有了爱情，生活就会变得富足。

随着毕加索名气的与日俱增，他渐渐富裕起来了，早期那种哀怨的小人物形象也从画面上消失了。毕加索进入竭尽全力研究绘画形式的新时期。他开创的"立体主义"绘画，在西方美术史上虽然有着巨大的影响，但由于画家注重的只是绘画的表现形式，所以这一时期，真正优秀的作品并不多。

在这之后的一段较长的时间里，毕加索的画风不停地在变，从立体主义变成新古典主义，接着变成超现实主义，有时，甚至还在同一时期运用多种不同的画法。这种不断探索的精神正是毕加索艺术的一个特点。他在1923年曾作过这样的解释："艺术没有过去，也没有未来……艺术本身不会演变，人们的思想在变化，表现方式也就随之变化。"所以，在西方美术史上，毕加索既是立体主义的创始人，又是新古典主义和超现实主义的主要代表。

1937年4月26日，西班牙巴斯达克省文化中心格尔尼卡遭受到佛朗哥指使的德国法西斯空军的突然袭击。在长达三个多小时的狂轰滥炸中，小镇被夷为平地，有2800余人惨遭无辜杀害。毕加索在巴黎听到这个消息后，非常激动，立即决定以这个事件为题材，创作大型壁画。六周后，毕加索完成了这幅他最著名的油画作品《格尔尼卡》。全画由黑、白、灰三色画成，画中的妇女、小孩、战士的尸体、着火的房屋和被矛刺穿的马（象征人民）等，无一处不是对法西斯罪行的血的控诉。

1944年，巴黎解放后，毕加索加入了法国共产党。在这一政治信仰鼓舞下，他积极参加和平运动。《和平鸽》就是他应巴黎举行的保卫和平大会的要求所作的一幅石板画。在美帝国主义侵略朝鲜期间，他又画了《朝鲜的屠杀》，以此来揭露美帝国主义发动侵略战争的罪行，并进行强烈的控诉。

【人物评价】

他是20世纪视觉艺术最有独创性、最全面、最强有力的人。他的一生画风多变，从忧郁的蓝色到多情的玫瑰色，再变回新古典主义，接着又变回超现实主义。他每一次画风风格的变动都能引起画坛的注意，他的作品对西方的艺术流派产生了较为深远的影响。

【毕加索名言】

我不怕死，死是一种美，我所怕的是久病不能工作，那是对时间的浪费。

84. 喜剧大师——卓别林

【人物导引】

卓别林（1889—1977），英国电影艺术家，导演，制片人，著名的喜剧大师。他的戏剧短片深受广大人民的喜爱。他富有正义感，反对对人民压迫的各种不合理的制度。他的短片，反映了他对幸福、对和平的追求。1954年，世界和平理事会给他颁发了国际和平奖章。

【人生经历】

1889年，卓别林出生于英国伦敦南部地区的贫民区的一个演艺家庭，在卓别林1岁的时候父母就离婚了，他和同母异父的哥哥随母亲生活。

小时候的卓别林聪明伶俐，并且喜欢歌唱舞蹈，母亲每次演出的时候都让他在幕后观看演出。在一次演出的时候，他的母亲忽然嗓子失音，再也发不了声，因此她被解雇了。这下家里的生活来源没有了，家里日渐窘迫。无奈之下，他们兄弟两人被送到了贫民收养所，母子更是难得见上一面。没多久，他的母亲因为精神上的压力，患上了精神病而被送到了精神病院，她的精神好了点之后靠给人缝缝补补、洗点衣服赚点钱。他的母亲非常爱他，就把他送到了学校。卓别林非常珍惜学习的机会，因此在学校加倍地努力。

卓别林非常喜欢诗歌音乐，这跟他从小受母亲的熏陶有很大的关系。但是好景不长，生活的压力不得不迫使他辍学。经过父亲的推荐，不满10岁的他参加了兰开夏童伶舞蹈班。在这里卓别林想方设法学到很多舞蹈知识，还有一些其他的技巧。但是他的身体日渐消瘦，后来他的母亲再也看不下去了，就叫他离开了。为了挣钱养家，他不得不外出打工。他做过报童、佣人、玻璃工，擦过皮鞋、做过印刷工，后来还跟别人做过玩具船，拿着自己制作的小船沿街叫卖。不久他的母亲旧病复发，而他的哥哥作为一个水手已经前往非洲。他一个人孤苦伶仃地流落街头。卓别林最大的愿望就是做一名演员，而他也关注着一些来巡回演出的剧团，有个剧团看他可怜收留了他，在他12岁时成了这个剧团的正式演员，从此他便跟随这个剧团到处流浪。

后来卓别林又加入到一个名叫凯西的马戏团。在这里，他所刻画的人物形象日益成熟，很快他就赢得老板和观众的喜爱。在此期间，他刻苦训练，不断汲取古典幽默剧的优良传统，初步形成了自己独特的哑剧风格。贱贱地他小有名气，因此在经济上有很大的改善，但是他滴酒不沾，生活节俭。没事时他爱看文学名著，这大大地增加了他的文学素养和知识水平，比如叔本华、尼采、莎士比亚等人的著作，甚至是医学论文和政治著作也在其中。他如饥似渴地读着，对知识充满了强烈的渴望。1912年，卓别林遇到了卡尔诺哑剧剧团。他们的团长看过卓别林的表演后表示十分满意，让卓别林留在卡尔诺哑剧剧团担当主角。后来他随剧团漂流到美国，在演出的过程中，他精湛的表演引起了好莱坞片商的注意。1913年卓别林和吉斯顿公司签订了一年的合同，正式成为这个公司的主要演员，从此卓别林就开始了他的银幕生活。

卓别林在1914年一年内主演了35部短片，其中有21部是他自编自导，他所拍摄的流浪汉夏尔洛的形象赢得了观众的广泛赞誉。很快，卓别林就轰动全球，成了家喻户晓的大明星。不久，第一次世界大战爆发，卓别林对这些战争异常憎恶，因此他先后完成了讽刺剧《安乐街》、《移民》、《狗的生涯》以及《夏尔洛从军记》等，这些影片从不同的角度反映了战争给人们带来的灾难，他的影片以短小精悍与幽默讽刺而见长。卓别林力图通过电影反映出时代的特征，他说："创作喜剧，其中的悲剧因素往往会激起嘲笑的心理，而嘲笑正是一种反抗。"

1929年，从美国开始的经济危机迅速席卷了整个资本主义世界。此时卓别林拍摄的《城市之光》描写夏尔洛爱上一个卖花的盲女，盲女却误以为他是百万富翁。为了给卖花女攒钱治病，夏尔洛吃尽苦头弄来一笔钱，卖花女眼睛治好才知道自己的恩人原来是个乞丐式的穷人。卓别林的《摩登时代》所反映的问题更尖锐，贪得无厌的资本家为了追求利润，不顾工人死活，无限增加工人的劳动强度，甚至异想天开地发明"吃饭机"，连工人短短的午饭时间也不放过。由于夏尔洛整天在传送带旁操作，机械地重复拧螺丝的单调工作，因而精神失常，被送进医院，然而等病治好了，他却失业了。这部影片不仅思想内容深刻，而且在演技上他也达到炉火纯青的地步。

  1952年9月，为参加欧洲各国举行的《舞台生涯》首映典礼，卓别林准备带着家眷到欧洲旅行半年。当轮船横渡大西洋时，收音机广播了美国政府司法部的声明，声明说政府将拒绝卓别林再入境。船在法国停泊时，卓别林向100多名记者发表了谈话，他说："我信仰自由，这是我全部政治见解……我为人人，这是我的天性。"又说："我并不想制造革命，只是还要拍些电影。"

【人物评价】

  卓别林以自己的一生诠释了自己对电影事业的热爱。他也用自己的一生表达了对人类的热爱和对和平事业的追求。他的喜剧轻松幽默而有具有讽刺意味，表达了他对人权的尊重以及对那些侵略者和压迫者的愤慨。

【卓别林名言】

  用特写镜头开生活，生活是一个悲剧；但用长镜看生活，生活则是一个喜剧。

85. 世界歌王——帕瓦罗蒂

【人物导引】

  帕瓦罗蒂（1935—2007），意大利男高音歌唱家，他的嗓音圆润丰满，富有金属一样的穿透力。他的高音区声音统一，音色宽厚，带有强烈的穿透力。他能够在两个八度以上的音域里自由歌

第六章 艺术大师

唱,因此被人们誉为世界三大男高音之一。

【人生经历】

帕瓦罗蒂出生在意大利一个并不富裕的家庭。但是这个家庭却都是喜爱音乐的人,而他的父亲更是当地著名的男高音业余歌唱者。

帕瓦罗蒂出生时,高声啼哭的时间让他的父母为之惊喜。他们认为帕瓦罗蒂有这样的嗓音,前途将是不可限量的。在他刚懂事的时候,就靠在母亲身边听诸多歌唱家的唱片,比如:吉利、马尔蒂内利、卡鲁索等,他还把他们的唱片搜集起来一直听下去,直到唱片听坏为止。良好的家庭环境,使帕瓦罗蒂痴迷于歌唱。

帕瓦罗蒂5岁时就拥有了自己的一把吉他,他已经能用还不是很熟练的指法进行吉他伴奏。虽然他还是小孩子,嗓音也不是太高,但是邻居可就遭殃了,因此邻居经常向他抗议,但是这些都没有动摇帕瓦罗蒂学习音乐的决心。帕瓦罗蒂12岁时,生了一场重病,双腿完全失去知觉,高烧不退,一直处于昏迷状态,后来,病奇迹般地自己好了。这段经历让帕瓦罗蒂心有余悸,因此在以后的生活中他努力地为自己的理想而奋斗,因为他明白,人生真的很短,说不定哪天睡下后就起不来了。由于家境不太宽裕,迫于生活压力,帕瓦罗蒂开始打工挣钱,他做过小学教师、保险推销员等工作,帕瓦罗蒂利用业余时间自己单独跟着唱片学习,有时候还跟他的父母进行合唱。19岁时,他师从波拉和卡姆波加尼亚尼,这时帕瓦罗蒂已经是小有名气了,并且在国内开始参加一些比赛。1961年,25岁的帕瓦罗蒂在阿基莱·佩里国际声乐比赛中,因成功演唱歌剧《波希米亚人》主角鲁道夫的咏叹调,荣获一等奖。同年4月,他首次在勒佐·埃米利亚歌剧院登台演出《波希米亚人》全剧,从此开始了他光辉灿烂的歌剧生涯。1963年,首次在阿姆斯特丹演唱艾德加尔多,之后又在科文特花园剧院替代斯苔芳诺演唱鲁道夫。1964年,在格林德包恩学院演唱艾达曼特斯,第二年在澳大利亚旅行演出时与萨瑟兰同台演出艾德加尔多，他同萨瑟兰成为最佳的合作伙伴。萨瑟兰发现了帕瓦罗蒂是块好料，校正了他发声的毛病，这样，帕瓦罗蒂歌唱水平有提升了一个台阶。

1964年，帕瓦罗蒂首次在米兰·斯卡拉歌剧院登台。1967年被卡拉扬挑选为威尔第《安魂曲》的男高音独唱者。从此，声名节节上升，成为活跃于当时国际歌剧舞台上的最佳男高音之一。1972年，他在纽约大都会歌剧院与萨瑟兰合作演出了《军中女郎》，在演唱剧中的一段被称为男高音禁区的唱段《啊，多么快乐》时，帕瓦罗蒂连续唱出9个带有胸腔共鸣的高音c，震动了国际乐坛。随后，在贝里尼的《清教徒》中，他唱出了高音d，从此稳坐了第一男高音的地位。帕瓦罗蒂在40多年的歌唱生涯中，不仅创造了作为男高音歌唱家和歌剧艺术家的奇迹，还为古典音乐和歌剧的普及作出了杰出贡献。

2005年年初，年过69岁的帕瓦罗蒂开始了世界巡回告别演唱会。当时，帕瓦罗蒂表示，将在全球巡演后结束自己长达44年的辉煌演唱生涯。

2007年9月6日，帕瓦罗蒂因病去逝。

【人物评价】

他是现代社会著名的男高音歌唱家，意大利美声学派杰出的代表人物。他声音洪亮，坚实有力，华丽辉煌，音域在两个八度之内自由驰骋。他用那无与伦比的美妙歌喉征服了世界上绝大多数的观众和歌迷，更被人们置于世界三大男高音之首，被人称为当代歌王。

【帕瓦罗蒂名言】

我应该比较而且应该超过的不是别人，而是我自己。

第七章　体育影视

从某种意义上说，体育竞技与影视的强弱能反映出一个国家是否繁荣富强。一个文明的国度必然伴随着积极健康向上的文体运动。他们是这一领域的领军人物，他们代表的不是一个人，而是跨越国度的整体水平。

86. 奥运会之父——顾拜旦

【人物导引】

顾拜旦（1863—1937），现代奥运会的奠基者，奥运会精神"更快、更高、更强"的拥护者，他设计的奥运五环，把世界各国人民紧密地联系在一起，更是把奥运会的精神传承到了世界各个角落，世界人民会永远记住他的功绩。

【人生经历】

顾拜旦出生在法国巴黎一个古老的贵族家庭。他从小聪明好学，成绩优良，在中学时代就对古希腊历史产生了浓厚的兴趣。

顾拜旦从书上了解到：古代奥林匹克始于公元前776年，古代希腊人在伯罗奔尼撒半岛西南部的奥林匹亚，建立了宙斯的神庙，体育竞技项目有赛跑、跳远、铁饼、赛马、角斗等。这些历史引起了顾拜旦极大的兴趣。

由于1870年普法战争中法国战败，顾拜旦深为祖国的失利而伤心，和其他的法国人一样，他极希望祖国强大起来。后来，他渡海前往英国学习"教育学"，并对英国教育家阿诺德在拉格比公学实施的"竞技运动自治"作过研究。留学期间，他发现英国的教育和体育制度比法国先进，他对英国学校的体育课、课外体育活动和郊游十分赞赏。他希望法国向英国学习，在开展体育运动的过程中，培养青少年的刻苦精神、集体责任感和强健的体魄。在古希腊文化的熏陶和当时先进的英国资产阶级教育的影响下，他逐渐萌发了改革法国教育制度和倡导体育的思想,而他自己,也希望成为一名优秀的曲棍球和足球运动员。

顾拜旦回国后,选择了从事教育工作和体育工作的道路,陆续发表了《教育制度的改革》、《运动的指导原理》、《英国与希腊回忆记》、《英国教育学》等一系列著作,提出了许多改革教育、发展体育的建议,产生了一定的国际影响。1888年,顾拜旦就任法国"学校教育、体育训练筹备委员会"秘书长。次年,顾拜旦代表法国参加了在美国波士顿举行的"国际体育训练大会",进一步了解了世界体育的动态。他认为,近代体育的发展正在走向国际化,应该借助古希腊体育的经验和传统影响,来推进国际体育,于是,他产生了复兴奥林匹克运动会的想法。

1891年,顾拜旦创办了《体育评论》杂志,并以此为阵地,热情宣传他的主张,这对创办奥运会起了积极的推动作用。1892年,顾拜旦遍访欧洲,宣传奥林匹克理想。同年11月25日在庆祝法国"体育运动协会联合会"成立三周年大会上,他发表了著名的演说,第一次公开和正式地提出了创办现代奥林匹克运动会的倡议。

在演说中,顾拜旦阐明:现代奥林匹克运动会应该像古代奥林匹克运动会那样,以团结、和平和友谊为宗旨,但应该比古代奥运会有所发展和有所创新,它应该向一切国家、一切地区和一切民族开放,并在世界各地轮流举办。顾拜旦的倡议,使现代奥运会从一开始就冲破了民族和国家的界限,具有了突出的国际性。

第二年,他还将自己的倡议写成公开信,寄给许多国家和体育俱乐部,得到了不少国家和体育俱乐部的支持。1894年年初,为了共商复兴奥运会大计,顾拜旦建议于同年6月举行一次国际体育会议,并致函各国体育组织选派代表参加。顾拜旦和他的支持者们还通过各国驻巴黎使馆,同国际社会上的政治家和社会活动家广泛联系。他们的努力收到了成效,一些国家的驻法使节和科教界名流,纷纷表示了他们的支持。在国际上各种因素的促进和顾拜旦的不懈努力下，创办现代奥林匹克运动会的各种准备工作就绪了。

1894年6月16日—24日"国际体育运动代表大会"在巴黎索邦神学院举行，到会的正式代表79人，他们是来自美国、英国、俄国、瑞士、西班牙、意大利、比利时、荷兰和希腊等12个国家和49个体育组织的代表。会议期间，又先后有二十几个国家致函，向大会表示了支持和祝贺。顾拜旦的精心设计和主持，唤起了与会者对古代奥运会的神往，与会代表一致同意顾拜旦的主张，决定复兴奥林匹克运动会，并通过了《复兴奥运会》的决议。6月23日，大会通过了成立国际奥委会的决议，顾拜旦从79名正式代表中挑选出15人任第一届国际奥林匹克委员会委员，大会还决定由奥运会举办国的国际奥委会委员担任国际奥委会主席。由于首届奥运会将于1896年在希腊首都雅典举行，因此，希腊委员维凯拉斯当选国际奥委会第一任主席，顾拜旦为秘书长。

1896年4月6日—15日，第一届现代奥运会终于如期在雅典举行。虽然组织尚不很正规，但它却是现代奥林匹克运动正式诞生的重要标志，在世界体育史上占有重要的位置，具有继往开来的意义。至此，现代奥林匹克运动终于登上了历史舞台，它掀开了人类文明史上新的一页。1896年首届奥运会结束后，顾拜旦接任国际奥委会主席。他担任这个职务一直到1925年，是迄今任期最长的主席。当时，奥委会作为一个国际组织，知名度很小，远没有现在的影响大。第二届奥运会于1900年在巴黎举行，这届奥运会结束后，有人还在挖苦和讽刺他。不过，顾拜旦对此不屑一顾，因为这时他的"奥运思想"已经渐趋成熟。他起草了《奥林匹克宪章》，并以历史学家的深邃眼光和文学家的优美笔调，阐述了奥林匹克运动的哲学基础、教育功能和美学意义。

从一开始，顾拜旦就规定了国际奥委会的独立性和中立性，奥委会不受任何政治势力左右，不接受任何组织津贴。顾拜旦认为："独立性使我们能够做许多事。"他奠定的理论基础，使得奥林匹克运动经受住了百年风雨的考验，发展成为一个持久的以竞技体育为手段的社会文化与和平运动。每当奥运会来临之际，爱好和平和运动的人们都会想起他。

顾拜旦说："四年一度的奥运会是为人的精神服务的，这是奥运会的活力所在，奥林匹克运动应该体现双重的崇拜，即对力量的崇拜以及对身体、精神协调一致的崇拜，它应该体现肌肉、能力、思想三者的一致性。"

1908年7月24日，英国举行第四届奥运会的招待酒会。在酒会上，顾拜旦说："昨天是星期天，我们在圣保尔市举行了奥运会的开幕仪式。主教用十分美好的语言谈到这个仪式，他说，重要的不是取胜，而是参与。先生们，让我们记住这句强有力的话吧，在人生中，重要的不是胜利而是战斗。是的，这是最根本的一点：不是曾经战胜过，而是曾经战斗过。"从此以后，"重要的不是取胜，而是参与！"成为奥运会的名言。

"更快、更高、更强"是奥运会的最有名的格言，人们也许不知道它是法国阿尔克伊神学院院长迪东的话，但他为学校体育协会写下这句勉励的话，与顾拜旦一贯的想法相吻合。顾拜旦常常引用迪东的这句名言，以至人们误认为这话是顾拜旦"发明"的，但此话确实是经过顾拜旦的传播而成为奥运格言的。它的意义已经远远超出体育的范围，成为体现人类进取精神、激励人类蓬勃向上的名言。顾拜旦的奥林匹克运动的哲学思想，后来都写进他的《奥林匹克回忆录》。在这一巨著中，他为后人留下了一份丰富的思想遗产。在奥林匹克运动日益壮大的今天，我们仍然感到其言论的经典性，感到其思想的光芒，因此人们尊称他为"现代奥林匹克之父"。

1925年的春天，国际奥委会在景色壮美的欧洲名城布拉格举行第23届全会。在这届全会上，担任了两年国际奥运会秘书长、近30年国际奥委会主席的顾拜旦，在完成了复兴奥林匹克伟业、实现了奥林匹克梦想之后正式退位。但他留下了一个伟大的事业，永远被载入奥林匹克的史册。他的精神,则化作了五个相连的奥林匹克环,伴随着整个世界永远去追求奥林匹克理想。

【人物评价】

顾拜旦是公认的现代奥林匹克运动会的创始人。鉴于他对奥林匹克运动会的贡献,人们称他为"现代奥林匹克之父"。

【顾拜旦名言】

重要的不是取胜,而是参与!

87. 黑色闪电——欧文斯

【人物导引】

欧文斯(1913—1980),美国黑人田径明星,现代奥运史上最伟大的运动员。他曾获国际奥委会颁发的奥林匹克银质勋章。他自强不息,用自己的努力在世界奥运史上拥有很高的地位。他不惧强权,在面对希特勒不给他发奖章的时候,他依然有自己的风度。1980年被欧美各报评为20世纪最佳运动员之一。

【人生经历】

欧文斯诞生在美国南部亚拉巴马州丹维尔的一个黑人佃户家庭。由于家境贫寒,幼年的欧文斯不得不跟随父母到田间劳动,历尽艰辛。后来他父亲在矿井做工,勉强维持家庭生活。欧文斯为了补贴家用，常常放学后去做工。他小学时给别人擦皮鞋，曾遭受白人的欺辱。由于长年饥饿不得温饱，他从小体弱多病。

9岁时，欧文斯带着纤弱的身体被送进莫尔蒙特技术学校读书。学校里一位体育教师用跑步来改善他的健康状况。在这位体育教师的启蒙下，欧文斯跨入田径运动大门。这位体育教师叫赖利，他鼓励欧文斯在逆境中，树立远大理想，立志成为"世界上跑得最快的人"。赖利告诉欧文斯要实现这一理想，欧文斯在赖利的教育、引导下，克服重重困难，终于在中学时连创四项美国中学生纪录。

1935年5月25日，这是世界田径史上最光辉的一页，这一天，欧文斯创造了田径运动史上最大的奇迹：一个人在45分钟内四次打破五项世界纪录并平一项世界纪录，自此，他被人们称为"黑色闪电"。

这一天，美国十所大学在密执安州联合举行了一次田径运动会。这次比赛前不久，欧文斯的背部受伤严重，伤势使他整整一周没训练。下午3点15分，欧文斯只打算试一试，谁知100米以9秒4的成绩平了世界纪录，这一成功使欧文斯信心倍增。3点25分，他来到跳远场地，第一次试跳，以8.13米优异成绩打破了保持25年之久的世界纪录。3点45分，他又忙着参加220码跑比赛，他又以20秒3的成绩刷新了220码世界纪录。4点钟，欧文斯赶紧到2号码低栏的起跑线上参加比赛，最后以22秒6的成绩改写低栏世界纪录。虽然220码比200米距离长1.17米，但是欧文斯的成绩比当时的200米和220码成绩（世界纪录）都高，因此，他同时打破了两项世界纪录。这样算起来，他在45分钟内，竟四次破五项并平一项世界纪录，令世人惊讶不已。

在1936年柏林奥运会上，黑人运动员欧文斯的出色表现，给希特勒的"优秀人种论"当头一棒。8月2日，田径战幕拉开。欧文斯顺利地通过了100米预、复赛，其中有一次成绩为10.2秒，由于超风速，未被承认为世界纪录。8月3日，100米决赛，起跑20米后欧文斯就甩掉了所有对手，并第一个到达终点，以10秒3的成绩平奥运会纪录。8月4日的跳远赛，在德国的卢茨·朗的指点下，他第三次跳时越过7.15米的及格标准。决赛时，欧文斯与朗进行了激烈的争夺，最后欧文斯以8.06米的成绩获胜，但他的成绩因超风速未被承认。欧文斯与朗在这次比赛中虽互为对手，但两人不顾种族界限，从此结下了深厚的情谊。

8月5日，欧文斯又以20秒7创奥运会纪录的成绩，摘取了200米赛的桂冠。四天后，他与队友拉·梅特卡夫、福·德雷佩、弗·怀科夫合作，在4×100米接力赛中夺得了他的第四枚金牌，成绩是39.8秒，创世界纪录。这样，他个人独得100米、200米、跳远及4×100米接力四面金牌。

希特勒观看了当时的比赛，但是在给欧文斯发奖时，他却离开了看台，拒绝向这位黑人运动员发奖。由于欧文斯在柏林奥运会上的辉煌战绩，人们都称这届奥运会是"杰西·欧文斯奥运会"，然而主办者纳粹魁首希特勒却故意怠慢这位英雄。当时《纽约时报》曾以题为《希特勒还未与一位黑人冠军握手》的报道，披露了这一事实。具有讽刺意味的是，当时美国政府也对黑人歧视，欧文斯回国时也目睹和忍受了这种冷遇，他下决心要为黑人争光。

一年以后，欢呼声平息了，欧文斯又像过去一样一贫如洗。为了使家庭摆脱贫困，他离开大学，结束了业余运动员的生活。这位名噪一时的田径巨星，不得不同汽车、摩托车，甚至与马、狗赛跑。他深为感慨地说："这种生活当然使我烦恼，但至少是一条活路啊，人总得吃饭呀。"在度过了漫长的战争岁月后，1951年他又重返田径场，已经38岁的欧文斯代表美国到柏林比赛。以后他作为奥林匹克的亲善者，做了许多工作。美国奥林匹克委员会执行理事长米勒谈到欧文斯说："他的成就和为奥林匹克运动所做的工作，将永留人间。"

50年代后，欧文斯从事少年体育教育工作，他出版了《田径》一书。晚年，欧文斯荣任南加州洛杉矶体育运动博物馆馆长。1980年3月30日，欧文斯因肺癌病逝，终年66岁。秉田思纳卡特专门发表哀悼声明,称赞欧文斯"对青少年运动员所进行的工作,对美国人是一份丰富遗产"。

【人物评价】

欧文斯是在逆境和歧视中成功拿下奥运会第一枚金牌的美国黑人田径员,并创下了45分钟内四次破五项、平一项的世界纪录。他出色的表现,给种族歧视制度一记耳光,表明任何种族都是平等的,也都是优秀的。由于他在田径赛中极快的速度,人们敬称他为黑色的闪电。

【欧文斯名言】

我所处的时代,是一个榜样正在树立的时代,这赋予我一种对同胞的责任感,黑人需要一个榜样。

88. 好莱坞的美丽公主——奥黛丽·赫本

【人物导引】

奥黛丽·赫本(1929—1993),世界影坛上难得一见的瑰宝,她的容貌清秀,不俗艳,而且耐看。她的身材苗条修长,她的气质永远那么高雅纯洁。

奥黛丽·赫本是20世纪最受到崇拜与争相模仿的女性之一,她鼓励女性去发掘与强调自己的优点,不仅改变了女性的穿着方式,也改变了女性对自我的看法。自从为《龙凤配》试装时遇见法国时尚设计师休伯特·德·纪梵希以后,赫本就成为了纪梵希的"缪斯女神"和灵感源泉。

【人生经历】

奥黛丽·赫本于1929年5月4日出生于比利时的布鲁塞尔。父亲叫约瑟夫·赫本,是一位英国银行家,母亲是荷兰贵族后裔。

赫本6岁开始在英国伦敦的贵族寄宿学校读书,但不久就遭遇家庭变故——父母离异。赫本离开英国跟随母亲一起回到荷兰生活。

赫本10岁时进入安恒音乐学院学习芭蕾舞。由于第二次世界大战爆发,宣称中立的荷兰被纳粹占领。当纳粹侵占安恒后,由于谣传母亲的家族带有犹太血统,因此被视为帝国敌人,不但财产被占领军没收,赫本的舅舅也被抓入集中营,母女俩被迫过着贫困的生活。在战争的饥荒期间,赫本经常靠郁金香球茎以及由烘草做成的"绿色面包"来充饥,并喝大量的水填饱肚子。虽然如此,赫本仍然不停地跳最爱的芭蕾舞。

1944年,16岁的奥黛丽成了一名志愿护士,战役期间,很多盟军伤兵被送到了赫本所在的医院,其中一名受伤的英国伞兵在赫本和其他护士的帮助和照护下康复,这名伞兵就是后来的导演特伦斯·杨,他在1967年执导了赫本主演的《盲女惊魂记》。

第二次世界大战后,赫本与母亲带着省吃俭用存下来的100英镑迁至英国伦敦。她在这里边打工边寻找深造的机会。1948年,赫本进入著名的玛莉·蓝伯特芭蕾舞学校学习芭蕾舞。其间曾因没钱缴学费返回荷兰,并在一部荷兰影片《荷兰七课》中饰演一位空姐——一个跑龙套的角色。经过数月训练后,赫本被告知她不适合当芭蕾舞者。面对家庭的经济压力,她转而成为兼职模特儿,并参与歌舞团演出。同年赫本击败多数应征者,成为音乐剧《高跟纽扣鞋》的合唱团员。

1951年,赫本首次在英国电影《天堂笑语》中露脸,正式成为电影演员,并在一些电影中扮演较次要的人物。之后她在电影《双姝艳》里施展舞技,同时接演另一部电影《蒙特卡罗宝贝》。为了拍摄后者的法国翻拍版《前进,蒙特卡罗》,奥黛丽到法国拍外景,演出期间,坐在台下的法国著名女作家高莱特夫人一眼便认定她是自己作品《金粉世界》中"姬姬"一角的化身,便邀请她到纽约好莱坞出演音乐剧《金粉世界》的女主角,进而开启赫本到美国发展的机缘;同时,她还被《双姝艳》导演推荐给威廉·惠勒,参加了其新影片《罗马假日》试镜,获得非常好的赞誉,从而得到这部电影的女主角角色。

1952年奥黛丽·赫本到美国正式参与舞台剧《金粉世界》的演出。她在其间的表演十分出色,广受人们的欢迎,并因此获得世界戏剧大奖最佳女主角。但为赶拍《罗马假日》,她在《金粉世界》里的演出被迫在八个月的巡回演出后结束。

1953年,奥黛丽·赫本与好莱坞名影星格里高利·派克一起主演的电影《罗马假日》正式上映,由于成功刻画了人物,该片放映后迅速风靡世界。赫本在片中扮演楚楚动人的安妮公主,表现出公主高贵、优雅的气息,外貌优美脱俗,体态轻盈苗条,一头黑色短发,在金发性感女郎风行的年代,一下子吸引了观众的目光。尤其剪成赫本头表现出的天真无邪,使她成功赢得多数人的赞赏,"赫本头"一下子成了国际流行发式。一时间,赫本成了国际知名人士,全世界都在播放她的新闻片,电视台用黄金时间赞美她。大量的报纸欣喜若狂地赞美她的美貌、活力、妩媚、典雅,人们称赞她是继嘉宝和褒曼之后的最佳女演员。许多报纸评论称赞赫本说:"一位新嘉宝诞生了!"据说英格丽·褒曼在意大利观看《罗马假日》时,竟发出一声惊叫,她丈夫罗西里尼问她:"你为什么叫喊?"褒曼说:"我被奥黛丽·赫本深深感动了。"赫本不仅俘虏全世界亿万青少年的心,同时连评论家们也都不知不觉被她吸引。因主演《罗马假日》,赫本第一次获得奥斯卡最佳女主角奖的提名。依照惯例,凡获该奖提名者,全得出席该奖的终评颁奖仪式。

此届颁奖仪式1954年3月25日在洛杉矶和纽约同时举行。全美广播公司电视网将两地联成一个有机整体。通用汽车公司出资27万美元买下了颁奖仪式过程中做电视的权利。

这一天，赫本在纽约刚演出完《美人鱼》，谢幕完毕，她就一头钻进一辆出租车，在一名警察护送下直奔颁奖现场——世纪剧院。她感到体力不支，加上希冀、盼望、焦虑、恐惧，那天晚上的一切对她都好像是一场梦，一切印象都是模模糊糊的。

赫本步入会场时，电视屏幕上正播放着远在墨西哥的主持人贾莱·古柏宣读最佳女主角提名的名单。赫本找了个位置坐下来，接着看到古柏拆开一只信封，抽出一张什么也没有的纸条，做出宣读获奖者的样子，赫本内心怦怦直跳，她紧咬指甲，紧张地期待着最后的结果。只见世纪剧场的司仪走上舞台，宣布道："获奖者：奥黛丽·赫本。"

赫本几乎不相信自己的耳朵。在一片欢呼声中，她从座位上一跃而起，跑到舞台侧翼，由于过度兴奋，本应向右，她却向左跑去，司仪赶紧把她招呼到舞台中央来，在抓住奖品的当儿，她差点和司仪撞个满怀。她接过金像说了一句话："这真有点让人受不了。"又说了几句官样的感激话后，她就逃离了舞台。

在记者招待会上，赫本由于乐极发呆，竟把金像给弄丢了。她记得是放在什么地方来着，但谁也找不着它。这样，她拍照的时候就没法拿着金像了。有人拿出另一个让她拿着。最后，她的那一个竟在女厕所里找到了。可惜的是，十年后的一天，赫本在外地排戏期间，小偷溜进她的家，偷走了这座金像。

1954年，奥黛丽·赫本与亨佛莱·鲍嘉、威廉·荷顿一同演出比利·怀德拍摄的爱情片《龙凤配》。由于《美人鱼》的演出加上抽烟过量，赫本在医生的建议下到瑞士休养。不久，接受一同参与《美人鱼》演出的演员梅尔·费勒的求婚，两人于9月24日步上红毯。

1955年奥黛丽·赫本再度获得奥斯卡最佳女主角奖提名，可惜未获奖。之后几年,她主演的《战争与和平》、《甜姐儿》、《黄昏之恋》等片都获得不错的评价,声誉扶摇直上。但丈夫梅尔的演艺却遭遇挫折,逐渐转到幕后。后来这段婚姻破裂了。

奥黛丽·赫本的第一段婚姻失败后,与安德烈·多蒂结合。第二次婚姻使她息影七年,广大观众十分怀念她,电影公司和圈中的人物都希望她能再次出山。1976年,不安于"贤妻良母"生活的赫本终于重返影坛,与因演007谍报员詹姆斯·邦德而名噪一时的辛·康纳利一起主演《罗宾汉和玛莉安》,影片描写中古传说中随十字军东征归来的农民英雄罗宾汉与离别18年的爱侣之间的一段深情。该片的首映式在纽约举行。当赫本前往出席之前,她非常不安,阔别影坛七年,电影事业发生了很大变化,人们会怎样对待她?

在首映式之前,赫本还不得不尽快飞往好莱坞,在美国电影学院为威廉·惠勒颁发终生荣誉奖的仪式上发言。她朗读了一首自己写的诗,结果博得满堂喝彩,这使她又惊又喜。接着她又飞往纽约参加首映式。首映式在广播城市市音乐厅举行,赫本一到,约有6000人向她欢呼,用唱歌的声调齐唱到:"我们爱你,奥黛丽!"赫本对此完全没有思想准备,她被人们的热情感动得热泪盈眶。然后她再飞往好莱坞,出席该片在西部的首映式,并在奥斯卡金像奖的颁发仪式上担任授奖人。这对电影明星来说,是一种特殊的荣誉。她这回是为当年即第48届最佳影片《飞越疯人院》授奖。赫本息影七年,感触颇深,但她最难忘的是,好莱坞没有忘记她,电影没有忘记她,广大观众没有忘记她。

1980年冬,赫本遇见了罗伯特·沃德斯,这个后来被她称为"灵魂伴侣"的男人影响了赫本原已经出现危机的婚姻。在赫本与安德烈·多蒂离婚后,两人最后成为永久的人生伴侣。

她虽然息影多年,但演技并未逊色,继《罗宾汉和玛莉安》后,她又主演了《血统》(1979)、《哄堂大笑》(1981)、《直到永远》(1989)。然而,进入20世纪70年代以来,欧美的妇女解放运动日趋高涨。妇女不再满足于做男人的玩物和附庸。她们走出家庭，走向社会，和男人一样工作奋斗。当时不少女演员成功地塑造了这种新女性的形象，很受欢迎。相比之下，赫本复出后仍然跳不出天真无邪、活泼善良的少女形象，这就不能不给人一种落伍、怀旧的感觉，令人感到哀叹、惋惜，这也是她重返影坛后所拍四部影片均不很受欢迎的主要原因之一。

无论如何，奥黛丽·赫本的一生，是光辉灿烂的一生，她在黄金时代所创造的银幕形象，正如她自身一样，留给人们美好的印象太强烈了。她在电影史上所占的独特的一页，是不会被岁月所抹掉的。1991年4月22日，美国林肯中心电影协会向赫本授予Gala荣誉奖，该项奖自1972年起每年向全世界最资深望重的艺术大师颁发，获奖者先后有卓别林、劳伦斯·奥立弗、伊丽莎白·泰勒、詹姆斯·史都华等影界巨星，这是对赫本影坛生涯以及非凡演技的崇高褒奖。

1993年1月20日，赫本在瑞士家中走完人生的最后几步。赫本一生留下20多个经典银幕形象，更以巨大的人格魅力赢得全世界的喜爱。她终其一生保持着谦和温厚、优雅高贵的性格，以仁爱之心应对整个世界。尤其是在晚年，赫本淡出影坛，担任联合国儿童基金会大使，致力于慈善事业，多次不顾重病缠身，远赴非洲为饱受战火蹂躏的儿童贡献力量。世纪之交时，权威杂志评选20世纪最完美女星，赫本高居榜首。赫本的传奇超越了时间和空间的桎梏，走向永恒。

【人物评价】

著名导演比利·怀尔德说："自从嘉宝以来还不曾出现过这样的人物：导演见了会忍不住再三为她大拍特写镜头——拍她那端庄的大眼睛，拍她那诱人而甜蜜的微笑，拍她那活泼的举止，拍她那炽热的感情。你离开了剧院，但她的音容笑貌，时时出现在你的眼前,挥之不去,欲忘不能。"

【奥黛丽赫本名言】

看到人们并未对我感到腻味,我很感动。

89. 功夫巨星——李小龙

【人物导引】

李小龙(1940—1973),首次用中国功夫闯入了影视界,并成功进军好莱坞,也首次让外国人对中国功夫着迷。他运用自己的聪明才智在武术上创立了"截拳道",使中国武术更是锦上添花,遗憾的是他英年早逝,使他的一生更是充满了传奇和神秘。

【人生经历】

李小龙原名李振藩,1940年出生于美国旧金山市。父亲李海泉是一代粤剧名伶,母亲何金棠,是一名欧亚混血儿,在日本侵华期间,举家从广东逃到香港,最后来到美国。由于他父亲是一名演员,因此李小龙在六个月大的时候就曾初露银幕,这就是好莱坞的电影《金门女》,当然算不上什么演出,只是一个活的道具而已,但毕竟是他演艺生涯的处女作。后来,李小龙全家回到香港。

凭借他父亲跟娱乐圈的关系,在17岁之前,他共参演了十多部粤语片,如《人之初》、《人海孤鸿》、《雷雨》等。由于他的演技突出,性格塑造性强,这使他成为香港小有名气的童星小生。然而在学业方面,由于他天性好动、逞强、任性,成绩一直差强人意。李小龙开始对武术着迷,达到了如饥似渴、废寝忘食的地步。其间他曾以咏春拳在香港校际西洋拳赛中,打败过三届冠军得主的外国人。这给他在武术上的发展注入了信心。李小龙除了对武术有极度狂热的兴趣外,也喜欢跳舞,曾在香港"恰恰舞"比赛中勇夺冠军。

虽然李小龙天生聪敏,但一直胡闹任性、常常与人打架。他父亲无奈之下把他送到美国,希望新的环境给他带来新的发展。当时他独自一人搭乘邮轮前往美国,身上仅带了100美元。他不想依靠家人或美国的亲友援助,只想靠自己的能力去挣钱,因此在美国期间,他常常是半工半读。他曾经做过餐馆杂工、送报工等工作,虽然生活紧张,并让他尝到了生活的艰辛和苦楚,但却为以后的成熟打下了基础。

经过努力,李小龙考进了华盛顿州立大学。由于他喜爱思考,喜欢一些哲学思维,他就把哲学作为自己的主修科目。李小龙感觉自己的功夫已经不错,就以学校内的停车场为道场,开始教授咏春拳。后来他的武艺日渐精湛,便开始办正式武馆,先后在西雅图、奥克兰和洛杉矶发展他的个人事业,并在大学最后一年的时候他选择了退学。由于李小龙以表演作为宣传手段,并曾在多所学校巡回演出,又因为他曾有重挫空手道高手的纪录和抱打不平的英雄事迹,这使他在各大学校开始小有名气。

随着一些人的挑战,李小龙用自己的技艺慑服了很多人,越来越多的人开始在他的武馆学习。但李小龙没有停止进取,一直想把自己学的的武术依靠自己的优势进行融合,创造出一门属于自己的真正武学。这时他一边训练探索,一边通过书本、录影带资料不断地进行研究,当时他把自己的武术命名为"振藩拳术",以咏春拳为核心,融合了南北螳螂拳、泰拳、击杀术武术,经不断地改良和发展,他终于创造出了属于自己的武术——截拳道。

"武人不文,文人不武",文武分家,古往今来,大凡如此。可李小龙却不同,他亦文亦武,每于练功之余,都会潜心于理论研

第七章 体育影视

究。他写下了七大本武学笔记和四本著作：《截拳道》、《功夫记录》、《两节棍法》和《截拳道的研究》。其中《截拳道》一书脱稿后，被翻译成几个国家的文字风行全世界，成为当时世界上销量最大的武术书籍之一。

李小龙初露峥嵘后，有人钦佩，有人嫉妒，又有人想把他打败以自抬身价，因而有些好勇斗狠的人就接二连三地登门挑战。而此时，李小龙也想考验自己的功夫，来者不拒，好几个国家的拳师们如日本空手道、韩国跆拳道、美国拳击家都纷纷向他挑战，最终都成为他手下败将。有一次，他甚至受到十个空手道高手突然袭击，他在重重混战中使出浑身解数，结果将他们打败。他还同泰国拳王察尔蔡公开比武，同世界空手道冠军罗礼士·罗伯华对过垒。据统计，他与各国高手实战搏击有300场，并保持不败纪录。

1964年，李小龙参加全美空手道比赛并获冠军，这使他在美国甚至世界开始享有很高的声誉，同时他还想通过武术进入影视界。当时好莱坞把一些电影中的华人往往写成怯弱之人，李小龙看后十分气愤地说："美国导演总要我扮演华人歹徒，总给扮演西洋拳的男主角所打败，我觉得十分晦气难堪。"他还认为当时香港、台湾拍摄的武侠片，渗透了许多神化色彩和西洋气味，根本失去了中国传统武术的风格和真实性，如用钢线的牵动来表现飞行"轻功"，用"爆石山"表现"掌风"等，让人啼笑皆非。1971年，李小龙欣然接受香港电影公司聘请，拍《唐山大兄》，他说："我就是要为中国出口气，为中国武术争荣光。"

《唐山大兄》在世界各地公演后，惊倒四座，使世界人士对中国武术刮目相看；继而李小龙又参加了《精武门》的拍摄，亲自饰扮影片中霍元甲这个角色，借以表现中华民族的精神气魄，影片映出后，又引起世界人士的重视，票房卖座突破400万张纪录；后来他自编、自导、自演的《猛龙过江》则突破500万张纪录，震动了世界武坛，也震动了世界影坛。世界拳王阿里还专程登门拜访他，极为赞誉中国武功。他拍的《死亡游戏》，只完成了约15分钟的武打片段，因同时与好莱坞的华纳兄弟公司达成合作协议，拍摄《龙争虎斗》，将《死亡游戏》暂时搁置，结果他凭着这部国际级的电影跻身世界影坛，成为首位打入国际影坛的东方明星。但是，在《龙争虎斗》公映前一个月，即1973年7月20日李小龙却突然去世，其死因定为"大脑水肿"，但由于整个过程事出突然，疑点颇多，众说纷纭，使他成为传奇中的人物。

李小龙死后，香港电影界和武术界为他举办了盛大的追悼会，全港武术界穿着武术服装，腰束素带参加丧礼，参加送葬人数多达万人。为了纪念李小龙，美国洛杉矶开设了"李小龙博物馆"、"李小龙俱乐部"等。同时在美国、英国、日本等国还出版了纪念李小龙的多种多样的杂志和特刊，还拍摄电影《李小龙传》、《李小龙生平》，以怀念这位"发扬中国功夫最成功的人"。

【人物评价】

李小龙是我国第一个闯入国际影坛的中国功夫巨星。他以自己的功夫征服了全世界的观众，为当时并不强大的中国树立了坚强不屈、自尊必胜的形象。至今，他仍是最受推崇、最令人难忘的巨星之一。他那光芒四射却又短暂神秘的一生，影响并激励了整整一代青年人。

【李小龙名言】

独立自强是做人的根本。

90. 球王——贝利

【人物导引】

贝利（1940—），世界球王，在他的足球生涯中，共出场1364次，射入1282个球，被国际足联誉为20世纪最伟大的球员之一，被国际奥委会称为20世纪最伟大运动员。贝利的一生是丰富多彩的，更是很多人超越不了的一座大山，被人们称为球王贝利！

【人生经历】

贝利出生于巴西一个贫寒家庭，由于家里贫困上不起学，就一直在家里帮父母做活。他小时候就喜欢踢足球，在他的家乡时他就已经小有名气。

贝利4岁时，全家搬到了圣保罗州的包鲁市，这时他的祖母和一个舅舅也搬了过来，顿时全家7口人就挤在一间到处漏雨的木屋里。冬天的时候就挤在厨房里挨着火炉睡觉。后来他舅舅找到了工作，他的祖母在一个富人家里做佣人，时不时地接济贝利一家，就这样，他们的家才有一定的起色。贝利从小就没怎么穿鞋，没怎么穿好点的衣服。

贝利从小就为家庭的生活而奔波，他擦过皮鞋，在车站卖过肉饼，还做过皮鞋厂的工匠。艰苦的生活培养了贝利艰苦奋斗、不怕吃苦的作风。贝利从小就喜爱踢足球，尽管是赤脚踢，但是能看到自己喜爱的足球，贝利就是高兴的，而球场就是家门前那坑坑洼洼的小路。刚开始的时候由于没钱，贝利就伙同其他朋友把一些破布塞进一只大袜子里面,做成圆形,还起了个名字——布足球。在这种地方踢球需要特别地注意,因为球越踢越松,塞的东西就越来越多,球也就越来越大、越重,有时候甚至把球踢到水坑里,这个布足球更是沉重无比,但是这些却锻炼了贝利对球的把控能力。

贝利10岁那年,和小伙伴成立了"小亚美加利队",贝利带领他们的球队曾获包鲁市的"三连冠"。16岁的时候贝利加盟桑托斯队,这里为他发挥自己在足球上的才华提供了广阔的空间。在这里,他头一年就攻进了32个球,成为该队最为年轻的最佳射手。1957年,未满17岁的贝利首次入选国家队。第二年首次参加世界杯,他以惊人的技巧和速度驰骋赛场,为巴西捧回了世界杯。这一年贝利为国家队踢进了66个球,成为巴西队最年轻的神射手。从此,贝利名声大噪,奠定了他在国家队中的位置,也为他自己的事业开启了一个黄金旅程。此后在贝利的率领下,巴西队又夺得1962年第七届和1970年第九届的世界杯冠军,贝利本人也成为至今世界上唯一一个夺得三届世界杯冠军的球员。贝利的球技精湛,球德高尚,深受世界球迷的爱戴。在队中只要有贝利上场,对方常以3—4人加以防守,既便如此,贝利还是可以轻轻松松突破重围,球在他的脚下拨弄自如,杀将过去如入无人之境。有人统计,他每场的进球数为0.94个,几乎每场都要进一个球。在贝利长达22年的职业生涯中,共参赛1364场,射入1282个球,他赢得过世界杯冠军、洲际俱乐部杯赛冠军、南美解放者杯赛冠军,几乎赢得了国际足坛上一切成就,被人们誉为"一代球王"。

1977年10月10日,美国宇宙队为球王举行了盛大告别赛,赛后,贝利在队友和观众的欢呼声中挥泪离场,结束了非凡的绿茵生涯。

离开足球后,贝利仍然致力于祖国的体育事业,任巴西体育部长。

【人物评价】

贝利他永远都不满足自己的事业，当有人问他："你认为自己最好的进球是哪一次？"贝利毫不迟疑地说："下一次！"贝利不仅关心足球事业的发展更关心青少年的健康成长，只要有反毒运动他就会不辞劳苦地参加，并不惜家财，慷慨解囊。1981年贝利被世界20余家大型报刊评价为"本世纪最优秀的冠军"。

【贝利名言】

我为足球而生，就像贝多芬为音乐而生一样。

91. 好莱坞天才导演——斯皮尔伯格

【人物导引】

斯皮尔伯格（1947—），以史诗片《辛德勒名单》荣获奥斯卡金像奖的大导演，他的《大白鲨》、《外星人》、《侏罗纪公园》等著名的商业娱乐片为更多的影迷们所知，当人们带着这种印象去欣赏那部黑白电影《辛德勒名单》时，却发现了斯皮尔伯格的另一个世界——充满智慧和理性的世界、真正的电影艺术世界。

【人生经历】

1947年，斯皮尔伯格诞生于美国俄亥俄州的辛辛那提市，父亲是个电子计算机专家，母亲是位颇有造诣的古典音乐演奏家。斯皮尔伯格自小便喜欢冒险与幻想，又勤于思考。12岁生日那天，父亲送给了他一架袖珍摄影机,这使他对拍电影更为着迷。从加利福尼亚大学毕业后,一次偶然的机会,他去采访了环球公司电视部的总经理,并因此成了与好莱坞电影制片厂签订长期合同的最年轻的导演。

1971年,初出茅庐的斯皮尔伯格仅用十天就导演了他的第一部电视片《决斗》。这部成本仅为30万美元的片子在欧洲上映时竟为环球公司赚了几百万美元,令圈内人士刮目相看。

生性喜欢幻想的斯皮尔伯格最喜欢拍鲨鱼、航天员和蛇之类的题材。不久,他又指挥着一支庞大的摄制队伍和一条任性的机器鲨鱼拍摄了他的首部巨制《大白鲨》(1975)。该片那令人战栗的场景为好莱坞赢得4.1亿美元的空前票房收入,让整个电影界目瞪口呆。接着,斯皮尔伯格抓住了人们求幻想、求刺激的心理,从1977年开始,陆续执导和制作了《第三类接触》(1977)、《外星人ET》(1982)、《回到未来》(1985)和《夺宝奇兵》系列(1981)等诸多巨片。这些影片都以充满幻想的故事情节给观众以前所未有的离奇感受,引起了极大的反响。其中以《外星人ET》为代表的讲述地球上的人们与来自外层空间的生物接触的影片更给了观众以巨大的幻想空间和心理刺激,令斯皮尔伯格在美国几乎家喻户晓。该片使他被提名为奥斯卡奖最佳导演。至此,他那充满幻想的导演风格也已形成。

但是,斯皮尔伯格的创作范围也有局限。他那纯熟高超的表现手法同影片类型的单一化之间形成了鲜明的反差。为了拓宽自己的导演路子,他于1985年首次执导了一部传记片《紫色》。在这部影片中,斯皮尔伯格抛弃了以前那些轻松愉快的故事,撷取了得奖小说的精华,真实地反映了一位黑人女性悲苦而倔强的一生。但是,由于种种原因,被提名达11项的该片在当年的奥斯卡晚会上却未获一奖,这不能不令人深感惋惜。然而,斯皮尔伯格并不甘心向大众妥协,两年后,他又到中国上海拍摄了内蕴丰厚的《太阳帝国》(1987)。但命运不济,这部被美国影评委员会提名为最佳影片的作品与该年的奥斯卡奖又擦肩而过。

屡遭挫折的斯皮尔伯格并没有停止前行的脚步。1991年,他拍了影片《霍克船长》获得成功。1993年,他用近6亿美元的巨额成本制作了《侏罗纪公园》,这部梦幻式的影片创造了一个神奇的恐龙世界并迅速在全美掀起了一场史无前例的恐龙热,这部影片波及欧洲和东南亚。首映至今,该片已创利近10亿美元,突破了《外星人ET》创下的最高纪录。而更令人惊奇的是,数月之后,他又推出一部与《侏罗纪公园》风格迥异的写实抒情黑白片——《辛德勒的名单》(1993)。斯皮尔伯格明知冷肃的题材、沉重的主题不被票房看好,但敢于冒险的他却抛弃了最拿手的玩意儿——电影特技,而采用了黑白底片与手提式摄影机。终于,斯皮尔伯格战胜了挑战,他以深沉的激情拍出了影片的真实感、历史感与人道主义襟怀,影片赢得了高票房收入。

1994年3月2日,第66届奥斯卡颁奖晚会上,影片《侏罗纪公园》和《辛德勒名单》囊括了共9项奖项。当这两部杰作的共同导演斯皮尔伯格登上领奖台时,全场起立,掌声不息,在这个属于斯皮尔伯格的夜晚,一向镇定含蓄的他也不禁潸然泪下。

此后,斯皮尔伯格又拍摄了影片《TheFlintstones》也广受好评。最后,他又隆重推出了他的又一力作《侏罗纪公园》续集——《失落的世界》(1997),其栩栩如生的画面镜头令观众有身临其境之感,而它宏大的场面和刺激的情境更是让观众心海澎湃,叹为观止。

1998年,斯皮尔伯格拍摄了战争巨片《拯救大兵瑞恩》,影片重现了50多年前惊天动地的诺曼底登陆战的恢宏场面,让人惊骇地目睹了战争的激烈和残酷。影片用纪录片的手法表现了腥风血雨的战场,震撼人心。导演着重刻画了战争中人的关系和人性的表现。评论普遍认为此片是有史以来最好的战争片。斯皮尔伯格因此第二次获得了奥斯卡最佳导演奖。

进入21世纪后，斯皮尔伯格平均每年都有一部电影问世，例如《人工智能》等都是不错的影片。2005年，他连续推出了《世界大战》和《慕尼黑》两部大片。

2009年，斯皮尔伯格荣获第66届美国电影电视金球奖终身成就奖。

【人物评价】

美国前总统克林顿这样说道："斯皮尔伯格是一位出色的导演。他的《辛德勒的名单》具有回顾历史、发人沉思的艺术效果，我迫切要求你们去看看这部影片。"

德国前总统罗曼·赫尔佐克说："斯皮尔伯格的《辛德勒名单》让德国感到震惊，让世界感到震惊，它真实地再现了纳粹屠杀犹太人的恐怖罪行，它让我们重新回忆和审视那段历史，我们愿以真挚无华的追思，共同思考和感受那段历史的伤痛。"

【斯皮尔伯格名言】

每个月天都要塌一次，砸在我头上，当我苏醒过来时，我就会发现另一部我想拍的片子。

92. NBA第一飞人——乔丹

【人物导引】

乔丹（1963—），美国NBA篮球史上最伟大的球员，他以绝妙的传球、篮板球无数次折服观众和球迷，被人誉为飞人。

【人生经历】

迈克尔·乔丹出生在纽约布鲁克林的一家天主教院。13岁的时候，全家搬到了北卡罗来那州南部小城威明顿，乔丹的父亲在那儿买了一大块空地供孩子们打球和骑自行车，乔丹家很快成为附近孩子们聚会和玩耍的中心。他的妈妈常常认为乔丹是最爱玩闹、也最难管束的一个。如果有什么新奇玩意儿需要尝试，乔丹总爱出这个风头。

由于乔丹一家的黑人身份，他们也不可避免地受到美国种族争端的影响。由于一度没有可供黑人及白人孩子一起读书的公立学校，乔丹和兄妹五人的主要活动仍是体育运动，他们玩篮球、美式足球、棒球，有时候赛跑、跳远。这些无疑成了他后来驰骋篮坛的第一课。当父亲终于发现不可能让乔丹继承自己的事业，做一名合格的机械维修师之后，便决定让乔丹顺着自己的兴趣发展，尽可能地支持儿子的发展。这样，在上小学后，乔丹很快成为小学篮球队的主将。12岁时，乔丹和他的小队友们便为自己学校赢得北卡罗来那州少年篮球锦标赛冠军。1979年，年仅16岁的乔丹参加著名的"明星夏令营"，夏令营比赛结束时，他被评为"最有价值球员"。

后来学校的足球队、田径队、棒球队都曾拉他加盟，他最终选择了篮球。以后人们终于发现，篮球场上的乔丹具有足球队员的果敢敏捷、跳高运动员惊人的弹跳力和棒球投手的精准度。1982年，乔丹考入北卡罗来纳大学，虽然他只有19岁，但已经是美国大学生篮球队的大明星了，就在这一年，他随队一举夺得全美大学生篮球联赛NCAA冠军。第二年，他荣膺该年度NCAA最佳球员称号。1984年第23届奥运会在美国洛杉矶举行，刚满20岁的乔丹当选美国男篮主力队员并出任队长。在比赛中，乔丹平均每场比赛得17.7分。这一年，国际篮联主办的《篮球》杂志评选出的世界最佳球员中的第一位，就是迈克尔·乔丹。奥运会后，乔丹和芝加哥公牛队签约，从此步入NBA。

在乔丹之前，人们形容篮球天才的杰出表演，总不外乎用"跑"、"跳"、"盖"、"投"等词来形容。而在乔丹来到篮球场上，人们才想起了另一个词——飞。乔丹的弹跳之高，腾越距离之远，滞空时间之长，尤其是在空中避开封堵，纵身扣篮，使他拥有了篮球场上"飞人"的专利称号。乔丹最著名的一次"飞行"是在洛杉矶奥运会上，他在一次比赛中带球突破中线，便连跨3步，腾空、飞行，最后扣球入网。据测他的"飞行"距离长达9米。

有一次，公牛队与波士顿凯尔特人队交手，乔丹连过两名队员，切入右路跳起正欲扣篮，超级球星拉里·伯德迎上封堵。这时，只见乔丹在空中飞至篮板左侧，180度转身将球扣入篮内。目睹这难以置信的一幕，现场评论员赞叹道："即使上帝穿上球衣也休想挡住乔丹。"他的加盟使公牛队实力大增，但不知从何时起，人们常常把公牛队称为"乔丹一人队"。

把打篮球视为"世界上最好的工作"的乔丹心里明白，要使公牛队成为全美最强、最优秀的队，首先必须打破"乔丹偶像"，一个人绝对战胜不了五个人，这就需要乔丹发扬自我牺牲精神。公牛队的教练与乔丹取得共识，有意少让他上场，而留在紧要关头时使用。经过一系列的磨合，公牛队更是实力大增。

以下就是乔丹的战绩：

1986年乔丹在波士顿花园球场，与凯尔特人队的一场季后赛中独得63分，创下NBA季后单场比赛得分最高纪录。

1990年3月28日，在与克里夫兰骑士队的正规季内赛中，乔丹独得69分，创下他个人篮球生涯中单场得分最高纪录。

1991年乔丹率领公牛队以四胜一负战绩击败由魔术师约翰逊领军的洛杉矶湖人队，首度荣获NBA冠军。

1992年公牛队以四胜二负战胜波特兰开拓者队，第二度捧走总冠军杯。乔丹再次代表美国国家队，在西班牙巴塞罗纳大获全胜，夺得个人第二枚奥运金牌。

1993年乔丹又率公牛队迎战凤凰城太阳队，以四胜二负打败对手，连续三年登上NBA得分王座。不久乔丹宣布退出NBA。1994年乔丹加入美国职业棒球大联盟芝加哥白袜队训练营，春季训练后被调往阿拉巴马州的伯明翰大亨队，参加职业棒球小联盟2A级季赛。1995年3月18日，乔丹宣布复出，在对抗印第安纳步行者队的首场复出比赛中，个人得19分。1996年乔丹率公牛队以4∶2战胜西雅图超音速队，六年中第四度赢得NBA冠军。1997年乔丹再率公牛队以四胜二负打败犹他爵士队，七年内第五次夺得NBA总冠军。

1998年乔丹率公牛队以四胜二负击败犹他爵士队，八年之内两度三连胜，这就是乔丹：NBA篮球史上最伟大的球员。

【人物评价】

迈克尔·乔丹以神奇的步伐躲过众多的狙击，他用惊人的弹跳完成了完美的扣篮。在决赛中他就是一把利剑，狠狠地撕开敌人的防守。他用自己的力量撬开了胜利的大门，而他的精神和勇气已经成为众多球迷的偶像。人们尊称他为"飞人乔丹"。

【乔丹名言】

打篮球是世界上最好的工作。

第八章 商界奇才

他们是世界级富豪,用富可敌国形容他们也不为过。这些商界奇才涉及各个领域,他们的财富神话并不陌生,但又不能触手可及。他们的创富之路一直激励着有志于创业奋进的一代又一代人。

93. 金融巨头——摩根

【人物导引】

约翰·皮尔庞特·摩根（1837—1913），美国华尔街的金融巨头，他用自己的聪明才智创造了一个永不破灭的金融神话，他曾两次在美国金融危机的时候，力挽狂澜，把美国从经济危机的困境中挽救出来，他建立的"摩根"体系更是让人津津乐道。

【人生经历】

摩根出生在美国康涅狄格州，他的祖父和父亲都是成功的商人。少年时的摩根就表现出了过人的思维，在家族经商氛围的影响下，他继承了父亲敢想敢干的性格，而母亲则传授给了他火一般的热情和文雅的举止。摩根少年时代就开始游历欧洲与北美各地，这既开阔了眼界又使他变得敏锐而坚定。

17岁时，摩根到德国哥廷根大学求学。在这里，他创立了一个延续至今的"学生团组织"，摩根成了"学生团"的积极参与者与支持者。每当学生团有活动项目，他便头戴羽毛做的帽子，身穿皮革背心，腰间紧系宽宽的皮带，腰上挂着刀，手捧着烟管，无论如何辛辣，都兴奋地吞吐吸食着浓烈的烟气，感觉此时自己可以征服一切，能够改变世界。

从哥廷根大学毕业后，摩根来到邓肯商行任职，摩根特有的素质与生活的磨炼，使他在邓肯商行干得非常出色，但他过人的胆量与冒险精神，却经常害得总裁邓肯提心吊胆。一次摩根去古巴哈瓦

第八章　商界奇才

那采购货物，回来的途中，偶然遇到一次发财的机会。

当时，摩根去哈瓦那一家商行采购海鲜。在新奥尔良码头，一位巴西船长主动与摩根搭话。这位船长自我介绍："我是这艘巴西船的船长，为一位美国百万富翁运来一船咖啡，可是货到了，那人却破产了，这一船咖啡只好在此抛锚……先生！您如果买，等于帮了我一个大忙，我情愿半价出售。但有一条，须现金交易。"摩根观察了咖啡的成色，带样品到客户那儿推销。最后，他下决心以邓肯商行的名义买下这船咖啡，并发电报给纽约的商行："已买到一船议价咖啡。"然而邓肯回电却是："不准擅用公司名义，立即撤消交易！"摩根十分气愤，他没有按邓肯的命令去做，而是立刻发电报给在伦敦的父亲吉诺斯·摩根。父亲支持他的做法，父亲回电用自己伦敦公司的户头偿还挪用邓肯商行的货款。摩根闻讯非常高兴。在巴西船长的介绍下，又买下了其他船上的咖啡。就在他买下这批货不久，正逢巴西因受高寒影响，咖啡生产大为减产，咖啡价格暴涨了2-3倍。摩根很快出手，着实赚了一笔。他成功地做成了他初出茅庐的第一笔买卖。

望子成龙的父亲对年轻的摩根寄予极大的希望，他拿出了大部分资金为他成立了"摩根商行"。摩根商行的对面是曼哈顿岛纽约证券交易所。这对摩根以后事业发达起了很大的作用。不久，在很有名望的皮鲍狄公司纽约分行负责人的极力推荐下，摩根在纽约交易所得到了一个席位。

当时，一位年轻的投机家克查姆和摩根搭伙搞金融投机。克查姆建议摩根，先同皮鲍狄公司打招呼，通过皮鲍狄公司和摩根商行以共同付款的方式，秘密买下400万—500万美元的黄金。等黄金到手之后，将其中的一半汇往伦敦，另一半留下，一旦汇款的事情泄露出去，同时北军又战败的话（当时正值美国南北战争），金价必然暴涨。到时候，把留下来的那一半抛售出去。摩根和克查姆按计划行事，果然不出他们的预料，黄金价格暴涨。

这一年，英国殖民地布尔地区再次爆发反抗英国殖民统治的斗争。这里有丰富的矿藏，英国政府派了大批军队前去镇压，但军队没能像预想的那样速战速决，而是被拖入了长期的消耗战中。英国政府军费大大超支，英国政府出现了财政赤字，不得已发行国债。摩根通过罗斯查尔银行，开始与英国政府进行磋商，认购了1500万美元的英国政府国债。数月后，又认购2800万美元，后来又追加认购2000万美元，最后他总共认购1.8亿美元。这次交易是美国在国外认购的最大数额的国债，而且认购对象是拥有世界金融中心的英国。

通过这次认购，伦敦金融中心与华尔街的地位发生了变化，华尔街从此迈开了问鼎世界金融霸主的步伐，而带领华尔街迈出这一步的正是摩根。他要向美洲扩张，向世界扩张，而且要扩张得最有力。20世纪初期，摩根已成为世界债主。从1861年创立摩根商行以来，经过近半个世纪的不懈努力，摩根创建了一个庞大的金融帝国——摩根家族，包括银行家信托公司、保证信托公司、第一国家银行，总资产34亿美元。摩根同盟总资本约48亿美元，由国家城市银行、契约国家银行组成，摩根同盟与摩根家族被总称为摩根联盟。

摩根联盟中，以摩根公司为轴进行董事会连锁领导，通过20万的主力金融机构互相连结，这样就构成了结构庞大、组织严密的"摩根体系"。这一金融集团占当时全美金融资本的33%，总值近214亿美元。另外，摩根联盟还有125亿美元的保险资产，占全美保险业的65%。生产事业方面，全美35家主力企业中有摩根公司的47名董事，包括US钢铁、CM、肯尼格特制铜公司、德州海湾硫黄公司、大陆石油公司、CE等。摩根公司在铁路业上的渗入更是尽人皆知，在通信业方面摩根公司还拥有国际电话电报公司、全美电缆、邮政电缆、AT&T（美国电话电报公司）等。摩根同盟手下有510亿美元的总资产，属下有亚那科达铜山、西屋电气、联合金属炭化物等主要托拉斯企业。这时的摩根体系拥有700亿美元的总资产，相当于全美所有企业资产的1/4。

摩根从一个默默无闻的青年冒险家,经历了艰难曲折和不懈的努力,通过击败强大的对手,在美国金融界独霸一方,成为纽约华尔街第一号人物。他以独占鳌头的理念,经历了冒险发迹、向大企业挑战、创立新兴投资银行、大肆垄断等阶段,最终以巨大的经济实力确立了美国经济界的霸主地位。

1913年3月31日,摩根在去欧洲旅行途中病逝,享年76岁。

【人物评价】

他是美国企业界的天才人物。他从一个默默无闻的冒险家,经历了艰难曲折和不懈的努力,最终在美国金融界独霸一方,成为华尔街呼风唤雨的人物。他有非常高明的自制力和高尚的爱国情操。在美国的两次经济危机中,他都运用自己的力量把美国从危机中拉了出来,在人们眼里他更是一个金融巨头。

【摩根名言】

在下属失败的时候对他们加以鼓励,这会使他们更忠实于自己。

94. 石油大王——洛克菲勒

【人物导引】

洛克菲勒(1839—1937),美国著名的实业家和慈善家。他白手起家创造了巨大的石油帝国。他没有上过大学,但是对于大学的捐助却从来不断,此外,他还成立了福利院、基金会,大力支持慈善事业,成为人们尊重的石油大王。

【人生经历】

洛克菲勒诞生在一个中等家庭。他很小的时候就一心想赚钱当阔佬，对上学一点也不感兴趣。中学毕业之后，在一个商业学校上了几个月学，16岁时，他就放弃了一切学校的功课。

洛克菲勒的第一份工作是在烈日之下给别人锄马铃薯，1小时赚4分钱。后来，他爱上的第一个女孩拒绝嫁给他，因为那个女孩的母亲当时看不起洛克菲勒，断定他将来不会有什么出息。她认为如果自己同意了这门婚事无异于把自己的女儿往火坑里推，所以，她毫不客气地拒绝了这位未来的石油大王。

后来洛克菲勒在一家商行里找了份记账员的差事，干得十分出色。但当洛克菲勒向老板提出加薪要求时却被拒绝了。这件事使他明白了，靠给别人打工是永远发不了财的，想要发大财，只有自己办公司。于是，他与合伙人克拉克合办了第一家公司——克拉克-洛克菲勒商行。由于克拉克不善经营，后来两人的意见分歧越来越大。

1865年，洛克菲勒与克拉克分道扬镳，经过商议决定谁出价最高就让谁接管商行。两人当然都想接管，但最终洛克菲勒出价715美元从合作伙伴手中接管了公司。这时洛克菲勒充分显示出了他商业上的天分，他把公司打理得相当出色，公司的利润也开始以惊人的速度增加。

当人们从宾夕法尼亚州西部发现了石油后，洛克菲勒敏锐地看到这一无限的商机，便与威廉及其他几位合伙人一起，成立了美孚石油公司，并开始在这一行慢慢站稳脚根。到19世纪80年代，他们已控制了美国精制石油的20%。洛克菲勒坚信，重复努力是浪费，因此他把这个行业的很多小公司集合起来共同形成"托拉斯"，这给众人带来更大的利益。但1892年俄亥俄州高等法院审判，洛克菲勒的公司违反了谢尔曼反托拉斯法案，经过长时期的上诉与法庭调查之后，美国高级法院在1911年宣布其公司的做法违反了法律。洛克菲勒的公司与法院的纷扰使美国公众看到，洛克菲勒是一位冷酷无情的生意

第八章 商界奇才

人,他只关心自己财富的积累。

但是人们也许都误解了洛克菲勒,有一次,他告诉一位记者:"如果除了财富,我再没有什么美德的话,那么我这一辈子算不上很成功。"1913年,他创立了"以造福人类"为宗旨的洛克菲勒基金。虽然洛克菲勒很有钱,但是他并没有因为有钱而娇惯他的儿子。在培养儿子方面他下了很大工夫。比如他在修整住宅的栅栏时,让儿子搬木材,每搬一根栅木就给1分钱。那天,他的儿子搬了13根栅木,就得到了1角3分钱。同时他又让儿子动手修理栅栏,每小时给1角5分钱的工资。

洛克菲勒生活很简朴,这来自于母亲对他的影响,因此不会跳舞,不会玩扑克牌,没去过剧院,也不喝酒吸烟。每顿饭前,他都要祈祷,每天都要读《圣经》。洛克菲勒的财富仍在不停地增长着,大约每分钟可增加1美元,然而洛克菲勒的唯一愿望就是能活整整一个世纪,他说,假如到1939年7月8日——也就是他100岁诞辰时——他还没有死,他一定要在他的庄园里组织一支乐队来为自己游行庆祝,并且演奏《麦姬!当你我都还年轻时》这首曲子。

洛克菲勒在担任美孚石油公司的经理时,他的办公室里总是放着一把长椅,不管有什么事情,每天中午他都要睡上半个小时的午觉,这时候,即使总统来电话,他也不接。洛克菲勒55岁时,身体突患大病,因为自己的病,洛克菲勒甚至拿出数百万美元的巨款作为医学的研究费用。后来洛氏财团每年都会拿出100万美元作为全世界人类的医学研究。洛氏财团还曾致力于消灭全世界的钩虫病,曾帮助人们战胜了疟疾,曾资助发明了黄热病的注射用药品。虽然洛克菲勒没上过大学,可他一次就给芝加哥大学捐助了5000万美元。

洛克菲勒的一生创造了几个奇迹:赚钱最多、花钱最多、活得最长,最忠于爱情。1937年,98岁的洛克菲勒与世长辞,最终没有实现活到100岁的梦想。

【人物评价】

洛克菲勒一手缔造了美孚石油,在当时垄断了全美的石油业务,他成为美国有史以来第一个固定资产拥有10亿美元的富翁,他创造的洛克菲勒家族称为左右美国经济的三大金融巨头之一,因此人们称他为石油大王。

【洛克菲勒名言】

我总是在把每一次的不幸化为机会。

95. 汽车大王——福特

【人物导引】

福特(1863—1947),美国汽车工程师与企业家,福特汽车公司的建立者。世界上第一位使用流水线大批量生产汽车的人。它不但改革了工业生产方式,而且对现代社会和文化起了巨大的影响,因此有一些社会理论学家将这一段经济和社会历史称为"福特主义"。

【人生经历】

福特出生于美国底特律市郊的一个农场里。他的父亲是从爱尔兰移民到美国的拓荒者,母亲是附近农场主的女儿。

年幼的福特被邻居们认为是一个不可思议的孩子,因为别的孩子都喜欢在草原上捉蚱蜢,在小河中捕鱼,唯独福特迷恋摆弄机械,小小年纪就开始收集锯子、螺丝钻、钻孔机、锉刀、铁锤等各种他能弄到手的工具。他家里的机械装置总是被他拆了装，装了拆，来回折腾，非弄清它们的构造才肯罢休。有一次，他替一个小朋友修好了一只不会走的银表。从此对钟表的修理工作来了兴趣，以至于谁家的钟表坏了，他都会兴致勃勃地赶去修理。

7岁时，福特被父亲送去上学，有时家人一看见他放学回来，便把手表、新买的农具藏起来，免得被他拆得乱七八糟。13岁那年，他坐在父亲身边，赶着一辆农用马车，突然看到一台蒸汽机靠本身的动力在乡间道路上奔驰，这情景让他着迷。从这时起，他再也无心像父亲一样务农了。这一年发生了一件不幸的事。他的母亲病逝了，这给了福特沉重的打击。失去了母亲的家庭，就好像一个钟表失去了发条一样，年轻的福特心事重重，十分难过。后来，父亲的管教渐渐严格，甚至严禁他去玩机器，"搞那些一文不值的机器，真是自讨苦吃，愚笨到了极点。种田人家的孩子去搞机器？能有什么出息？简直是个偷懒的孩子！15岁了，也该设法自立更生了"。可福特对父亲的这种看法并不赞同。

日子一天天过去，福特的心被底特律市的那些机器诱惑得蠢蠢欲动。他决定前往底特律去接触自己向往的机器。16岁那年他来到离家只有10公里远的底特律谋生。走在路上，他想着母亲在世时，拍着自己的肩膀，带着微笑说："这孩子就好像为机器而生的一样。"底特律这个工业城市的确给了福特这个机械迷很大的发展空间。在这里，他白天在福拉瓦工厂做机器修理工，晚上到一家钟表店兼工。后来，为了学到新的技术，他又到当时底特律最大的一家专门制造轮船引擎的特莱特克机器公司去做工，与机器生活了三年的福特，终于成长为一名优秀的技师了。可是突然有一天，家里来信说弟弟病了，父亲行动不便，农场缺人监督管理，催他回家，于是福特离开底特律，回到农场。见福特回家了，父亲十分高兴地说："福特终究要成为一个标准的种田人了。"他的邻人们也都这样谈论着。事实上，他并没有变成地道的农夫。每天，当他做完了农场的工作后，便马上跑进工作室去整修那部旧式割草机。

后来父亲也不再干涉这些事了，因为福特已经承担了农场的全部工作，这只是他工作余暇所做的事。在这段日子里，福特遇到了克拉拉，并和她结了婚。他的父亲一直希望福特能继承自己的财产，做一名合格的农场主，他想福特结了婚，有了土地，就可以把心安定下来了，因此，他对这桩婚姻十分赞成，还特意拨出10亩地送给儿子作为贺礼。可是福特最终还是违背了父亲的意愿，新婚不久的福特从机械杂志上了解到法国人发明了汽油引擎的车子。他十分振奋，决心要造出自己的车子。于是，他和妻子商量说，为了发明的方便，他们必须搬到底特律市去住。妻子了解丈夫的性格，他一旦决定的事，是不会更改的，最终她同意了，福特一到底特律便进入了爱迪生的照明公司底特律发电厂工作。

没过多长时间，福特已是这里熟练的机修工程师。福特很受爱迪生的赏识。此时，福特一边工作一边着手进行汽车的研制。当时的欧洲汽车研究已经进入成熟的应用阶段，而美国在这方面的研究才刚刚起步。福特在既无资料又无技术指导的条件下，依靠他对机械的熟悉及聪明的头脑，终于在1896年完成了自己的第一辆汽车。鲜为人知的是，这辆汽车竟是装有四只自行车轮、凭借链条传动、没有刹车、只能进不能退的"怪物"。然而，福特汽车王国的崛起正是从这里开始的。

福特认定，汽车一定会成为人们的代步工具，于是，他继续着手研究改善汽车的性能。不久，他发现要想很快地成功，就必须参加汽车比赛，通过比赛来提高知名度，以吸引财团的投资，到那时，他才有可能大批量地生产汽车。于是，他把研制赛车作为自己的主要工作。1902年，福特的汽车在比赛中夺冠，一个默默无闻的机械技师，一跃而为全美赛车冠军。一时间，介绍福特与福特汽车成为报纸的头条新闻，大家纷纷登载福特的经历。不久，福特又开着新制造设计的"999"牌汽车在比赛中创造了全国纪录。福特汽车的优越性能引起了大财阀马尔科姆逊的兴趣,他决定与福特联办汽车公司。

1903年6月13日,在马尔科姆逊的游说、活动下,以股份制为形式的"福特汽车公司"宣告成立。福特汽车公司最早生产的汽车是面向富人的豪华型车,由于价格太高,销量很不好。后来,福特决定改产面向大众的低价位汽车,这遭到了最大合伙人马尔科姆逊的坚决反对,两人的矛盾、分歧越来越大,最后马尔科姆逊离开了公司。福特则坚持把面向大众的"T型车"投入生产,结果大获成功,订单不断,产品供不应求。

为了降低产品价格降低成本,增加产品销量,福特汽车公司一改过去的习惯,使生产工艺和产品标准化,并在各地建立装配厂,使零件沿作业线连续不断地流动。这样,短短几年,福特车占了全美汽车产量的一半,福特汽车公司成为美国商业界最为壮观的企业。

不久福特又以他最伟大的发明震惊了世界:制定了每天8小时5美元的最低工资计划。当时汽车业的平均工资为每天9小时报酬2.32美元,福特不仅使工人工资提高了一倍,而且还削减了每天1小时的工作时间。在当时,一个没受过太多教育的小伙子这一举动令人难以想象,他使工人脱贫,进入了中产阶级。

《华尔街》月刊称这一计划为"经济犯罪",而各地的批评者以同样的轻蔑态度侮辱"福特主义"。最后福特公司垂直扩张到完全自给,并控制了巴西的橡胶厂、一只船队、一条铁路、16座煤矿和位于密歇根与明尼苏达的数千英亩的林场及铁矿。所有这一切都与巨大的底特律河岸工厂联系在一起,这个扩张的城市有10多万人为它工作。

第二次世界大战结束时,福特公司已成为一个巨大的独裁体系,它的订单贴在信封背面,采购员以称量发票来计算数据。大学毕业生、管理员以及任何有书本知识的人都受到某种程度上令人吃惊的对待。后来在福特公司最鼎盛时期，在33个国家中都有分公司。

【人物评价】

福特是一个机械天才，他使汽车与人们的生活紧紧联系在一起，他坚持福特主义的信条——提高工资、廉价出售、大量生产。他开创了福特汽车王国。在全世界，福特汽车占有很大的比例。他的流水线生产率先实行每周五天的工作制度，成为现代企业的制度典范。

【福特名言】

任何人只要做一点有用的事，总会有一点酬报。这种酬报是经验，这是世界上最有价值的东西，也是人家抢不走的东西。

96. 经营之神——松下幸之助

【人物导引】

松下幸之助（1894—1989），日本著名的企业家。他建立的"松下"品牌更是风靡全世界。他白手起家，运用自己的聪明才智创下了赫赫有名的"松下帝国"。

【人生经历】

松下幸之助出生在和歌山县海草郡和佐村，从小家境困窘，大哥、二哥和大姐先后在贫困与疾病中夭折。

第八章　商界奇才

松下幸之助小学就读于和歌山市一所普通小学。他喜爱算术和一些能发挥创造性思维的课程。但是，松下幸之助上小学四年级时，在大阪工作的父亲要他去大阪，于是他中途退学，只身前往大阪。到大阪后，先在一家火锅店做店员。一年以后，他进入大阪"五代自行车店"工作。松下幸之助由早晚打扫、收拾柜台开始，渐渐担任修理或销售的工作，慢慢地他对自行车这一行业的知识、经验逐渐增加，并且获益甚多。

每天的工作和生活对于少年松下幸之助而言，也是一种严格的训练和教育。冬天5点半、夏天5点钟起床，起来时先将店铺内外打扫干净，接着干修理、销售之类的活，直到晚上7点钟才能休息。由于他在经营和管理上提出过许多可行的见解，很得老板的赏识。但在他入店第七个年头时，松下幸之助决定辞职，因为他发觉自己不适合自行车行业。

17岁的松下幸之助在离开自行车店后，进入大阪电灯股份有限公司当了一名安装室内电线的练习工，由于工作出色，他不久便升为工程负责人。

这时，第一次世界大战爆发，欧洲成为战场，一时间物资奇缺，日本生产的产品成了抢手货。这大大地刺激了日本工业的发展，日本工商企业像雨后春笋般生长起来。这时23岁的松下幸之助决定自立门户，自己创业，在一间不足10平方米的房间里开了一个小作坊，生产自己发明的新式电灯插口，这就是如今闻名全球的松下电器公司的前身。不久他改良电灯插座成功，开始承接电风扇订货。

松下幸之助一边完成电风扇的订单，一边着手进行配线器材的改良。这时订单还在不断涌来。经过钻研，松下幸之助制造出了新式自行车电灯，经过试销效果很好，每月平均能销售1万只以上。1928年，松下幸之助又研制成功便携式的方型电灯，仅八个月就卖出47万只之多。1929年，他把电气器具制作所改为松下电器制作所。这时他相继开发出了电池、灯泡和无线电，松下电器从此发展迅速。松下幸之助不断地把新产品推向市场，相继生产出电熨斗、电炉、电热器、真空器和收音机等。他以"高于他人的质量，低于他人的成本，优于他人的服务"为宗旨，在日本国内占据越来越广大的市场。他的工厂多次扩建，并先后并购了一些私营企业，到了20世纪30年代初，松下电器公司已是拥有八个工厂的著名大企业。

此后，松下公司开始了向电视时代进军，同时他以人为本，善于注意听取年轻管理人员的建议，许多年轻职员他愿意把自己的思想说出来，希望能得到松下的赏识。这些人才也给日益壮大的松下电器注入了更多新鲜活力。

1973年7月19日，松下电器创业55周年。面对日益庞大和稳健发展的松下电器，年逾花甲的松下幸之助离开了自己的舞台，放心地退到幕后。回顾过去，他说："我自己认真想了想，这55年，干得还不错。今后，我想到旁边去慢慢欣赏自己创造的这个作品。"1989年，松下帝国的创始人松下幸之助因病逝世。

【人物评价】

当日本国内发生经济危机的时候，许多企业面临倒闭。他凭借自己的智慧和力量稳稳站住了脚跟，用自己的双手力挽狂澜，成为许多公司学习的榜样。在他的经营下，松下帝国更加壮大。人们更是用尊敬的眼神仰视他，把他称为经营之神。

【松下幸之助名言】

我们可以为金钱而工作，但是不能为金钱出卖自己的尊严。

谦和的态度，常会使人们难以拒绝你的要求，这也是一个无往不胜的要诀。

第八章 商界奇才

97. 童话乐园的缔造者——华特·迪斯尼

【人物导引】

华特·迪斯尼（1901—1966），美国华特·迪斯尼公司的创始人之一，世界最著名的电影制片人、导演、剧作家、配音演员和动画师之一。他对于梦想的勇敢追求、卓越的洞察力和对商业敏锐的眼光使他成为著名的企业家。

【人生经历】

华特·迪斯尼的童年并不幸福，家庭的困窘让他不得不外出打工，并且在表现不好的时候，他的父亲就会狠狠地教训他一顿，这让迪斯尼从小就吃尽了苦头。在这期间，哥哥应征入伍，迪斯尼对此表现出了极大的兴趣，他总是缠着哥哥要他讲打仗的故事，这些故事让迪斯尼感到很兴奋，因此他决定自己也去参军。由于征兵人员对迪斯尼的年龄有疑问，要求他出示出生证明，由于自己偷偷来，哪有什么出生证明，于是迪斯尼模仿父母的签字，成为国际红十字会的一名志愿兵。

服完兵役后，迪斯尼回到了芝加哥，之后又回到小时候生活过的堪萨斯州，在这里，迪斯尼真正开始了他的创业。迪斯尼通过三哥罗伊的介绍，在一家名叫普雷斯曼鲁宾的广告公司做画家，由于公司对他的绘画能力有质疑，因此他只干了一个月就被解雇了。

1920年，迪斯尼和一位当时也在普雷斯曼鲁宾公司工作的同事乌布·伊沃克斯合伙成立了伊沃克斯——迪斯尼商业美术公司。由于公司没有业务,伊沃克斯——迪斯尼商业美术公司成立不到一个月就破产了。之后,迪斯尼加入了堪萨斯市广告公司,并在那里学到了拍摄电影和动画的基本技术。后来迪斯尼成立了欢笑动画公司,并成功通过电影发行人弗兰克·纽曼发行公司制作的动画短片。

1923年,迪斯尼到洛杉矶,准备在好莱坞发展自己的事业。到了洛杉矶后,迪斯尼和哥哥罗伊成立了迪斯尼兄弟制片厂,接着制作《爱丽丝在卡通国》系列动画。1925年,迪斯尼与制片厂的女员工莉莲邦兹在爱达荷州结婚。度完蜜月回到好莱坞后,迪斯尼决定把迪斯尼兄弟公司改名为华特·迪斯尼制片厂,因为他认为单个名字比带有"兄弟"一词更有吸引力。1926年,位于海布瑞恩的新片厂建成,随后迪斯尼兄弟开始在新片场制作《幸运兔子奥斯华》系列动画。1927年《幸运兔子奥斯华》推出后反响不错,因此,迪斯尼带着妻子莉莲邦兹到纽约去找发行人查尔斯·明茨讨论续签合同的问题。迪斯尼原本要提高合同的价格,但明茨却要求华特降低价格,并告诉迪斯尼,他已经买通大部分《幸运兔子奥斯华》的制作人员,而且根据合同他拥有这系列动画的版权,如果迪斯尼不答应降价要求,他自己也可以继续制作《幸运兔子奥斯华》,但迪斯尼执意不肯,最后合同没有签成。

在回好莱坞的火车上,迪斯尼突发灵感,创作出了一个以老鼠为原型的卡通形象——莫迪默,后来经过妻子莉莲邦兹的建议,这个卡通形象改名为米奇。1928年3月,迪斯尼开始了第一部米奇系列动画《飞机迷》的制作。随后又制作了第二部《飞奔的高卓人》。由于这两部动画的反响很有限,当时有声电影又刚刚兴起,因此迪斯尼决定用帕特里克·鲍尔斯研究出的方法给第三部米奇系列动画《威利号汽船》配音,终于创作出了世界上第一部有声动画。

1928年,迪斯尼创作的《威利号汽船》在纽约侨民影院进行首映,米奇这个角色赢得了人们的喜爱,米奇开始在全世界流行,这使迪斯尼获得了空前的成功。这一天也被定为米奇的生日。1929

年，迪斯尼除了继续推出米奇系列动画外，为了增加流动资金，开始为创作新的系列动画短片而努力。

1930年，一个名叫乔治·博格费尔特的纽约商人为了送给自己的孩子圣诞礼物，向迪斯尼购买了米奇和米妮形象在玩具、书籍和服装上的使用权。接着，华特·迪斯尼授权纽约的拜博·兰出版公司出版发行米奇的出版物，出版物的发行使米奇的形象更加完整，同时也为迪斯尼赢得了丰厚的利润。

1931年，泰尼柯勒公司发明了一种彩色电影拍摄技术。迪斯尼开始考虑拍摄彩色动画。并利用这种技术在1932年7月30日，推出了世界上第一部彩色动画《花与树》。同年，为了对华特·迪斯尼创作出米奇表示感谢，电影艺术与科学学院授予迪斯尼奥斯卡特别奖。接着迪斯尼推出动画《三只小猪》、《聪明的小母鸡》等，唐老鸭也第一次出现。1935年2月23日，迪斯尼推出第一部彩色米奇动画《米奇音乐会》。这时华特·迪斯尼的事业蒸蒸日上，不久他就开了迪斯尼游戏乐园，他的收入更是与日俱增。

在有钱之后，迪斯尼没有忘记自己的社会责任，便把一部分钱捐给了慈善机构，一部分做了慈善基金，同时又兴建了一些福利院。1966年这位成功的画家兼企业家逝世，但是他创作的米奇、米妮、唐老鸭等动画形象永远地留在人们的心中，他创建的迪斯尼乐园更是风靡世界的游乐场。

【人物评价】

他将自己的一生用童话表现出来，把自己对人类的美好憧憬用自己的语言和绘画表现了出来，这深深赢得了全世界的喜爱。不管是漂亮的《白雪公主》，还是可爱的《三只小猪》，都成为人们津津乐道的人物形象。

【迪斯尼名言】

将世界上伟大的童话故事、令人心动的传说、动人的民间神话变成栩栩如生的戏剧表演，并且获得世界各地观众的热烈响应，对我来说已成为一种超越一切价值的体验和人生满足。

98. 亚洲首富——李嘉诚

【人物导引】

李嘉诚（1928—），香港著名企业家。由于时代的原因，他的家境变得越来越窘迫，但是困苦的家境并没有磨灭李嘉诚的意志，他用自己的辛勤奋斗和聪明才智成功地实现了自己的商业梦想。从成功的塑料花大王还是到成功的香港地产开发商，再到亚洲首富，无一不表明他拥有高超的商业智慧和优秀的人格魅力。

【人生经历】

李嘉诚1928年出生于一个书香世家，他的父亲李云经很早就去世了。李嘉诚小小的年纪就担负起了养家的重任。身为商人的舅舅并没有让李嘉诚进自己的公司，而是让他自谋出路。李嘉诚知道舅父做的一切都是为了考验他，所以他决心自己找工作。母亲也同意李嘉诚去找工作，她说："用自己的行动去证明一切，如果实在找不到合适的工作你就一心一意进舅父的公司做工吧。"

经过多日的奔波，李嘉诚终于在一家名叫"春茗"的茶楼找到一份工作，但得到这份工作却有一个条件：老板要李嘉诚找一位有相当资产和信誉的人做担保。李嘉诚一下子便把这几天的劳累与艰

第八章 商界奇才

辛抛在了脑后，兴冲冲地跑回家跟母亲说起这事，母子二人知道最好的保人就是舅父。舅父不在家，李嘉诚实在等不及了，他实在不愿意放弃这个机会。他央求母亲跟他去看看。母亲无奈之下，只好随嘉诚去茶楼。母亲见了老板，向他诉说家庭的不幸，老板深深地被这对母子的遭遇所打动，同意由他的母亲做担保。

李嘉诚有了平生的第一份工作，虽然只是一个茶楼的堂倌，但这也是经过一番挫折之后才得到的，所以备感珍惜。在工作时他体会到一个简单的道理：只要自己想做的，通过努力就一定能做到。茶楼里的工作时间长，店伙计每天必须在凌晨5时左右赶到茶楼，为客人们准备好茶水茶点。在李嘉诚上班的头一天里，舅父为了祝贺他找到第一份工作送了一只小闹钟给他，让他掌握早起的时间。通过求职这件事，舅父不再怀疑这位瘦骨伶仃的外甥，开始认识到他有独立谋生的能力，不过他还是没料到李嘉诚今后会做出大事业来。当时的李嘉诚，也不敢有什么宏图大志，他知道，眼下最现实的就是好好地做好这份工作，养活母亲和弟弟、妹妹。茶楼工作异常辛苦，工作时间长达15小时以上，白天茶客较少，但总有几个老翁坐在茶桌旁泡时光。李嘉诚是地位最卑下的堂仔，大伙计休息时，他还要待在这里侍候。晚上是茶客最多的时候，茶楼打烊时已是深夜。

李嘉诚后来回忆起这段日子，说他是"披星戴月上班去，万家灯火回家来"。这对于一个才十四五岁的少年来说，实在是太不容易了。李嘉诚后来对儿子谈起他少年的这段经历时，感慨地说："那时，我最大的希望，就是能够舒舒服服地睡上一大觉。"过了几年，李嘉诚用一点点积攒起来的7000美元创办了长江塑胶厂。他向别人解释取名为长江的原因："不要嫌弃细小河流，河水汇流，可以成为长江。要不断吸收新知识，留意世界经济和政治形势，甚至要稍跑在社会之前。"

20世纪50年代，香港工业刚起步，当时有大批的廉价劳工，李嘉诚经营的是小本生意，创业时，资金不足，推销、设计，样样都要亲手做。李嘉诚回忆当年创业时的艰辛说："当年长江塑胶厂只是生产一些普通的塑胶玩具和家庭用品，经过洋行运销欧美。在最初的10年间，每天至少工作16小时，晚上还要进行自修，加上工厂人手不够，自己要身兼买货、接单等工作，经常睡眠不足，早上必须用两个闹钟，才能惊醒起床，这可以说是最艰难的时刻。"

在香港，李嘉诚在商业道路上的步伐是最快的。李嘉诚还养成了每天读书看报的习惯，通过这些知识来发现商机。一天，李嘉诚阅读到一份外国杂志，他注意到一部制造塑料瓶的机器，可以造出较优质而又适合香港市场的产品。当时香港没有这种机器，到境外订购价钱又昂贵。于是，李嘉诚不断研究，最后制造出了机器。李嘉诚说："靠这部机器，在最短时间，令我至少赚了几万元。"

李嘉诚尽管拥有了大量财富，但是他生活仍然很节俭，他认为要把穷生意做大，节俭是关键。多年来，香港商界流传着这样一个故事：李嘉诚口袋里的一枚硬币滚落到一个角落里，他弯腰去拾，却没有拾到。一旁的门童为他拾起，恭敬地放到他的手里。李嘉诚给了他100元港币的小费作为酬谢。旁人问起，李嘉诚说："硬币若不拾起，便没有用处了；拾起，我还有用。100元钱对于他来说也是有用的，钱的作用不在于聚敛，而在于使用。"

李嘉诚就是在这样的环境中创造了自己的财富，2004年《福布斯》公布的世界亿万富豪排行榜显示，他排名第19位，净资产124亿美元。他被中国人称为"香港超人"；2006年李嘉诚在《福布斯》排行榜上名列第10位；2007年排名第9位；2008年排名第11位；2009年第16位；2010第14位；2011年第11位；2012年第9位；2013年第8位；2014年第20位，2015年第7位。

通过自己的勤俭节约，李嘉诚把自己的事业通向了世界的高峰，让世人举目仰视。成为近代企业家成功的楷模，是当今全世界华人的偶像。

【人物评价】

李嘉诚白手起家，从一个默默无闻的推销员做起，靠着自己过人的智慧、勤奋以及自己超乎常人的毅力，成为全世界华人最富有的一个。他是香港人推崇的塑料花大王，是华人商界公认的地产大王，他是华人的骄傲。

【李嘉诚名言】

创业的过程，实际上就是恒心和毅力坚持不懈发展的过程，这其中并没有什么秘密，要真正做到中国古老格言所说的勤俭并不容易。

99. 股神——巴菲特

【人物导引】

巴菲特（1930—），美国企业家，世界第一股王，出生在内布拉斯加州的奥马哈，开始入市的时候他仅仅有100美元，而在60年后却创造了650亿美元的巨额财富，不得不说，他是创造了奇迹中的奇迹。

【人生经历】

巴菲特的祖父和父亲都是杂货零售商。他从小就受到商业气氛的熏陶，也很早就懂得做生意。杂货零售是一个低进高出的赢利模式，通过耳濡目染，他从中学会了推销商品的方式和赚取最多利润的技巧。

8岁的时候，巴菲特就从自家的杂货店买来"可口可乐"饮料，然后转卖给邻家的小孩或大人，从每罐饮料中赚取5美分。他从小就对这种商业经营活动情有独钟，乐此不疲。这样过了一年的时间，他已经成了远近闻名的"小老板"，这些商业活动为他日后创业打下了良好基础。

巴菲特的父亲还做过股票经纪人。他父亲的一些股市书刊常令巴菲特入迷，书上那些奇怪的数字组合和线条走向就像彩色的童话一样令他兴奋。11岁时，巴菲特来到父亲担任经纪人的哈里斯·厄普汉姆公司做股价标牌的记录员。正是在那一年，巴菲特平生第一次买进了自己的第一只股票——城市服务特股，并初尝获利的甜头。这让巴菲特敏锐地意识到，玩股票比低进高出的小生意更有意思，从此，他的兴趣转向了股市，并立志通过炒股成为一个有钱的大老板。

后来，由于父亲任职国会，少年巴菲特跟随迁居华盛顿特区居住。此时，13岁的巴菲特已经开始自创投资事业，他一边替《华盛顿邮报》送报，一边用自己平时做生意积蓄的存款购置了两台单价25美元的半旧弹子机，在一家理发厅里做起了生意。很快他用赚到的钱又买了5台机器，7台弹子机每月给他带来了100美元的利润。不久，他又和另一位同学合伙用350美元买下了一部旧式"劳斯莱斯"，以每天35美元的价格对外出租。到16岁中学毕业时，巴菲特已经赚了6000美元，并积累了合伙投资的宝贵经验。同时年轻的巴菲特强烈地意识到知识的重要性，中学毕业后，他便进入内布拉斯加州大学学习企业投资管理，他常常一头钻进书籍里废寝忘食地汲取知识的营养。当他上大学二年级的时候，读到了本杰明·格兰姆的经典之作——《聪明的投资人》。巴菲特爱不释手，如获至宝，正是这本书深深地影响了巴菲特的经营思想。而巴菲特更是非常推崇格兰姆的一句铭训——"把投资当作生意来看，是最具有智慧的投资"。

为了能够亲身聆听格兰姆的教诲,巴菲特在大学毕业后只身来到纽约,进入向往已久的哥伦比亚大学商学院求学,直接受教于格兰姆教授。此后,格兰姆教授成为巴菲特投资生涯中影响最大的人。格兰姆也非常喜欢巴菲特,他让巴菲特在学习理论知识的同时接触更多的投资实践,而这些实践为巴菲特以后的职业生涯打下了坚实的基础。巴菲特勤奋好学,他从格兰姆教授那里学到了许多投资理论和财务分析方面的知识,并从图书馆和实践中又汲取了更多营养;此外,他还从一位名叫菲利普·费歇学者那里学习了股票操作的方法学,使他能够准确地判断出投资的风险与收益,后来他把格兰姆和费歇两人称为自己的"精神教父"。

知识的积累使巴菲特的眼光更加锐利,他渐渐具备了独自进入投资行业的能力。25岁的时候,巴菲特毫不犹豫地开始了他的职业投资生涯。随后,巴菲特从合伙公司干起,以100美元入手开始投资。在以后的13年中,尽管代表股市晴雨表的道琼斯工业指数在5年中处于下跌期,但巴菲特的合伙公司的利润却依然持续增长。

巴菲特向他的合伙人保证,投资将以实质价值而不是股票的热门程度作为投资股票选择的基础。在合伙公司解散后,他果断以2500美元的代价控制了柏克夏·哈斯威公司。这成为巴菲特后来成就更大事业的基础。由于巴菲特采用科学、稳健的投资策略,在此后的20年间,巴菲特和柏克夏公司的财富都在持续猛增。巴菲特用他超凡的智慧指挥柏克夏公司果断出手收购,投巨资于绩优保险公司、蓝筹印花公司、华盛顿邮报公司、美国广播公司、可口可乐公司等众多大型知名企业,都获得了很高的利润。

但无论是收购整个企业,还是只持有企业的部分股票,巴菲特都遵守同样的权益投资策略,即寻求自己所了解的、有利于长期投资的公司;另外,公司的管理层必须是诚实的,并且要有充分的才能;最重要的一条是:价格要吸引人。

人们喜欢问巴菲特,成功的秘密在哪里呢?他总说是对投资的悟性,他热爱他所做的一切,喜欢与人相处,习惯于阅读大量的年刊、季刊和各类期刊。作为职业炒股人,他制定了一系列的纪律和规章,在有极大的耐心和勇气时,要对自己决定的事情有信心。他还善于细心观察,在数字组合中发现商机,并寻找那些没有风险或风险极小的进行投资,而他对于自己的失败和错误记录,从不作任何辩解。

巴菲特是一位杰出的商业研究者,他能在短暂的时间内决定某项投资是否做,并根据几天的研究,就能判断出何时该进行重大投资。他还勤奋好学,无论是学生时代,还是工作以后,他都是图书馆的常客,他还经常花钱去学卡耐基教授的课程。在20世纪90年代初,他又开始学习电脑,不久便能够从电脑网络上撷取数以万计的资料和信息,作为投资研究的参考。同时巴菲特还是一个十分热爱生活的人,他说:"我生活中所想要的正好就在那儿,我爱每一天。"

【人物评价】

他擅长股票投资,他以仅有的100美元入市,却在60年以后创造了620亿美元的财富,在2008年的《福布斯》全球排行榜上位居第一位,同时他的投资手法无可争议地成为全球股市的权威,因而被誉为世界第一股王。

【巴菲特名言】

把投资当作生意来看,是最具有智慧的投资。

100. 微软大王——比尔·盖茨

【人物导引】

比尔·盖茨（1955—），美国微软帝国的缔造者，冠有世界首富的称号。他建立的微软公司所生产的产品已经遍布世界的每一个角落，也正是盖茨，引发了人类的现代化的全新技术革命。也许现在人人面前使用的电脑都应该归功于盖茨了。

【人生经历】

比尔·盖茨出生在美国西雅图的一个富足的家庭，他的父亲是当地一位有名的律师，母亲是名医生，外祖父是美国第九大银行的副总裁。

比尔·盖茨从小就特别喜欢数学，常常表现出超出同龄人的数学天才，中学就读于西雅图最著名的一所私立中学。进入这所学校后，比尔·盖茨以他的进取心、坚忍的性格、处世的态度以及他的聪明才智，很快在各方面超过了其他同学。当时正是计算机悄然兴起之时，湖滨中学花巨资购置了计算机供学生们了解、学习，喜欢数学和自然科学的比尔·盖茨很快就迷上了计算机。和比尔·盖茨同时对计算机产生浓厚兴趣的还有大他两岁的高中部学生保罗·艾伦，共同的爱好使他们成了好朋友。他们掌握了一定的计算机技术后，俩人便经常在一起策划他们的梦想。他们成立的程序编制小组很快便得到了自己的第一笔业务——为一家客户编写工资表程序。

在此期间，比尔·盖茨已经展露了自己程序设计的天赋和商业运营的智慧。后来，比尔·盖茨考进了哈佛大学，学习的是法律专业。对他来说，进入哈佛大学学习法律不过是依从父母的意愿罢了，因为他们只想让比尔·盖茨成为一名优秀的律师。事实上，在这所世界名牌大学里，比尔·盖茨仍然在盘算着如何发挥自己的特长，并如何实现自己的软件王国之梦。

一次，比尔·盖茨的好友保罗·艾伦给他带来了一本《大众电子学》杂志，上面刊登了世界上首台商用微型电脑问世的消息，并称该电脑尚未开发出成熟的软件程序，这一消息使他们产生了长时间的兴奋。他们最终说服了那台电脑的发明人——埃德·罗伯茨，由他和保罗为电脑编制程序。为了将当时用于大型计算机的BASIC语言程序改编成可用于微型电脑的程序，在随后的八周里，比尔·盖茨和保罗在哈佛大学的宿舍和艾肯计算机中心里夜以继日地工作，他们克服了各种困难，在经过了几十次模拟试验后，他们的BASIC语言程序终于诞生了。此时的比尔·盖茨敏锐地意识到随着微型电脑软件的发明，微型电脑一定会拥有更加广阔的市场前景，世界电脑业也将进入一个崭新而又广阔的发展天地，他决心全身心地投入自己所钟爱的电脑事业中去。

1975年6月，比尔·盖茨不顾家人的强烈反对，执意中断了在哈佛大学的学业，和他的好友保罗·艾伦一起在新墨西哥州的阿尔伯克基创建了自己的公司——微软公司，这个名字也是微型计算机和软件公司的缩写。7月下旬，比尔·盖茨和保罗与罗伯茨达成了一个关于BASIC程序使用权的协议，这份期限十年的协议，将允许遥测系统公司在全世界范围内使用BASIC语言，包括再转让给第三方，而这种向第三方的转让一定要有另一方的同意。通过这份协议，比尔·盖茨和保罗获得了非常不错的收益，微软在这次交易中获得了大约18万美元的收益，取得了市场上的第一桶金。此时的微软虽然还没有形成大的气候，但比尔·盖茨以及他的朋友在计算机

第八章 商界奇才

界已小有名气。这时,微软又获得了两笔很大的交易,著名的通用电气公司和NEC公司决定使用BASIC语言,这两项生意给微软带来了丰厚的收益,更重要的是微软从此名声大震。

微软公司的发展还是源自20世纪80年代初方兴未艾的PC革命。1980年,微软与IBM签订了个人电脑操作系统许可协议。根据这一协议,微软拥有这一系统的所有权,IBM在其每一台机器上预装这一软件就必须支付一笔使用许可费给微软。这一联盟的结果是两家公司一同促成了整个PC工业翻天覆地的变革,而微软更是从中获得了丰厚的利润。微软公司规模迅速扩大。公司员工从1978年的15人增到1981年的125人,销售额从1980年的84万美元上升到1981年的140万美元。1982年春,基尔代尔教授的16倍CR/M操作系统终于推向了市场。虽然这种系统的价格较贵,但对微软的DOS系统仍然具有很大的威胁。比尔·盖茨为此立即展开了攻势,他派出了公司里的精兵强将分兵四路,四处出击,说服了许多商家使用微软的操作系统。由于比尔·盖茨足智多谋,巧妙地引导着对手,同时凭着对市场的深入了解,使他的对手一直未能占到什么优势。

经过不懈的努力,微软取得了最终的胜利,在IBM个人电脑问世半年后,微软正式成为个人电脑软件方面的领导者,微软的DOS系统成为这个产业的唯一标准。随着IBM个人电脑的节节胜利,微软也平步青云。IBM的计算机供不应求,订单如雪片般飞来。到1982年8月,IBM共售出13533台个人电脑,收入达4300万美元,取得了辉煌的成绩。作为PC机软件的供应者——微软公司也得到令人惊叹的成就。比尔·盖茨和他的助手们并没有因此而陶醉,他们当时正积极地抓紧开发MS-DOS的升级版本。不久,作为MS-DOS的升级版本——DOS1版正式完成,公开发售。这种升级版本的磁盘容量将增至320K,比原来的大一倍多。这个版本的开发成功,使微软更上一层楼,这时只有26岁的比尔·盖茨一跃而成为计算机软件行业举足轻重的人物。

在应用软件市场上，另一个市场是文字处理，当时在这个市场上的旗舰产品是wordstar。为了能够击败wordstar软件产品，微软经过多次市场调查，收集用户对文字处理的要求。微软新开发的产品word使用鼠标作为操作工具，可以运用多种字体，可以打开多个窗口，这些都是wordstar所不具备的功能。1983年春季，微软宣布推出自己的文字处理软件word。在营销策略上，微软通过著名的杂志《PCword》，一次就送出45万份作为word演示版的软件，这一营销案例，后来成为电脑界的典型营销手法。到了1986年，微软的Word版本爬到了第五名，占据文字处理市场11%的份额。

当然，微软在其发展过程中也并非一帆风顺，比尔·盖茨和他领导的公司经常面临严峻的考验和挑战，但在他领导下都顺利渡过难关。1984年，苹果电脑公司的Macintosh电脑问世，它提供了一个辅以鼠标的基于图形操作界面的浏览系统，大大吸引了工业界的目光。1985年11月，微软发布了与苹果MAC电脑极为相似的视窗操作系统，但在当时的标准来看，这一产品显得非常粗糙，速度也很慢。经过五年的不断改进，到1990年微软发布了一个更好的视窗系统3.0时，视窗系统终于取得成功。1993年，微软发布了WindowsNT专门为商用客户服务器设计的计算机系统，1995年8月，Windows95的发布更是将微软推向了计算机软件工业的巅峰。到后来的Windows98、Windows2000、WindowsXP等，微软都是以前瞻性的眼光站在IT界的顶端。

比尔·盖茨的财富是世界上最多的，并且蝉联世界首富13年。

【人物评价】

比尔·盖茨不屈不挠地为自己的事业而奋斗，他在创业的路上从没有放弃过自己的理想，因此他在自己的事业上永远比所有人都走得远，而他的兴趣所产生的结果，却是所有东西都无可比拟的。

同时他还是一个慈善家,他把自己所得的钱财很多都用在了慈善事业上,美国前总统克林顿这样说:"比尔·盖茨赚的钱比人类历史上所有人都多,他在努力把钱捐献出去。大多数人也许会把钱用在别的地方,或是只捐出一点点,并希望别人给他们别上勋章,而不是像比尔·盖茨那样,把全部的时间都用在寻找真正行之有效的东西上。这就是他毕生的工作。"

【比尔·盖茨名言】

有效率地散发金钱几乎和赚钱一样困难。

图书在版编目（CIP）数据

受益一生的中外名人故事/史言编著.--北京：中国书籍出版社，2016.5
（中学生阅读书系）
ISBN 978-7-5068-5627-0

Ⅰ.①受… Ⅱ.①史… Ⅲ.①名人—生平事迹—世界—青少年读物 Ⅳ.①K811-49

中国版本图书馆CIP数据核字（2016）第125983号

受益一生的中外名人故事

史　言　编著

策划编辑	王志刚
责任编辑	王志刚
责任印制	孙马飞　马　芝
版式设计	添翼图文
出版发行	中国书籍出版社
地　　址	北京市丰台区三路居路97号（邮编：100073）
电　　话	（010）52257143（总编室）（010）52257140（发行部）
电子邮箱	eo@chinabp.com.cn
经　　销	全国新华书店
印　　刷	北京温林源印刷有限公司
开　　本	880毫米×1230毫米　1/32
字　　数	200千字
印　　张	10.5
版　　次	2016年8月第1版　2019年8月第4次印刷
书　　号	ISBN 978-7-5068-5627-0
定　　价	28.00元

版权所有　翻印必究